Der Tätowierer von Auschwitz

Heather Morris

Der Tätowierer von Auschwitz

Die wahre Geschichte des Lale Sokolov

Aus dem Englischen von Elsbeth Ranke

Mit 3 Schwarz-Weiß-Abbildungen und 2 Karten

Weltbild

Genehmigte Lizenzausgabe für Weltbild GmbH & Co. KG,
Werner-von-Siemens-Str. 1, 86159 Augsburg
© Heather Morris 2018
Titel der englischen Originalausgabe: »The Tatooist of Auschwitz«,
Zaffre Publishing, London 2018 und Echo Publishing, Melbourne 2018
© der deutschsprachigen Ausgabe: Piper Verlag GmbH, München 2018
© Piper Verlag GmbH, München/Berlin 2018
Karten: cartomedia, Karlsruhe (Deutsches Reich);
Peter Palm, Berlin (Auschwitz-Birkenau-Karte)
Umschlaggestaltung: atelier seidel, teising
Umschlagmotive: © istockphoto/dreamboxstudio; jessicahyde
Druck und Bindung: CPI Moravia Books s.r.o., Pohorelice
Printed in the EU
ISBN 978-3-8289-5614-8

2020
Die letzte Jahreszahl gibt die aktuelle Lizenzausgabe an.

Einkaufen im Internet:
www.weltbild.de

Im Gedenken an Lale Sokolov

Danke, dass du mir deine und Gitas Geschichte anvertraut hast.

VORBEMERKUNG DER AUTORIN

Die Handlung dieses Buches basiert auf dem Augenzeugenbericht eines Auschwitzüberlebenden und erhebt nicht den Anspruch, eine ausführliche und belastbare Dokumentation des Holocaust zu sein. Es gibt viele Aufzeichnungen, die die Geschehnisse dieser grausamen Geschichte wesentlich detaillierter wiedergeben, als es ein erzählendes Werk wie dieses leisten kann, und ich möchte alle interessierten Leser ermutigen, sich damit auseinanderzusetzen.
Lale ist während seiner Gefangenschaft in Auschwitz weit mehr Wachmännern und Gefangenen begegnet als in diesem Buch beschrieben. In manchen Fällen habe ich Figuren geschaffen, die mehr als eine Person verkörpern, und Begebenheiten vereinfacht. Auch wenn einige Begegnungen und Gespräche ausgeschmückt worden sind, gibt es keinen Zweifel daran, dass die beschriebenen Ereignisse größtenteils tatsächlich so passiert sind. Zu den historischen Fakten wurde umfassend recherchiert.

Heather Morris

PROLOG

Lale versucht, nicht aufzublicken. Er greift nach dem Zettel, der ihm gereicht wird. Die vier Ziffern darauf muss er auf das Mädchen übertragen, das ihn in der Hand hält. Da ist schon eine Nummer, aber die ist verblasst. Er drückt die Nadel in ihren linken Arm, formt eine 4, wobei er versucht, möglichst vorsichtig zu sein. Blut quillt hervor. Aber die Nadel war noch nicht tief genug eingedrungen, er muss die Nummer noch einmal zeichnen. Lale weiß, wie weh er ihr tut, aber sie zuckt nicht einmal. *Sie haben sie gewarnt – sagt nichts, tut nichts.* Er wischt das Blut ab und reibt grüne Tinte in die Wunde.

»Beeil dich!«, flüstert Pepan.

Lale braucht zu lange. Männerarme zu tätowieren, ist eine Sache; aber die Körper von jungen Mädchen zu verunstalten, ist einfach furchtbar. Im Aufblicken sieht Lale einen Mann im weißen Kittel langsam an der Reihe Mädchen entlanggehen. Hin und wieder bleibt er stehen und inspiziert Gesicht und Körper einer verängstigten jungen Frau. Schließlich ist er bei Lale.

Während Lale dem Mädchen so sanft wie möglich den Arm hält, nimmt der Mann ihr Gesicht und dreht es grob nach rechts und links. Lale sieht zu ihren angstvollen Augen auf. Ihre Lippen zucken, als wollte sie etwas sagen. Lale drückt ihr sachte den Arm, um sie davon abzuhalten. Sie schaut zu ihm, mit den Lippen formt er ein *Schsch*. Der Mann im weißen Kittel lässt ihr Gesicht los und geht weiter.

»Gut so«, flüstert er, als er sich ans Tätowieren der übrigen drei Ziffern macht – 562. Als er fertig ist, behält er ihren Arm einen Augenblick länger in der Hand als nötig und sieht ihr wieder in die Augen. Er zwingt sich zu einem kleinen Lächeln. Sie erwidert ein noch kleineres. Trotzdem tanzen ihre Augen vor ihm. Als er in sie hineinblickt, ist es, als würde sein Herz gleichzeitig stehen bleiben und zum ersten Mal schlagen, hämmern, fast als würde es ihm gleich die Brust sprengen. Er blickt auf den Boden, der unter ihm schwankt. Der nächste Zettel wird ihm gereicht.

»Beeil dich!«, flüstert Pepan drängend.

Als er wieder aufblickt, ist sie weg.

KAPITEL 1
April 1942

Lale rattert durch die Landschaft, er hält den Kopf hoch und bleibt für sich. Er weiß nicht, warum er Bekanntschaft machen sollte mit dem Mann neben sich, der gelegentlich an seiner Schulter einnickt; Lale schiebt ihn nicht weg. Mit seinen 25 Jahren ist er nur einer von unzähligen jungen Männern, die gemeinsam in Viehwaggons gestopft worden sind. Da keiner ihm gesagt hat, wohin es gehen soll, ist er angezogen wie immer: gebügelter Anzug, sauberes weißes Hemd, Krawatte. *Kleider machen Leute.*

Er versucht auszumachen, wie groß der Raum ist, in dem sie eingeschlossen sind. Der Waggon ist ungefähr zweieinhalb Meter breit. Aber die Rückwand kann er nicht sehen, die Länge also nicht abschätzen. Er versucht zu zählen, wie viele Männer mit ihm unterwegs sind. Aber da wippen so viele Köpfe auf und ab, dass er irgendwann aufgibt. Er weiß nicht, wie viele Waggons der Zug hat. Rücken und Beine tun ihm weh. Sein Gesicht juckt. Die Bartstoppeln erinnern ihn daran, dass er sich weder gewaschen noch rasiert hat, seit er vor zwei Tagen in den Zug gestiegen ist. Er fühlt sich immer weniger wie er selbst.

Wenn die Männer versuchen, ihn ins Gespräch zu ziehen, antwortet er mit Aufmunterungen, versucht ihre Ängste in Hoffnung zu kehren. *Wir stehen in der Scheiße, aber lasst uns nicht darin untergehen.* Er muss sich abfällige Bemerkungen über sein Äußeres und sein Benehmen anhören. Vorwürfe, er halte sich wohl für etwas Besseres. »Und jetzt schau doch, wohin dich das gebracht hat.« Er versucht die Beleidigungen achselzuckend abzuschütteln und den bösen Blicken mit einem Lächeln zu begegnen. *Wem versuche ich da etwas vorzumachen? Ich habe genauso viel Angst wie alle anderen.*

Ein junger Mann fixiert Lales Blick und schiebt sich durch die vielen Körper auf ihn zu. Ein paar Männer drängen ihn zur Seite. *Dein Platz ist es nur, wenn du ihn dir nimmst.*

»Wie können Sie so ruhig sein?«, fragt der junge Mann. »Sie hatten Gewehre. Die Schweine haben uns mit angelegten Gewehren in diesen ... Viehtransport gezwungen.«

Lale lächelt ihm zu. »Meinen Erwartungen hat es auch nicht entsprochen.«

»Was meinen Sie, wohin fahren wir?«

»Das ist doch ganz gleichgültig. Vergessen wir nicht, wir sind hier, damit unsere Familien zu Hause in Sicherheit sind.«

»Aber was, wenn ...?«

»Sagen Sie nicht ›was, wenn‹. Ich weiß es nicht, Sie

wissen es nicht, keiner von uns weiß es. Tun wir einfach, was uns gesagt wird.«

»Sollten wir nicht versuchen, sie bei einem Halt zu überwältigen? Schließlich sind wir in der Überzahl!« Das Gesicht des jungen Mannes verzerrt sich in wirrer Angriffslust. Er ballt die Hände zu Fäusten und boxt kläglich vor sich in der Luft herum.

»Wir haben Fäuste, sie haben Gewehre – was meinen Sie, wer da gewinnt?«

Der junge Mann verstummt wieder. Seine Schulter drückt in Lales Brust, und Lale riecht Öl und Schweiß in seinen Haaren. Seine Hände fallen herunter und hängen schlaff nach unten. »Ich bin Aron«, sagt er.

»Lale.«

Andere um sie herum horchen auf, heben den Kopf in Richtung der beiden, bevor sie zurückfallen in ihr dumpfes Träumen, wieder versinken in ihre eigenen Gedanken. Ihre Gemeinsamkeit ist die Angst. Und ihre Jugend. Und ihre Religion. Lale versucht sich nicht in Spekulationen zu verlieren, was vor ihnen liegen könnte. Man hat ihm gesagt, sie nähmen ihn mit, damit er für die Deutschen arbeitet, und genau das hat er vor. Er denkt an seine Familie zu Hause. *In Sicherheit.* Er hat sich geopfert, und er bereut es nicht. Er würde es wieder und wieder tun, damit seine Lieben zu Hause bleiben können, alle zusammen.

Ungefähr stündlich, so kommt es ihm vor, stellen die Leute ihm die immer gleichen Fragen. Langsam ermüdet es ihn, und er beginnt zu antworten: »Warten wir's ab.« Er wundert sich, warum sie ausgerechnet ihn fragen. Er weiß es doch auch nicht besser. Ja, er trägt Anzug und Krawatte, aber das ist der einzige ersichtliche Unterschied zwischen ihm und seinem Nebenmann. *Wir sitzen alle im selben dreckigen Boot.*

In dem überfüllten Waggon können sie gar nicht sitzen, geschweige denn liegen. Zwei Kübel dienen als Toilette. Als diese allmählich voller werden, kommt es zu einem Handgemenge, weil einige Männer versuchen, dem Gestank zu entgehen. Die Kübel werden umgestoßen, der Inhalt ergießt sich auf den Boden. Lale klammert seinen Koffer fest, hofft, sich mit seinem Geld und seinen Kleidern freikaufen zu können von da, wo sie hingebracht werden, oder sich zumindest eine sichere Arbeit erkaufen zu können. *Vielleicht gibt es Arbeit, bei der mir meine Sprachen von Nutzen sind.*

Er ist froh, dass er es an den Rand des Waggons geschafft hat. Durch schmale Ritzen zwischen den Latten kann er einen Blick auf die vorbeiziehende Landschaft erhaschen. Und weil er hin und wieder frische Luft schnappen kann, kann er die aufkommende Übelkeit in Schach halten. Es könnte längst Frühling sein, aber die Tage sind verregnet und wolkenverhangen. Manchmal kommen sie an Feldern vorbei, die von Frühlingsblumen leuchten, und Lale lächelt in sich hinein. Blumen. Von Kindheit an hat er von seiner Mutter gelernt: Frauen lieben sie. Wann wird er zum nächsten Mal einem Mädchen Blumen schenken können? Er nimmt sie in sich auf, ihre leuchtenden Farben blitzen vor seinen Augen, ganze Felder von Mohnblüten tanzen im

Wind, eine hellrote Masse. Er schwört, die nächsten Blumen, die er verschenkt, wird er selbst pflücken. Er hätte nie gedacht, dass sie wild in solchen Massen gedeihen. Seine Mutter hatte ein paar in ihrem Garten, aber die pflückte sie nie oder brachte sie ins Haus. Er beginnt im Kopf eine Liste mit Dingen für »Wenn ich nach Hause komme ...«.

Neue Handgreiflichkeiten. Geraufe. Schreie. Lale kann nicht sehen, was da vor sich geht, aber er spürt das Stoßen und Drängen von Körpern. Dann plötzlich Ruhe. Und aus dem Dunkel heraus: »Du hast ihn umgebracht.«

»Verdammter Glückspilz«, murmelt einer.

Arme Sau.

Mein Leben ist zu gut, um in diesem Dreckloch zu enden.

Es gibt viele Halte auf der Fahrt, manche dauern ein paar Minuten, manche Stunden, immer außerhalb einer Stadt oder eines Dorfs. Gelegentlich kann Lale die Schilder entziffern, wenn sie durch einen Bahnhof fahren: Zwardoń, Dziedzice, und ein bisschen später Dankowice, sie sind also in Polen. Die Frage ist: Wohin fahren sie? Während der Fahrt denkt Lale die meiste Zeit über sein Leben in Pressburg nach: seine Arbeitsstelle, seine Wohnung, seine Freunde – vor allem seine Freundinnen.

Wieder hält der Zug. Es ist stockdunkel; Wolken verdecken Mond und Sterne. Kündet die Dunkelheit von ihrer Zukunft? *Die Dinge sind, wie sie sind. Was ich genau jetzt sehen, spüren, hören und riechen kann.* Er sieht nur Männer wie ihn, jung und auf einer Fahrt ins Ungewisse. Er hört das Knurren leerer Mägen und das Pfeifen trockener Luftröhren. Er riecht Pisse und Scheiße und zu lange ungewaschene Körper. Dass die Männer so gedrängt stehen, dass sie gar nicht umfallen können, nutzen sie zum Schlafen, ohne sich einen Ruheplatz freikämpfen zu müssen. Jetzt ruht mehr als nur ein Kopf auf Lale.

Ein paar Waggons weiter hinten hört man Lärm, der allmählich näher kommt. Die Männer dort haben es satt und versuchen auszubrechen. Man hört, wie sich Körper gegen die hölzernen Wagenwände werfen, ein lautes Klappern, wahrscheinlich einer ihrer Kackeimer, alle sind jetzt hellwach. Kurz darauf herrscht der Tumult in allen Waggons.

»Hilf uns oder geh aus dem Weg«, schreit ein hochgewachsener Mann Lale zu, während er sich an die Wand wirft.

»Spar dir lieber deine Kraft«, erwidert Lale. »Wenn diese Wände nachgeben würden, meinst du nicht, eine Kuh hätte das längst erledigt?«

Ein paar Männer beenden ihre Anstrengungen, werfen ihm böse Blicke zu.

Sie verarbeiten seinen Kommentar. Der Zug kriecht weiter. Vielleicht sind die Verantwortlichen zu dem Schluss gekommen, dass Bewegung den Aufruhr schon beenden wird. Die Waggons beruhigen sich. Lale schließt die Augen.

Lale war zu seinen Eltern ins slowakische Krompach heimgekehrt, nachdem bekannt geworden war, dass Juden in Kleinstädten gemeinschaftlich zum Arbeitsdienst für die Deutschen abtransportiert werden sollten. Er wusste, dass Juden nicht mehr arbeiten durften und dass ihr Geschäft konfisziert worden war. Fast vier Wochen lang hatte er im Haus geholfen, hatte mit seinem Vater und seinem Bruder alles Mögliche repariert und neue Betten für seine kleinen Neffen gebaut, die aus ihren Gitterbettchen herausgewachsen waren. Seine Schwester war die Einzige in der Familie, die als Näherin ein Einkommen hatte. Sie musste den Weg zur und von der Arbeit heimlich zurücklegen, wenn es noch oder wieder dunkel war. Ihr Chef war bereit, für seine beste Angestellte das Risiko einzugehen.

Eines Abends kam sie mit einem Plakat nach Hause, das ihr Chef im Ladenfenster hatte aushängen müssen. Darauf wurde jede jüdische Familie aufgefordert, ein Kind von achtzehn Jahren oder älter zum Arbeitsdienst für die Deutschen auszuliefern. Das Raunen, die Gerüchte über das, was in anderen Städten geschehen war, erreichten schließlich auch Krompach. Offenbar fügte sich die slowakische Regierung immer mehr und gab Hitler, was immer er wollte. Das Plakat warnte in fett gedruckten Lettern: Wenn eine Familie ein entsprechendes Kind hatte und es nicht auslieferte, käme die ganze Familie ins KZ. Lales älterer Bruder Max erklärte sofort, er werde gehen, doch Lale wollte davon nichts wissen. Max hatte eine Frau und zwei kleine Kinder. Sie brauchten ihn zu Hause.

Lale meldete sich bei den lokalen Behörden in Krompach zum Abtransport. Die Beamten, mit denen er zu tun hatte, waren einmal seine Freunde gewesen – sie waren zusammen zur Schule gegangen und kannten ihre jeweiligen Familien. Sie sagten, Lale solle nach Prag fahren, sich bei den zuständigen Behörden melden und auf weitere Anweisungen warten.

Zwei Tage später hält der Zug wieder. Diesmal herrscht draußen große Geschäftigkeit. Hunde bellen, auf Deutsch werden Befehle gebrüllt, Riegel werden zurückgestoßen, Waggontüren aufgeschoben.
»Raus aus dem Zug, alles liegen lassen!«, rufen die Soldaten. »Los, bewegt euch! Die Sachen auf den Boden legen!« Weil er an der Rückwand des Waggons steht, steigt Lale als einer der Letzten aus. An der Tür sieht er die Leiche des Mannes liegen, der in dem Handgemenge getötet wurde. Kurz schließt er die Augen, bedenkt den Tod des Mannes mit einem schnellen Gebet. Dann verlässt er den Waggon, aber den Gestank nimmt er mit – er durchdringt seine Kleider, seine Haut, jede Faser seines Seins. Er landet auf den Knien, legt die Hände auf den Schotter und bleibt ein paar Augenblicke in dieser Haltung. Er keucht vor Erschöpfung, schmerzhaftem Durst. Langsam steht er auf, sieht auf die Hunderte erschrockenen Männer ringsum, die versuchen, die Szenerie zu begreifen, die vor ihnen liegt. Hunde schnappen und beißen alle, die sich zu langsam bewegen. Viele stolpern, ihre Beinmuskeln wollen nicht gehorchen nach der tagelangen Untätigkeit. Koffer, Bü-

cherbündel, magere Besitztümer werden denen aus den Händen gerissen, die sie nicht hergeben wollen oder ganz einfach die Befehle nicht verstehen. Dann werden sie mit einem Gewehrkolben oder einer Faust geschlagen. Lale mustert die Uniformierten. Schwarz und bedrohlich. Die zwei Blitzzeichen auf ihren Jackenaufschlägen sagen Lale, mit wem er es zu tun hat. SS. Unter anderen Umständen hätte er vielleicht die Schneiderarbeit bewundert, den feinen Stoff, den schneidigen Schnitt.

Er stellt seinen Koffer auf den Boden. *Woran wollen sie erkennen, dass das meiner ist?* Mit einem Schauder wird ihm klar, dass er den Koffer und seinen Inhalt wohl kaum je wiedersehen wird. Er legt die Hand auf sein Herz, auf das Geld in seiner Jackentasche. Er sieht zum Himmel auf, saugt die frische, kühle Luft ein, und sagt sich, dass er wenigstens draußen ist.

Ein Gewehrschuss lässt Lale aufschrecken. Vor ihm steht ein SS-Mann, die Waffe in den Himmel gerichtet. »Bewegung!« Lale wirft einen Blick zurück auf den leeren Zug. Kleider bauschen sich im Wind, Buchdeckel klappen auf. Jetzt fahren mehrere Lkws vor, aus denen ein paar Jungen klettern. Sie sammeln die abgelegten Besitztümer auf und werfen sie auf die Ladeflächen. Eine Last drückt auf Lales Schulterblätter. *Tut mir leid, Mama, sie haben deine Bücher.*

Die Männer trotten auf triste dunkelrote Backsteingebäude mit großen Fenstern zu. Am Eingang stehen Baumreihen, üppig sprießt das Frühlingsgrün. Beim Passieren der offenstehenden Gittertore blickt Lale zu der schmiedeeisernen Inschrift auf.

ARBEIT MACHT FREI

Er weiß nicht, wo er ist oder welche Arbeit er hier verrichten soll, aber der Gedanke, sie würde ihn frei machen, fühlt sich an wie ein schlechter Scherz.

SS, Gewehre, Hunde, seine Habseligkeiten weg – das hätte er sich nicht vorstellen können.

»Wo sind wir?«

Lale wendet sich um, Aron steht neben ihm.

»An der Endstation, würde ich sagen.«

Aron fällt die Kinnlade herunter.

»Tu einfach, was dir gesagt wird, dann kommst du durch.« Lale weiß, dass er nicht besonders überzeugend klingt. Er lächelt Aron flüchtig zu, der lächelt zurück. Im Stillen nimmt Lale sich vor, seinen eigenen Rat zu befolgen: *Tu, was dir gesagt wird. Und halt die Augen offen.*

Als sie im Inneren des Lagers sind, werden die Männer in geraden Reihen aufgestellt. Ganz vorn vor Lales Reihe sitzt ein Häftling mit gegerbtem Gesicht an einem kleinen Tisch. Er trägt eine Jacke und eine Hose mit blau-weißen Längsstreifen, auf der Brust ein grünes Dreieck. Hinter ihm steht ein SS-Mann, das Gewehr im Anschlag.

Wolken wälzen sich über den Himmel. In der Ferne grollt Donner. Die Männer warten.

Ein Obersturmbannführer in Begleitung einer Eskorte von Wachleuten stellt sich vor der Gruppe auf. Er hat ein kantiges Kinn, dünne Lippen und buschige schwarze Augenbrauen. Seine Uniform ist im Vergleich zu der seiner Wachen schlicht. Keine Blitzzeichen.

Seinem Benehmen nach hat hier eindeutig er das Kommando.

»Willkommen in Auschwitz.«

Ungläubig hört Lale diese Worte, aus einem Mund, dessen Lippen sich kaum bewegen. Nachdem er von zu Hause deportiert, wie ein Tier verladen worden und hier von schwer bewaffneten SS-Leuten umgeben ist, wird er jetzt willkommen geheißen – willkommen!

»Ich bin Kommandant Rudolf Höß. Lagerleiter hier in Auschwitz. Wie ihr eben auf dem Tor gelesen habt: ›Arbeit macht frei‹. Das ist eure erste Lektion, und die einzige. Arbeitet hart. Tut, was euch gesagt wird, dann werdet ihr frei sein. Ungehorsam hat Konsequenzen. Ihr werdet hier registriert, und dann kommt ihr in euer neues Zuhause: Auschwitz II – Birkenau.«

Der Kommandant lässt den Blick über ihre Gesichter schweifen. Er setzt zu weiteren Worten an, doch ein lauter Donner unterbricht ihn. Er sieht zum Himmel auf, murmelt etwas vor sich hin, macht eine wegwerfende Handbewegung in Richtung der Männer und wendet sich ab. Der Auftritt ist vorbei. Seine Wache eilt hinter ihm her. Ein plumper Auftritt, aber trotzdem ziemlich einschüchternd.

Jetzt beginnt die Registrierung. Lale sieht, wie die ersten Gefangenen an die Tische gedrängt werden. Er ist zu weit weg, um die wenigen Worte zu hören, die gewechselt werden, kann nur zusehen, wie die sitzenden Männer in ihren Häftlingsanzügen etwas aufschreiben und jedem Gefangenen einen kleinen Zettel reichen. Schließlich ist Lale an der Reihe. Er muss seinen Namen nennen, Adresse, Beruf und die Namen seiner Eltern. Der wettergegerbte Mann am Tisch schreibt Lales Angaben in ordentlichen, schwungvollen Buchstaben nieder und reicht ihm einen Zettel mit einer Nummer. Während des Vorgangs blickt der Mann kein einziges Mal auf, um Lale in die Augen zu sehen.

Lale schaut auf die Nummer: 32407.

Schleppend bewegt er sich mit den anderen Männern auf ein paar weitere Tische zu, wo eine andere Gruppe gestreifter Häftlinge mit grünem Dreieck sitzt, daneben noch mehr SS-Leute. Sein Durst droht ihn zu überwältigen. In seiner Erschöpfung erschrickt er, als ihm der Zettel aus der Hand gerissen wird. Ein SS-Mann zieht Lale die Jacke herunter, reißt seinen Hemdsärmel auf und stößt seinen linken Unterarm flach auf den Tisch. Ungläubig sieht Lale zu, wie der Häftling eine nach der anderen die Zahlen 32407 in seine Haut sticht. Der Holzgriffel mit eingesetzter Nadel bewegt sich schnell und schmerzhaft. Dann nimmt der Mann einen in grüne Tinte getauchten Lappen und reibt damit grob über Lales Wunde.

Die Tätowierung hat nur Sekunden gedauert, aber Lales Schock lässt für ihn die Zeit stillstehen. Er greift sich an den Arm, starrt auf die Zahlen. *Wie kann jemand das einem anderen Menschen antun?* Er fragt sich, ob er für den Rest seines Lebens, egal wie lang es noch dauern mag, von diesem Augenblick definiert werden wird, von dieser krummen Zahl: 32407.

Der Stoß eines Gewehrkolbens reißt Lale aus seiner Schockstarre. Er hebt seine Jacke vom Boden auf und stolpert weiter den Männern vor ihm hinterher, hinein in ein breites Backsteingebäude mit Holzbänken entlang den Wänden. Es erinnert ihn an die Turnhalle in der Prager Schule, in der er vor seiner Abreise hierher fünf Tage lang übernachtet hat.

»Ausziehen.«

»Schneller, schneller.«

Die SS-Leute bellen Befehle, die die meisten Männer nicht verstehen. Lale übersetzt für die, die ihm am nächsten stehen und die Parole dann weitergeben.

»Kleider auf der Bank lassen. Die bleiben da, bis ihr mit dem Duschen fertig seid.«

Bald ziehen die Leute Hosen und Hemden aus, Jacken und Schuhe, falten ihre verdreckten Klamotten und legen sie ordentlich auf die Bänke.

Lale freut sich auf Wasser, aber er weiß, dass er seine Kleider wahrscheinlich nicht wiedersehen wird, genauso wenig wie das Geld darin.

Er zieht sich aus und legt alles auf die Bank, aber fast überwältigt ihn seine Empörung. Aus der Hosentasche zieht er ein schmales Heft Streichhölzer, eine Erinnerung an vergangene Freuden, und blickt verstohlen zu dem am nächsten stehenden Wachmann hinüber. Der Mann schaut in eine andere Richtung. Lale reißt ein Streichholz an. Vielleicht ist das hier der letzte Akt seines freien Willens. Er hält das Streichholz an das Futter seiner Jacke, bedeckt sie mit seiner Hose und springt hinüber in die Schlange der Männer vor den Duschen. Sekunden später hört er hinter sich rufen: »Feuer!« Lale sieht sich um, sieht nackte Männer, die aus dem Weg gedrängt werden, während ein SS-Mann die Flammen auszuschlagen versucht.

Er ist noch nicht in der Dusche, aber er merkt, dass er zittert. *Was habe ich da getan?* Gerade hat er mehrere Tage lang allen eingeschärft, sie sollen den Kopf gesenkt halten, tun, was ihnen gesagt wird, niemanden gegen sich aufbringen, und jetzt hat er selbst in einem Gebäude mutwillig ein Feuer gelegt. Ihm ist völlig klar, was passieren würde, wenn jemand ihn als den Brandstifter denunzieren würde. *Idiot. Idiot.*

Im Duschraum beruhigt er sich, atmet tief durch. Hunderte Männer stehen zitternd Schulter an Schulter, während kaltes Wasser auf sie niederregnet. Gierig legen sie den Kopf in den Nacken und trinken es, so brackig es auch schmeckt. Viele genieren sich und versuchen mit den Händen ihre Genitalien zu verbergen. Lale wäscht sich Schweiß, Schmutz und Gestank vom Körper und den Haaren. Das Wasser zischt durch die Rohre und trommelt auf den Boden. Als es aufhört, gehen die Türen zur Umkleide wieder auf, und ohne Anweisung gehen sie zurück zu dem, was statt ihrer Kleider jetzt dort liegt – alte russische Armeeuniformen und -stiefel.

»Bevor ihr euch anzieht, müsst ihr zum Frisör«, erklärt ihnen ein grinsender SS-Mann. »Draußen – beeilt euch.«

Wieder stellen die Männer sich in Reihen auf. Sie schieben sich zu dem Häftling, der mit einem Rasierer bereitsteht. Als Lale an der Reihe ist, setzt er sich gerade auf den Stuhl, den Kopf hoch erhoben. Er sieht zu, wie die SS-Leute an der Reihe entlanggehen, mit den Enden ihrer Waffen die nackten Gefangenen drangsalieren, ihnen Beleidigungen zurufen und gemeines Gelächter ausstoßen. Lale setzt sich noch gerader und hebt den Kopf noch höher, als das Haar auf seinem Kopf zu Stoppeln gekürzt wird, zuckt nicht, als der Rasierer ihm die Kopfhaut ritzt.

Ein Stoß in den Rücken sagt ihm, dass er fertig ist. Er reiht sich ein in die Schlange zurück zum Duschraum, wo er mit den anderen nach Kleidern und Holzschuhen in der richtigen Größe sucht. Alles ist schmutzig und fleckig, aber er findet schließlich Schuhe, die ihm ungefähr passen, und hofft, dass die russische Uniform, nach der er greift, genügt. Als er angezogen ist, verlässt er, wie gefordert, das Gebäude.

Es wird allmählich dunkel. Er trottet durch den Regen, einer von unzähligen Männern, es kommt ihm ziemlich lang vor. In dem zähen Schlamm bekommt er nur mühsam die Füße hoch. Doch er stapft entschlossen weiter. Einige Männer stolpern oder fallen auf Hände und Knie, sie werden geschlagen, bis sie wieder hochkommen. Wenn nicht, werden sie erschossen.

Lale versucht, die schwere, tropfnasse Uniform von der Haut zu ziehen. Sie scheuert und reibt, und der Geruch nach nasser Wolle und Schmutz versetzt ihn zurück in den Viehwaggon. Lale blickt zum Himmel auf, versucht so viel Regen zu schlucken, wie er kann. Der süße Geschmack ist das Beste seit Tagen, das Einzige, was er seit Tagen bekommen hat, sein Durst verstärkt noch seine Erschöpfung, lässt ihm alles vor den Augen verschwimmen. Er schluckt. Gierig schlürft er aus der hohlen Hand. In der Ferne erkennt er Scheinwerfer rund um ein riesiges Gelände. In seinem halben Taumel werden sie ihm zu Leuchttürmen, die funkelnd im Regen tanzen und ihm den Heimweg anzeigen. Die rufen: *Komm. Ich gebe dir Schutz, Wärme und Nahrung. Geh weiter.* Aber als er wieder durch Tore geht, die diesmal keine Botschaft tragen, keinen Handel anbieten, kein Freiheitsversprechen im Tausch gegen die Plackerei, ist Lale klar, dass das funkelnde Traumbild erloschen ist. Er ist bloß in einem anderen Gefängnis.

Hinter diesem Gelände, in der Dunkelheit nur zu erahnen, weitere Zäune und Gebäude. Die Zäune sind mit Stacheldraht bewehrt. Oben aus den Wachtürmen richten SS-Leute Gewehre in seine Richtung. In der Nähe schlägt ein Blitz in einen Zaun. *Das sind Elektrozäune.* Der Donner ist nicht laut genug, um einen Schuss zu übertönen, noch ein Mann ist gefallen.

»Wir haben es geschafft.«

Lale wendet sich um und sieht Aron auf sich zukommen. Triefend, durchnässt. Aber lebendig.

»Ja, sieht aus, als wären wir zu Hause. Du siehst ja gruselig aus.«

»Du hast dich selber nicht gesehen. Stell dir einfach vor, ich wäre ein Spiegel.«

»Nein, danke.«

»Und was kommt jetzt?«, fragt Aron. Er klingt wie ein Kind.

Dem stetigen Strom der Männer folgend, zeigen sie jeder ihren tätowierten Arm einem SS-Posten vor einer Baracke, der ihre Nummer auf einem Schreibbrett festhält. Nach einem kräftigen Stoß in den Rücken finden sich Lale und Aron in Block 7 wieder, einer lang gestreckten Baracke mit dreistöckigen Pritschen auf der einen Seite. Dutzende Männer werden in den Raum getrieben. Sie drängeln und stoßen einander zur Seite, um einen Platz zu belegen. Wenn sie Glück haben oder aggressiv genug sind, teilen sie ihr Lager nur mit einem oder zwei anderen. Lale hat dieses Glück nicht. Mit Aron klettert er auf eine Pritsche ganz oben, wo bereits zwei andere Häftlinge liegen. Nach Tagen ohne Essen haben sie nicht mehr viel Kraft zum Kämpfen übrig. So gut es geht, wälzt sich Lale auf einen Strohsack, der als Matratze herhält. Er presst die Hände auf den Magen, um die Krämpfe zu beruhigen. Mehrere Männer rufen den Wachen zu: »Wir brauchen etwas zu essen.«

Die Antwort kommt: »Morgen bekommt ihr was.«

»Morgen sind wir alle verhungert«, kommentiert jemand hinten im Block.

»Und in Frieden«, ergänzt eine dumpfe Stimme.

»Das hier sind Strohmatratzen«, sagt ein anderer. »Vielleicht sollten wir es weiter halten wie das Vieh und einfach das fressen.«

Leises Glucksen. Keine Antwort vom Blockführer.

Und dann, von ganz hinten in der Baracke, ein zögerliches »Muuuh...«

Lachen. Leise, aber echt. Der Blockführer, unsichtbar,

aber anwesend, greift nicht ein, und irgendwann schlafen die Männer mit knurrenden Mägen ein.

Es ist immer noch dunkel, als Lale aufwacht, weil er pinkeln muss. Er klettert über seine schlafenden Gefährten hinweg, runter auf den Boden, und tastet sich an die hintere Stirnseite des Blocks; da dürfte es am sichersten sein. Beim Näherkommen hört er Stimmen: Slowakisch und Deutsch. Erleichtert sieht er, dass es, wenn auch notdürftige, Aborte für sie gibt. Lange Gräben hinter der Baracke, darüber Holzbalken. Drei Häftlinge hocken mit heruntergelassenen Hosen über dem Graben und unterhalten sich ruhig. Vom anderen Ende der Baracke sieht Lale durch das Halbdunkel zwei SS-Wachen herankommen, sie rauchen, lachen, ihre Gewehre lose über den Rücken gehängt. Das flackernde Scheinwerferlicht wirft verstörende Schatten, und Lale kann nicht verstehen, was sie sagen. Obwohl er dringend pinkeln muss, wartet er ab.

Gleichzeitig schnippen die Wachleute ihre Zigaretten in die Luft, legen mit einem Ruck ihre Gewehre an und schießen. Die Leichen der drei Klohocker kippen rückwärts in den Graben. Lale stockt der Atem. Er drängt sich mit dem Rücken an die Baracke, als die Wachen an ihm vorbeigehen. Von einem der beiden sieht er flüchtig das Gesicht – ein Junge, ein blutjunges Kind.

Als sie im Dunkeln verschwinden, legt Lale sich selbst einen Schwur ab. *Ich werde überleben und diesen Ort verlassen. Ich werde als freier Mann hier herausgehen. Wenn es eine Hölle gibt, werde ich diese Mörder darin schmoren sehen.* Er denkt an seine Familie in Krompach und hofft, dass sein Hiersein wenigstens ihnen ein ähnliches Schicksal erspart.

Lale erleichtert sich und klettert zurück auf seine Pritsche.

»Die Schüsse«, flüstert Aron, »was war das?«

»Ich habe nichts gesehen.«

Aron schwingt sein Bein über Lale, will selbst hinunter.

»Wohin willst du?«

»Pinkeln.«

Lale fasst über den Bettrand, umklammert Arons Hand. »Lass es bleiben.«

»Warum?«

»Du hast die Schüsse gehört«, erwidert Lale. »Halt es einfach bis morgen aus.«

Wortlos klettert Aron auf die Pritsche zurück und legt sich hin, die Fäuste in Angst und Trotz vor dem Unterleib geballt.

Sein Vater hatte einen Kunden vom Bahnhof abgeholt. Herr Scheinberg wollte sich gerade elegant in die Kutsche schwingen, während Lales Vater sein feines Ledergepäck auf den anderen Sitz hob. Woher kam er? Aus Prag? Pressburg? Aus Wien vielleicht? Er trug einen teuren Wollanzug, seine Schuhe waren frisch geputzt, und lächelnd richtete er ein paar Worte an Lales Vater, als der vorne aufsaß. Sein Vater trieb das Pferd an. Wie die meisten anderen Herren, die Lales Vater mit seiner Droschke herumfuhr, war Herr Scheinberg auf dem

Heimweg von wichtigen Geschäften. Lale wollte lieber wie er werden als wie sein Vater.

Herr Scheinberg reiste an diesem Tag ohne Begleitung seiner Gattin. Lale liebte es, Frau Scheinberg und die anderen Damen, die in der Droschke seines Vaters mitfuhren, anzuschauen, ihre schmalen Hände in weißen Handschuhen, ihre eleganten Perlenohrringe und die passenden Perlenketten. Er liebte die eleganten Kleider und den Schmuck der schönen Frauen, die manchmal die bedeutenden Herren begleiteten. Das einzig Gute daran, dass er manchmal seinem Vater helfen musste, war, ihnen die Droschkentür öffnen zu dürfen, die Hand zu reichen und herunterzuhelfen, ihren Duft zu atmen und von dem Leben zu träumen, das sie führten.

KAPITEL 2

»Aufstehen! Alle nach draußen!«

Pfeifen schrillen, Hunde bellen. Das Sonnenlicht eines klaren Morgens fällt durch die Tür in Block 7 hinein. Die Männer lösen sich voneinander, klettern von ihren Pritschen herunter und drängen nach draußen. Bleiben direkt vor der Baracke stehen. Keiner will zu weit weg. Sie warten. Und warten. Keine Spur mehr von denen, die eben noch gebrüllt und gepfiffen haben. Die Männer scharren mit den Füßen, flüstern mit ihren Nachbarn. Ein Blick auf die anderen Blöcke zeigt, dass es dort genauso ist. Was nun? Warten.

Endlich kommen ein SS-Mann und ein Häftling auf Block 7 zu, und alle verstummen. Keine Vorstellung. Der Häftling liest von einem Schreibbrett Nummern vor. Der SS-Mann steht daneben, wippt ungeduldig mit dem Fuß, klopft sich mit seinem Schlagstock auf den Oberschenkel. Die Häftlinge brauchen einen Moment, bis sie verstehen, dass die Nummern sich auf die Tätowierung auf ihrem linken Arm beziehen. Als der Appell zu Ende ist, sind zwei Nummern ohne Antwort geblieben.

»Du ...« – der Häftling, der die Zahlen vorgelesen hat, zeigt auf einen Mann am Ende der Reihe – »geh noch mal rein und schau, ob da noch wer ist.«

Der Mann sieht ihn fragend an. Er hat kein Wort verstanden. Sein Nebenmann flüstert ihm den Auftrag zu, und er beeilt sich, ihn auszuführen. Kurz darauf kommt er wieder heraus, hält die rechte Hand hoch und streckt Zeige- und Mittelfinger aus: zwei Tote.

Der SS-Mann tritt vor. Er spricht Deutsch. Die Häftlinge haben bereits gelernt, den Mund zu halten und gehorsam zu warten, bis hoffentlich einer von ihnen übersetzen kann. Lale versteht alles.

»Ihr bekommt zwei Mahlzeiten am Tag. Eine morgens und eine abends. Wenn ihr bis abends durchhaltet.« Er unterbricht sich, ein zynisches Lächeln im Gesicht. »Nach dem Frühstück arbeitet ihr, bis wir euch sagen, dass Schluss ist. Ihr werdet dieses Lager weiterbauen. Es werden noch viel mehr Leute hierhergebracht.« Sein Lächeln wird zu einem stolzen Grinsen. »Gehorcht eurem Kapo und den Vorarbeitern, dann werdet ihr den Sonnenuntergang erleben.«

Man hört ein Scheppern, und mit einem Blick über die Schulter sehen die Häftlinge ein paar Männer herankommen, die zwei Kessel und Stapel kleiner Blechnäpfe tragen. Frühstück. Ein paar Häftlinge streben auf sie zu, als wollten sie ihnen Hilfe anbieten.

»Jeder, der sich rührt, wird erschossen«, bellt der SS-Mann und hebt das Gewehr. »Zweite Chancen gibt es nicht.«

Der SS-Mann geht, und der Häftling, der den Appell

durchgeführt hat, wendet sich an die Gruppe. »Ihr habt es gehört«, sagt er in polnisch gefärbtem Deutsch. »Ich bin euer Kapo. Zur Essensausgabe bildet ihr zwei Reihen. Wer sich beschwert, muss mit Konsequenzen rechnen.«

Die Männer drängeln sich in Reihen, mehrere fangen an, einander flüsternd zu fragen, ob jemand verstanden hat, was »der Deutsche« gesagt hat. Lale übersetzt es denen, die am nächsten stehen, und lässt es sie weitersagen. Er wird so viel wie möglich übersetzen.

Als er vorn in der Reihe ankommt, nimmt er dankbar einen kleinen Blechnapf entgegen, dessen Inhalt über die rauen Hände schwappt, die ihn ihm entgegenschieben. Er tritt zur Seite und mustert das Essen. Es ist eine braune Brühe, ohne irgendetwas Festes, den Geruch kann er nicht identifizieren. Weder Tee noch Kaffee noch Suppe. Er befürchtet, er würde das stinkende Gebräu wieder hochwürgen, wenn er es langsam trinkt. Also schließt er die Augen, hält sich die Nase zu und schluckt es in einem Zug. Andere haben weniger Erfolg.

Aron neben ihm hebt seinen Napf zu einem ironischen Toast. »Ich hatte ein Stück Kartoffel, und du?«

»Mein bestes Essen seit Ewigkeiten.«

»Bist du immer so positiv?«

»Frag mich heute Abend noch mal«, erwidert Lale zwinkernd. Als er seinen leeren Napf dem Häftling zurückgibt, der ihn ihm gereicht hat, dankt er ihm mit einem schnellen Nicken und einem halben Lächeln.

Der Kapo brüllt: »Wenn ihr Faulpelze mit dem Essen fertig seid, in Reihen antreten! Ihr habt noch Arbeit vor euch!«

Lale gibt die Anweisung weiter.

»Ihr folgt mir«, schreit der Kapo, »und ihr folgt den Befehlen des Vorarbeiters. Von jeder Bummelei erfahre ich.«

Lale und die anderen finden sich vor einer halb fertigen Baracke wieder, die genauso aussieht wie ihr eigener Block. Andere Häftlinge sind bereits da: Zimmerer und Maurer, die alle still im geordneten Rhythmus gewohnter Akkordarbeiter am Werk sind.

»Du. Ja, du. Hoch auf das Dach. Du kannst da oben arbeiten.«

Der Befehl geht an Lale. Er blickt sich um, sieht eine Leiter, die aufs Dach führt. Zwei Häftlinge hocken dort, warten auf die Ziegel, die ihnen hochgereicht werden. Die beiden rücken zur Seite, als Lale kommt. Das Dach besteht nur aus Holzlatten für die Ziegel.

»Sei vorsichtig«, warnt ihn einer der Arbeiter. »Geh etwas weiter rüber und schau uns zu. Es ist nicht schwer – du wirst es schnell raushaben.« Ein Russe.

»Ich heiße Lale.«

»Vorstellung später, okay?« Die beiden Männer wechseln einen Blick. »Verstehst du mich?«

»Ja«, erwidert Lale auf Russisch. Die Männer lächeln.

Lale sieht zu, wie sie die schweren Lehmziegel aus den Händen entgegennehmen, die sie über die Dachkante reichen, damit an die Stelle kriechen, wo die letzten Ziegel abgelegt wurden, und sie sorgfältig überlappend anlegen, bevor sie für den nächsten Ziegel wieder an die Leiter krabbeln. Der Russe hat recht – es ist keine schwierige Arbeit –, und schon bald hilft ihnen Lale, die Ziegel in Empfang zu nehmen und anzulegen. An diesem warmen Frühlingstag hindern ihn nur der beißende Hunger und die Krämpfe, genauso schnell zu arbeiten wie die erfahreneren Kollegen.

Es vergehen mehrere Stunden, bis sie Pause machen dürfen. Lale will zur Leiter, aber der Russe hält ihn auf.

»Hier oben ist es sicherer. So weit oben sehen sie einen nicht so gut.«

Lale folgt den Männern, die offensichtlich den besten Platz kennen, um sich zu setzen und auszustrecken: die Ecke, in der breitere Balken das Dach verstärken.

»Seit wann seid ihr hier?«, fragt Lale, sobald sie sich gesetzt haben.

»Ungefähr zwei Monate, glaube ich. Schwer zu sagen nach einiger Zeit.«

»Woher kommt ihr? Ich meine, wie kommt ihr hierher? Seid ihr Juden?«

»Eins nach dem anderen.« Der Russe schmunzelt, und der Jüngere, Kräftigere verdreht die Augen über die Unwissenheit des Neuen, der noch lernen muss, wo in diesem Lager sein Platz ist.

»Wir sind keine Juden, wir sind russische Soldaten. Wir wurden von unserer Einheit getrennt, und die Scheißdeutschen haben uns gefangen genommen und ins Arbeitslager gesteckt. Und du? Jude?«

»Ja. Ich war in einem großen Transport, der gestern aus der Slowakei ankam – lauter Juden.«

Die Russen wechseln einen Blick. Der Ältere wendet sich ab, schließt die Augen, hält das Gesicht in die Sonne und überlässt das weitere Gespräch seinem Gefährten.

»Schau dich um. Von hier oben kannst du sehen, wie viele Blöcke da gebaut werden und wie viel Land sie dafür vorsehen.«

Lale stützt sich auf die Ellbogen und lässt den Blick über das weitläufige Gelände innerhalb des Elektrozauns schweifen. Blöcke genau wie der, an dessen Bau er gerade mitwirkt, erstrecken sich bis in weite Ferne. Entsetzen befällt ihn, als er sich vorstellt, was vielleicht aus diesem Ort werden wird. Er ringt um Worte, will sich sein Unwohlsein nicht anmerken lassen. Er lehnt sich zurück, wendet den Kopf ab und versucht sich verzweifelt in den Griff zu bekommen. Er darf keinem vertrauen, möglichst wenig von sich erzählen, muss vorsichtig sein ...

Der Mann beobachtet ihn. »Ich habe die SS prahlen hören, das hier wird das größte KZ überhaupt.«

»Wirklich?«, fragt Lale. Er zwingt sich, nicht bloß zu flüstern. »Tja, wenn wir das zusammen bauen, könnt ihr mir doch auch eure Namen sagen.«

»Andor«, sagt er. »Und dieser Rüpel da ist Boris. Der redet nicht viel.«

»Reden kann einen hier das Leben kosten«, murmelt Boris, während er Lale die Hand reicht.

»Was könnt ihr mir sonst noch über die Leute hier sagen?«, fragt Lale. »Und wer zum Teufel sind diese Kapos?«

»Sag du's ihm«, meint Boris gähnend.

»Also, das sind russische Soldaten wie wir, aber nicht viele, und dann die ganzen anderen Winkel.«

»Winkel – dieses grüne Dreieck, das mein Kapo trägt?«

Andor lacht. »Ja, die grünen Winkel sind die schlimmsten – das sind die Kriminellen: Mörder, Vergewaltiger, solche Leute. Sie eignen sich gut als Wachen, weil sie sowieso zum Fürchten sind. Andere sind wegen ihrer politischen Einstellung gegen die Deutschen hier. Sie haben einen roten Winkel. Manche, aber nicht viele, haben auch einen schwarzen Winkel – das sind Arbeitsscheue, die halten nicht lange durch. Und dann gibt es da noch dich und deine Freunde.«

»Wir tragen den gelben Stern.«

»Ja, ihr tragt den Stern. Euer Verbrechen ist, dass ihr Juden seid.«

»Warum habt ihr keine Farbe?«, fragt Lale.

Andor zuckt die Achseln. »Wir sind einfach bloß Feinde.«

Boris schnaubt. »Sie beleidigen uns, indem sie unsere Uniformen an euch verteilen. Etwas Schlimmeres können sie uns eigentlich gar nicht antun.«

Eine Pfeife schrillt, und die drei gehen wieder an die Arbeit.

An diesem Abend sammeln sich die Männer von Block 7 in kleinen Grüppchen, um zu reden, weiterzugeben, was sie gelernt haben, und einander auszufragen. Mehrere ziehen sich an die Rückwand der Baracke zurück und beten dort zu ihrem Gott. Ihr Gemurmel vermengt sich zu etwas Unverständlichem. *Bitten sie um Führung, Rache, Geduld?* Lale hat den Eindruck, so ohne die Anleitung eines Rabbis betet jeder für das, was ihm am wichtigsten ist. Und er beschließt, dass es so genau richtig ist. Er geht zwischen den Gruppen umher, hört zu, aber beteiligt sich nicht.

Am Ende dieses ersten Tages hat Lale das Wissen seiner beiden russischen Kollegen ausgeschöpft. Die restliche Woche befolgt er seinen eigenen Rat: Er hält den Kopf gesenkt, tut, was ihm gesagt wird, widerspricht nie. Gleichzeitig beobachtet er alle und alles, was um ihn los ist. Wenn er die Gestaltung der neuen Baracken betrachtet, ist ihm klar, dass die Deutschen über keinerlei architektonischen Ehrgeiz verfügen. Wann immer es möglich ist, belauscht er das Gerede der SS-Wachen, die nicht wissen, dass er sie versteht. Sie liefern ihm seine einzig zugängliche Munition: Wissen, das er für später abspeichern kann. Die Wachleute stehen den größten Teil des Tages herum, lehnen an Mauern, rauchen, behalten die Dinge nur halb im Auge. Bis zur Abenddämmerung hat er gelernt, dass Lagerkommandant Höß ein faules Schwein ist, das sich kaum einmal blicken lässt, und dass die Unterbringung der Deutschen in Auschwitz besser ist als in Birkenau, wo es keine Zigaretten und kein Bier gibt.

Eine Gruppe von Arbeitern fällt Lale besonders auf. Sie bleiben unter sich, tragen Zivil und reden ohne Angst mit den Wachen. Lale beschließt herauszufinden, wer diese Männer sind. Wieder andere Häftlinge rühren nie ein Stück Holz oder einen Ziegel an, sondern spazieren in anderen Funktionen lässig über das Gelände. So einer ist sein Kapo. *Wie kommt man an so einen Job?* So eine Stellung würde es ihm am ehesten ermöglichen, herauszufinden, was im Lager los ist, was für Birkenau geplant ist und, vor allem, für ihn.

Lale sitzt auf dem Dach und legt in der Sonne Ziegel an, als er sieht, wie ihr Kapo in ihre Richtung kommt. »Los, ihr Faulenzer, schneller arbeiten!«, schreit Lale. »Wir müssen noch eine Baracke fertig kriegen!«

Er bellt immer noch seine Befehle, als der Kapo unten auftaucht. Lale hat sich angewöhnt, ihn mit einem respektvollen Kopfnicken zu grüßen. Einmal hat er ein kurzes Nicken zurückbekommen. Er hat polnisch mit ihm geredet. Zumindest hat sein Kapo ihn als unterwürfigen Häftling abgespeichert, der ihm keine Probleme macht.

Mit einem halben Lächeln stellt der Kapo Augenkontakt zu Lale her und winkt ihn vom Dach herunter. Lale tritt mit gesenktem Kopf auf ihn zu.

»Gefällt dir das, was du da auf dem Dach machst?«, fragt der Kapo.

»Ich tue alles, was man mir sagt«, erwidert Lale.

»Aber jeder will doch ein leichteres Leben, oder?«

Lale sagt nichts.

»Ich brauche eine Hilfskraft«, sagt der Kapo, während er mit dem ausgefransten Saum seines russischen Armeehemds spielt. Es ist ihm zu groß, er hat es eigens ausgewählt, damit er trotz seiner kleinen Körpergröße breiter und mächtiger aussieht als die, die er überwachen muss. Durch die Zahnlücken in seinem Mund riecht Lale den beißenden Geruch von halb verdautem Fleisch.

»Du tust alles, was ich dir sage. Bringst mir zu essen, putzt mir die Stiefel und bist da, wann immer ich dich brauche. Wenn du das tust, kann ich dir das Leben erleichtern; wenn nicht, musst du mit Konsequenzen rechnen.«

Als Antwort auf das Angebot stellt Lale sich neben seinen Kapo. Er fragt sich, ob er durch diese Versetzung vom Dachdecker zum Handlanger einen Pakt mit dem Teufel schließt.

An einem schönen, nicht zu warmen Frühlingstag sieht Lale einen großen gedeckten Lkw an der Stelle vorbeifahren, an der normalerweise das Baumaterial entladen wird. Er fährt hinten um die Hauptwache herum. Lale weiß, dass nicht weit entfernt davon der Zaun verläuft, er hat sich nie dorthin getraut, aber jetzt siegt die Neugier. Mit der Haltung dessen, der hierhergehört und gehen kann, wohin er will, folgt er dem Wagen.

Hinter dem Gebäude späht er um die Ecke. Der Lkw hält neben einem Bus, der aussieht wie ein Gefangenentransporter eines Gefängnisses. Er ist zu einer Art Bunker umgebaut worden, vor die Fensterrahmen wurden Stahlplatten genagelt. Lale sieht, wie Dutzende nackte Männer aus dem Lkw getrieben und zu dem Bus geführt werden. Manche steigen bereitwillig ein. Wer sich sträubt, wird mit Gewehrkolben geschlagen. Mithäftlinge schleppen die halb Bewusstlosen zu ihrer Bestimmung.

Der Bus ist so voll, dass die Letzten, die einsteigen, gerade noch mit den Zehenspitzen auf dem Trittbrett hängen, ihre nackten Hintern ragen aus der Tür heraus. Wachleute werfen sich mit ihrem ganzen Gewicht gegen die Körper. Dann werden die Türen zugeschlagen. Ein SS-Mann geht um den Bus herum, reißt an den Metallplatten, prüft, dass alles fest sitzt. Behände klettert ein anderer auf das Dach, eine Blechdose in der Hand. Unfähig, sich zu rühren, sieht Lale ihn auf dem Busdach eine kleine Luke öffnen und die Dose entleeren. Dann wirft er die Luke zu und verriegelt sie. Während der Mann eilig herunterklettert, beginnt der Bus zu wanken, und man hört dumpfe Schreie.

In einem Anfall von Übelkeit fällt Lale auf die Knie. Er bleibt dort würgend liegen, bis die Schreie verklingen.

Als der Bus still und ruhig ist, werden die Türen geöffnet. Tote fallen heraus wie Steine.

Von hinter der anderen Hausecke rückt eine Gruppe Häftlinge aus. Der Lkw setzt zurück, und die Gefangenen beginnen, die Leichen aufzuladen; sie taumeln unter der Last, während sie ihr Entsetzen zu verbergen versuchen. Lale ist Zeuge einer unvorstellbaren Tat geworden. Er strauchelt auf die Füße, steht an der Schwelle zur Hölle, und in ihm brennt ein Höllenfeuer heftiger Gefühle.

Am nächsten Morgen kann er nicht aufstehen. Er lodert.

Sieben Tage dauert es, bis Lale wieder bei Bewusstsein ist. Irgendwer träufelt ihm sachte Wasser in den Mund. Auf seiner Stirn spürt er einen feucht-kühlen Lappen.

»Hier, Junge«, sagt eine Stimme. »Nimm's leicht.«

Lale schlägt die Augen auf und sieht einen Fremden, einen älteren Mann, der ihn freundlich anblickt. Er rappelt sich auf die Ellbogen, und der Fremde hilft ihm, sich aufzusetzen. Verwirrt sieht er sich um. Welcher Tag ist heute? Wo ist er?

»Du könntest etwas frische Luft gebrauchen«, sagt der Mann und fasst Lale am Ellbogen.

Er wird nach draußen in einen wolkenlosen Tag geführt, einen Tag, der aussieht wie zum Vergnügen gemacht, und er erschaudert, als er sich an den letzten Tag wie diesen erinnert. Die Welt beginnt sich zu drehen, er stolpert. Der Fremde stützt ihn, führt ihn zu einem nahen Holzstoß.

Er zieht Lales Ärmel hoch, zeigt auf die tätowierte Zahl.

»Ich heiße Pepan. Ich bin der Tätowierer. Was hältst du von meiner Arbeit?«

»Tätowierer?«, fragt Lale. »Dann warst das hier also du?«

Mit einem Schulterzucken sieht Pepan ihm gerade in die Augen. »Ich hatte keine Wahl.«

Lale schüttelt den Kopf. »Meine erste Wahl für eine Tätowierung wäre jedenfalls nicht diese Nummer gewesen.«

»Was hättest du denn lieber gehabt?«

Lale lächelt verschmitzt.

»Wie heißt sie?«

»Mein Schatz? Ich weiß nicht. Wir kennen uns noch nicht.«

Pepan grinst. Die beiden sitzen in kameradschaftlichem Schweigen. Lale fährt mit dem Finger über seine Nummer.

»Woher kommt dein Akzent?«, fragt Lale.

»Ich komme aus Frankreich.«

»Und was ist mir zugestoßen?«, fragt Lale schließlich.

»Fleckfieber. Du warst für ein frühes Grab bestimmt.«

Lale schaudert. »Und warum sitze ich dann mit dir hier?«

»Ich kam gerade an eurem Block vorbei, als dein Körper auf einen Wagen mit den Toten und Sterbenden geworfen wurde. Ein junger Mann diskutierte mit den Wachen, sie sollten dich dalassen, er würde sich um dich kümmern. Als sie in den nächsten Block gegangen sind, hat er dich vom Wagen gezogen und wollte dich wieder nach drinnen schleppen. Da habe ich mit angepackt.«

»Wie lange ist das her?«

»Sieben, acht Tage. Seitdem sehen nachts die Männer in deinem Block nach dir. Und tagsüber habe ich dich so lang wie möglich versorgt. Wie geht es dir?«

»Mir geht es gut. Ich weiß nicht, was ich sagen soll, wie ich dir danken kann.«

»Dank dem Mann, der dich von dem Wagen gezogen hat. Nur sein Mut hat bewirkt, dass du dem Tod von der Schippe gesprungen bist.«

»Das werde ich tun, wenn ich herausfinde, wer es war. Weißt du das?«

»Nein. Tut mir leid. Wir haben keine Namen ausgetauscht.«

Lale schließt einen Moment die Augen und lässt die

Sonne warm auf seine Haut scheinen, die ihm die Kraft gibt, den Willen, weiterzumachen. Er hebt die schlaffen Schultern, und seine Entschlossenheit kehrt wieder. Er ist noch am Leben. Er stellt sich auf seine schwankenden Beine, streckt sich, versucht neues Leben zu atmen in einen kranken Körper, der Ruhe braucht, Nahrung und Wasser.

»Setz dich, du bist noch sehr schwach.«

Lale fügt sich dem Offensichtlichen und gehorcht. Nur sein Rücken ist jetzt gerader, seine Stimme fester. Er lächelt Pepan an. Der alte Lale ist wieder da, fast ebenso hungrig nach Informationen wie nach Essen.

»Wie ich sehe, trägst du einen roten Stern.«

»Ja. Ich war Professor in Paris und unverblümter, als es gut für mich war.«

»Was hast du unterrichtet?«

»Ökonomie.«

»Und dass du Ökonomie unterrichtet hast, hat dich hierhergebracht? Wie das?«

»Tja, Lale, ein Mann, der Vorlesungen über Besteuerung und Zinssätze hält, wird zwangsläufig in die Politik verwickelt. Die Politik hilft einem die Welt zu verstehen, so lange, bis man sie nicht mehr versteht, und das bringt einen dann ins Straflager. Politik und Religion: beides.«

»Und kehrst du in dieses Leben zurück, wenn du hier raus bist?«

»Was für ein Optimist! Ich weiß nicht, was mir die Zukunft bringt, oder dir.«

»Also keine Kristallkugel.«

»Nein, sicher nicht.«

Durch den Baulärm, das Gebell der Hunde und das Brüllen der Wachen hindurch beugt Pepan sich vor und fragt: »Bist du charakterlich genauso stark wie dein Körper?«

Lale erwidert Pepans Blick. »Ich will überleben.«

»Deine Stärke kann in diesen Umständen hier eine Schwäche sein. Charme und Freundlichkeit werden dir Probleme machen.«

»Ich will überleben.«

»Tja, dann kann ich dir vielleicht dabei helfen.«

»Hast du einflussreiche Freunde?«

Lachend klopft Pepan Lale auf den Rücken. »Nein. Keine einflussreichen Freunde. Wie gesagt, ich bin der Tätowierer. Und ich habe gehört, dass ganz bald schon sehr viel mehr Leute herkommen werden.«

Eine Zeit lang sitzen sie still da und denken nach. Irgendwo trifft also irgendjemand Entscheidungen, geht es Lale durch den Kopf, nennt jemand Zahlen – aber woher hat er sie? *Wie beschließt man, wer hierherkommt? Auf Grundlage welcher Informationen entscheidet man das? Rasse, Religion oder Politik?*

»Du machst mich neugierig, Lale. Du hast mich irgendwie angezogen. Du hattest eine Stärke, die nicht mal dein kranker Körper verbergen konnte. Deshalb sitzt du heute vor mir.«

Lale hört die Worte, aber er kämpft mit dem, was Pepan ihm sagt. Sie sitzen an einem Ort, an dem Tag für Tag Menschen sterben, Stunde für Stunde, Minute für Minute.

»Würdest du gern mit mir zusammenarbeiten?« Pepan reißt Lale aus seiner inneren Leere.

»Ich tue, was ich kann, um zu überleben.«

»Dann schlag ein.«

»Du meinst, ich soll andere Leute tätowieren?«

»Irgendwer muss es tun.«

»Ich glaube, ich könnte das nicht. Leute verletzen, ihnen wehtun – es tut nämlich ziemlich weh.«

Pepan zieht seinen Ärmel hoch und legt seine eigene Nummer frei. »Es tut höllisch weh. Wenn du den Job nicht annimmst, macht es jemand mit weniger Feingefühl und tut den Leuten noch mehr weh.«

»Für den Kapo zu arbeiten, ist nicht dasselbe wie Hunderte Unschuldige zu verunstalten.«

Die beiden schweigen lange. Wieder verfällt Lale in seine düsteren Gedanken. *Haben die Leute, die das entscheiden, Familien, Frauen, Kinder, Eltern? Unmöglich.*

»Das kannst du dir einreden, aber du bist trotzdem eine Marionette der Nazis. Ob du bei mir arbeitest oder beim Kapo oder ob du Baracken baust, du erledigst immer ihre Drecksarbeit.«

»Kein schlechtes Argument.«

»Also?«

»Also ja. Wenn du es einrichten kannst, arbeite ich für dich.«

»Nicht für mich. Mit mir. Aber du musst schnell und effizient arbeiten und keinen Ärger mit der SS machen.«

»Einverstanden.«

Pepan steht auf und will gehen. Lale hält ihn am Ärmel zurück.

»Pepan, warum hast du mich ausgesucht?«

»Ich habe gesehen, wie ein halb verhungerter Mann sein Leben riskiert hat, um dich zu retten. Offenbar bist du jemand, den es zu retten lohnt. Ich komme morgen früh zu dir. Jetzt ruh dich aus.«

Als an diesem Abend seine Blockgefährten zurückkommen, stellt Lale fest, dass Aron fehlt. Er fragt die beiden anderen auf seiner Pritsche, was mit ihm los ist, seit wann er weg ist.

»Ungefähr seit einer Woche.«

Lale stockt das Herz.

»Der Kapo hat dich nicht gefunden«, sagt der Mann. »Aron hätte ihm sagen können, dass du krank bist, aber er hat befürchtet, der Kapo würde dich wieder auf den Todeswagen legen, deshalb hat er ihm erzählt, du wärst schon weg.«

»Und der Kapo ist dahintergekommen?«

»Nein«, gähnt der Mann nach der anstrengenden Arbeit. »Aber er war so sauer, dass er Aron trotzdem mitgenommen hat.«

Lale kann kaum seine Tränen zurückhalten.

Der zweite Pritschennachbar stützt sich auf den Ellbogen. »Du hast ihm große Ziele in den Kopf gesetzt. Er wollte ›den einen‹ retten.«

»Einen zu retten heißt, die Welt zu retten«, ergänzt Lale den Satz.

Die Männer verstummen. Lale blickt zur Decke, blinzelt die Tränen weg. Aron ist nicht der Erste, der hier stirbt, und er wird nicht der Letzte sein.

»Danke«, sagt er.

»Wir haben versucht, weiterzumachen, was Aron angefangen hat, versucht, den einen zu retten.«

»Wir haben uns abgewechselt«, erklärt ein Junge von unten, »haben Wasser reingeschmuggelt und unser Brot mit dir geteilt, reingezwungen haben wir's dir.«

Ein anderer fällt mit ein. Er richtet sich auf der Pritsche darunter auf, ein ausgezehrter Junge mit verhangenen blauen Augen, tonloser Stimme, aber begierig, seinen Teil der Geschichte beizutragen. »Wir haben dir die besudelten Kleider gewechselt. Ausgetauscht mit einem, der über Nacht gestorben war.«

Unmöglich kann Lale jetzt noch die Tränen zurückhalten, die ihm über die hohlen Wangen rinnen.

»Ich kann nichts...«

Er kann nichts tun, als dankbar zu sein. Er weiß, dass er in einer Schuld steht, die er nicht vergelten kann, jetzt nicht, hier nicht, wahrscheinlich nie.

Beim Einschlafen hört er die warmen hebräischen Gesänge derer, die immer noch glauben.

Als Lale am nächsten Morgen in der Frühstücksschlange steht, taucht Pepan an seiner Seite auf, fasst ihn ruhig am Arm und lenkt ihn in Richtung der breiten Lagerstraße. Dort laden die Lkws ihre menschliche Ladung ab. Er fühlt sich, als beträte er eine Szene in einer klassischen Tragödie. Ein paar Schauspieler sind dieselben, die meisten sind neu, ihre Texte nicht geschrieben, ihre Rolle noch nicht festgelegt. Seine Lebenserfahrung hat ihn nicht vorbereitet, um zu verstehen, was hier geschieht. Er erinnert sich, dass er schon hier war. *Ja, nicht als Beobachter, sondern als Mitwirkender. Und welche Rolle bekomme ich jetzt?* Er schließt die Augen und stellt sich vor, er stünde vor einem anderen Selbst und sähe auf seinen linken Arm. Ohne Nummer. Als er die Augen wieder öffnet, sieht er auf die Tätowierung auf seinem echten linken Arm, und dann wieder auf die Szene vor ihm.

Er sieht Hunderte neue Gefangene, die sich dort versammelt haben. Jungen, junge Männer, und auf jedem einzelnen Gesicht steht das Entsetzen. Sie halten einander fest. Umarmen sich. SS und Hunde treiben sie wie Lämmer zur Schlachtbank. Sie gehorchen. Ob sie leben werden oder sterben, wird heute noch entschieden. Lale lässt Pepan vorgehen und bleibt erstarrt stehen. Pepan kehrt um, führt ihn zu ein paar kleinen Tischen mit den Tätowierinstrumenten. Diejenigen, die die Selektion überstehen, werden in einer Schlange vor ihrem Tisch aufgestellt. Gleich werden sie gebrandmarkt. Andere Neuankömmlinge – die Alten, Kranken und nicht mehr Arbeitsfähigen – stehen schon mit einem Fuß im Grab.

Man hört einen Schuss. Die Männer zucken zusammen. Jemand fällt. Lale sieht in Richtung des Schusses, aber Pepan fasst sein Gesicht und dreht seinen Kopf weg.

Ein Trupp meist junger SS-Wachleute kommt auf Pepan und Lale zu, sie eskortieren einen älteren Offizier. Mitte bis Ende vierzig, aufrecht in seiner tadellosen Uniform, die Mütze abgezirkelt auf dem Kopf – wie eine Schaufensterpuppe, denkt Lale.

Die Wachen bleiben vor ihnen stehen. Pepan tritt vor,

grüßt den Offizier mit gesenktem Kopf, während Lale zuschaut.

»Oberscharführer Houstek, ich habe diesen Gefangenen als Gehilfen bestellt.« Pepan weist über die Schulter auf Lale.

Houstek wendet sich Lale zu.

Pepan erklärt weiter. »Ich glaube, er lässt sich schnell anlernen.«

Houstek starrt Lale aus seinen stählernen Augen an und winkt ihn mit einem Finger heran. Lale tritt vor.

»Welche Sprachen sprichst du?«

»Slowakisch, Deutsch, Russisch, Französisch, Ungarisch und ein bisschen Polnisch«, erwidert Lale und blickt ihm in die Augen.

»Hm.« Houstek geht weiter.

Lale beugt sich zu Pepan und flüstert: »Kein Mann großer Worte. Heißt das, ich habe den Job?«

Pepan dreht sich zu Lale um, seine Augen und seine Stimme sprühen Feuer, trotzdem spricht er ganz ruhig. »Unterschätz ihn nicht. Lass deine Angeberei, die kostet dich das Leben. Wenn du das nächste Mal mit ihm redest, hebst du die Augen nicht höher als an seinen Stiefelschaft.«

»Tut mir leid«, murmelt Lale. »Ich verspreche es.«
Wann werde ich das endlich lernen?

KAPITEL 3
Juni 1942

Langsam erwacht Lale, klammert sich noch an einen Traum, der ihm ein Lächeln ins Gesicht geschrieben hat. *Bleib, bleib, lass mich nur noch einen Augenblick länger bleiben, bitte ...*

Lale trifft ohnehin gern Menschen, aber besonders gern trifft er Frauen. Er findet sie alle schön, egal wie alt sie sind, wie sie auftreten, wie sie gekleidet sind. Der Höhepunkt seines Tagesablaufs ist sein Weg durch die Damenabteilung, wo er arbeitet. Dann flirtet er mit den jungen und weniger jungen Verkäuferinnen hinter dem Ladentisch.

Lale hört die Eingangstür zum Kaufhaus gehen. Er sieht auf, eine Frau kommt hereingelaufen. Hinter ihr zwei slowakische Soldaten, sie bleiben an der Schwelle stehen. Mit einem beruhigenden Lächeln eilt er herbei. »Es ist alles in Ordnung«, sagt er. »Bei mir sind Sie in Sicherheit.« Sie nimmt seinen Arm an, und er führt sie an ein Regal voller extravaganter Parfümflakons. Er mustert mehrere, wählt eines aus und hält es ihr entgegen. Sie reckt neckisch den Hals. Sacht sprüht Lale ihr den Duft zuerst auf die eine, dann auf die andere Seite. Als sie den Kopf wendet, begegnen sich ihre Blicke. Sie streckt beide Handgelenke aus, jedes wird bedacht. Eine Hand hebt sie an die Nase, schließt die Augen und schnuppert. Dasselbe Handgelenk streckt sie Lale entgegen. Er fasst es sanft, führt es nah an sein Gesicht, beugt sich vor und atmet die betörende Mischung aus Duft und Jugend.

»Ja. Das ist das Richtige für Sie«, sagt Lale.

»Ich nehme es.«

Lale reicht das Flakon der wartenden Verkäuferin, die es einzupacken beginnt.

»Kann ich Ihnen mit noch etwas dienen?«, fragt er.

Gesichter blitzen vor ihm auf, lächelnde junge Frauen tanzen um ihn herum, fröhlich sind sie, und mitten im Leben. Am Arm hat Lale die junge Frau, die er in der Damenabteilung kennengelernt hat. Sein Traum rast vorwärts. Lale und die Dame betreten ein feines Restaurant, von winzigen Wandleuchtern nur schwach erhellt. Auf jedem Tisch steht auf schweren Jacquard-Tischdecken eine flackernde Kerze. Teurer Schmuck wirft farbige Lichtflecken auf die Wände. Das Klappern des Silberbestecks auf feinem Porzellan dämpft die angenehmen Klänge des Streichquartetts in einer Ecke. Der Maître d'hôtel nimmt Lales Begleiterin mit einem freundlichen Gruß den Mantel ab und führt sie an einen Tisch. Als sie sitzen, führt der Sommelier Lale eine Flasche Wein vor. Ohne den Blick von seiner Begleiterin zu nehmen, nickt Lale, und der Kellner entkorkt die Flasche und schenkt ein. Lale und die Dame tasten nach ihrem Glas. Immer noch Auge in Auge heben sie die Gläser und nippen daran. Wieder macht Lales Traum einen Sprung. Gleich wird er aufwachen. *Nein.* Jetzt durchwühlt er seinen Schrank, wählt einen Anzug, ein Hemd, mustert und verwirft Krawatten, bis er die richtige findet und zu einem perfekten Knoten bindet. Er schlüpft in frisch polierte Schuhe. Vom Nachttisch nimmt er Schlüssel und Brieftasche, bevor er sich herunterbeugt, eine widerspenstige Haarsträhne aus dem Gesicht seiner schlafenden Gefährtin streicht und sie sachte auf die Stirn küsst. Sie bewegt sich, lächelt. Mit verhangener Stimme haucht sie: »Heute Abend...«

Gewehrschüsse von draußen katapultieren Lale ins Wachsein. Seine Pritschennachbarn rempeln ihn an, als sie die Köpfe nach der Bedrohung recken. Die Wärme des Mädchens noch in den Gliedern, rappelt Lale sich langsam auf und steht als Letzter in der Reihe zum Appell. Der Gefangene neben ihm stupst ihn mit dem Ellbogen an, als er nicht auf seine Nummer antwortet.

»Stimmt was nicht?«

»Nein... doch. Alles. Der ganze Ort hier.«

»Es ist der gleiche wie gestern. Und morgen ist es auch immer noch derselbe. Das hast du mir selbst beigebracht. Was ist bei dir jetzt anders?«

»Du hast recht – dasselbe, dasselbe. Es ist nur, hm, ich habe nämlich von einem Mädchen geträumt, das ich mal kannte, in einem anderen Leben.«

»Wie hieß sie?«

»Ich weiß nicht mehr. Ist auch egal.«

»Dann hast du sie also nicht geliebt?«

»Ich habe sie alle geliebt, aber irgendwie hat keine von ihnen je mein Herz erobert. Verstehst du?«

»Eigentlich nicht. Ich würde mich für ein Mädchen entscheiden und mein restliches Leben mit ihr verbringen.«

Seit Tagen hat es geregnet, aber heute Morgen droht die Sonne etwas Licht auf die kahle, breite Lagerstraße von Birkenau zu werfen, als Lale und Pepan ihren Arbeitsplatz vorbereiten. Sie haben zwei Tische, Tintenfässer, mehrere Nadeln.

»Werd fertig, Lale, sie kommen.«

Lale blickt auf und sieht fassungslos auf Dutzende junge Frauen, die auf sie zu geführt werden. Er wusste, dass es in Auschwitz Mädchen gibt, aber nicht hier, nicht in Birkenau, dieser Hölle aller Höllen.

»Heute mal was anderes, Lale – sie haben Mädchen aus Auschwitz hierher verlegt, und bei manchen müssen die Nummern nachtätowiert werden.«

»Was?«

»Ihre Nummern. Sie wurden mit einem Stempel gemacht, aber der funktioniert nicht so gut. Wir müssen das ordentlich machen. Keine Zeit, sie anzuhimmeln, Lale – tu einfach deine Arbeit.«

»Das kann ich nicht.«

»Tu deine Arbeit, Lale. Sag kein Wort, zu keiner. Mach keinen Blödsinn.«

Die Schlange Mädchen windet sich aus seinem Blickfeld.

»Ich kann das nicht. Bitte, Pepan, wir können das nicht tun.«

»Doch, du kannst, Lale. Du musst. Wenn nicht du, dann tut es jemand anderes, und dann habe ich dich umsonst gerettet. Tu einfach deine Arbeit, Lale.« Pepan hält Lales Blick stand. Die Angst fährt Lale in die Knochen. Pepan hat recht. Entweder folgt er den Anweisungen, oder ihm droht der Tod.

Lale beginnt mit der »Arbeit«. Er versucht, nicht aufzublicken. Er greift nach dem Zettel, der ihm gereicht wird. Die vier Ziffern darauf muss er auf das Mädchen übertragen, das ihn in der Hand hält. Da ist schon eine Nummer, aber die ist verblasst. Er drückt die Nadel in ihren linken Arm, formt eine 4, wobei er versucht, möglichst vorsichtig zu sein. Blut quillt hervor. Aber die Nadel war noch nicht tief genug eingedrungen, er muss die Nummer noch einmal zeichnen. Lale weiß, wie weh er ihr tut, aber sie zuckt nicht einmal. *Sie haben sie gewarnt – sagt nichts, tut nichts.* Er wischt das Blut ab und reibt grüne Tinte in die Wunde.

»Beeil dich!«, flüstert Pepan.

Lale braucht zu lange. Männerarme zu tätowieren, ist eine Sache; aber die Körper von jungen Mädchen zu verunstalten, ist einfach furchtbar. Im Aufblicken sieht Lale einen Mann im weißen Kittel langsam an der Reihe Mädchen entlanggehen. Hin und wieder bleibt er stehen und inspiziert Gesicht und Körper einer verängstigten jungen Frau. Schließlich ist er bei Lale. Während Lale dem Mädchen so sanft wie möglich den Arm hält, nimmt der Mann ihr Gesicht und dreht es grob nach rechts und links. Lale sieht zu ihren angstvollen Augen auf. Ihre Lippen zucken, als wollte sie etwas sagen. Lale drückt ihr sachte den Arm, um sie davon abzuhalten. Sie schaut zu ihm, mit den Lippen formt er ein *Schsch*. Der Mann im weißen Kittel lässt ihr Gesicht los und geht weiter.

»Gut so«, flüstert er, als er sich ans Tätowieren der übrigen drei Ziffern macht – 562. Als er fertig ist, behält er ihren Arm einen Augenblick länger in der Hand als nötig und sieht ihr wieder in die Augen. Er zwingt sich zu einem kleinen Lächeln. Sie erwidert ein noch kleineres. Trotzdem tanzen ihre Augen vor ihm. Als er in sie hineinblickt, ist es, als würde sein Herz gleichzeitig stehen bleiben und zum ersten Mal schlagen, hämmern, fast als würde es ihm gleich die Brust sprengen. Er blickt auf den Boden, der unter ihm schwankt. Der nächste Zettel wird ihm gereicht.

»Beeil dich!«, flüstert Pepan drängend.

Als er wieder aufblickt, ist sie weg.

Mehrere Wochen später meldet sich Lale wie gewohnt zur Arbeit. Sein Tisch und die Instrumente stehen bereit, und besorgt hält er nach Pepan Ausschau. Mehrere Männer kommen auf ihn zu. Erschrocken erkennt er Oberscharführer Houstek in Begleitung eines jungen SS-Wachmanns. Lale senkt den Kopf und denkt an Pepans Mahnung: »Unterschätz ihn nicht.«

»Du arbeitest heute alleine«, nuschelt Houstek.

Als Houstek sich abwendet, fragt Lale ruhig: »Wo ist Pepan?«

Houstek bleibt stehen, wendet sich um und fixiert ihn. Lales Herz setzt einen Schlag aus.

»Der Tätowierer bist jetzt du.« Houstek wendet sich an den Wachmann. »Und Sie sind für ihn verantwortlich.«

Als Houstek weggeht, legt der SS-Mann sein Gewehr an und richtet es auf Lale. Lale erwidert seinen Blick, den Blick eines mageren Kindes, ein hinterhältiges Grinsen im Gesicht. Endlich senkt Lale die Lider. *Pepan, du hast gesagt, dieser Job könnte mir das Leben retten. Aber was ist aus dir geworden?*

»Anscheinend liegt mein Schicksal in deinen Händen«, knurrt der Wachmann. »Wie findest du das?«

»Ich werde versuchen, Sie nicht zu enttäuschen.«

»Versuchen? Du wirst mehr tun, als es zu versuchen. Du *wirst* mich nicht enttäuschen.«

»Jawohl.«

»In welchem Block wohnst du?«

»Block 7.«

»Wenn du hier fertig bist, zeige ich dir deine neue Stube in einer der neuen Baracken. Da wohnst du jetzt.«

»Ich bin zufrieden in meinem Block.«

»Blödsinn. Als neuer Tätowierer brauchst du Schutz. Du arbeitest jetzt für die Politische Abteilung der SS – Mann, vielleicht sollte *ich* eher Angst vor *dir* haben.« Wieder das hinterhältige Grinsen.

Da Lale diese Fragerunde überstanden hat, setzt er auf sein Glück.

»Es würde viel schneller gehen, wissen Sie, wenn ich einen Gehilfen hätte.«

Der Wachmann tritt einen Schritt näher an Lale heran und mustert ihn verächtlich von oben bis unten.

»Was?«

»Wenn Sie jemanden finden, der mir hilft, geht es schneller, und Ihr Vorgesetzter ist zufrieden.«

Wie auf einen Befehl von Houstek wendet der Mann sich ab und schreitet die Schlange junger Männer ab, die auf ihre Nummerierung warten; alle haben gebeugte Köpfe – bis auf einen. Lale fürchtet das Schlimmste für den einen, der dem Soldaten in die Augen schaut, und staunt, als er am Arm gefasst und zu Lale geschoben wird.

»Dein Gehilfe. Nummerier ihn zuerst.«

Lale nimmt den Zettel des jungen Mannes entgegen und tätowiert ihm rasch den Arm.

»Wie heißt du?«, fragt er.

»Leon.«

»Leon. Ich bin Lale, der Tätowierer«, erklärt er und lässt seine Stimme so fest klingen wie Pepans. »Jetzt stell dich neben mich und schau zu, was ich tue. Ab morgen arbeitest du als mein Gehilfe. Vielleicht rettet es dir einfach nur das Leben.«

Die Sonne ist untergegangen, bis der letzte Häftling tätowiert und in sein neues Zuhause gebracht ist. Lales Bewacher – Baretzki ist sein Name, wie er herausgefunden hat – hatte sich nie mehr als ein paar Meter von ihm entfernt. Er tritt zu Lale und seinem neuen Gehilfen.

»Bring ihn in deinen Block, dann komm zurück.«

Eilig bringt Lale Leon in Block 7.

»Warte morgens draußen vor der Baracke, ich komme dich abholen. Wenn dein Kapo fragt, warum du nicht mit den anderen auf den Bau gehst, sag, du arbeitest für den Tätowierer.«

Als Lale zurück an seinem Arbeitsplatz ist, sind seine Instrumente in eine Ledertasche gepackt und sein Tisch zusammengeklappt. Baretzki erwartet ihn.

»Bring das in dein neues Zimmer. Jeden Morgen meldest du dich für neues Material in der Kommandantur und bekommst dort die Anweisungen, wo du jeweils arbeitest.«

»Kann ich noch einen Tisch und Material für Leon bekommen?«

»Für wen?«

»Für meinen Gehilfen.«

»Frag einfach in der Kommandantur nach allem, was du brauchst.«

Er führt Lale in eine Abteilung des Lagers, die noch in Bau ist. Viele der Baracken dort sind erst halb fertig, und in der unheimlichen Stille schüttelt es Lale. Einer dieser neuen Blocks ist fertig, und Baretzki führt Lale in ein Einzelzimmer gleich hinter dem Eingang.

»Hier schläfst du«, sagt Baretzki. Lale legt seine Instrumententasche auf den harten Boden und sieht sich in dem kleinen, abgelegenen Raum um. Schon vermisst er seine Freunde in Block 7.

Als Nächstes erfährt Lale, dass er sein Essen ab sofort in einem Areal gleich hinter dem Verwaltungsgebäude einnehmen wird, das Baretzki ihm zeigt. In seiner Funktion als Tätowierer erhält er Zulagen. Auf dem Weg zum Essen erklärt Baretzki: »Unsere Arbeiter sollen doch schön kräftig sein.« Er winkt Lale an einen Platz in der Essensschlange. »Hol das Beste raus.«

Als Baretzki geht, bekommt Lale eine Kelle dünne Suppe und ein Stück Brot. Er verschlingt beides und wendet sich zum Gehen.

»Du kannst noch mehr haben, wenn du willst«, erklingt eine traurige Stimme.

Mit einem Blick auf die schweigend essenden Gefangen rundherum nimmt Lale noch ein Stück Brot; hier wird nicht miteinander gescherzt, alle starren sich nur verstohlen an. Misstrauen und Angst sind mit Händen zu greifen. Lale schiebt sich das Brot in den Ärmel und geht zu seinem alten Zuhause in Block 7. Beim Eintreten nickt er dem Kapo zu, der offenbar benachrichtigt wurde, dass Lale nicht mehr seinem Befehl untersteht. Drinnen erwidert Lale den Gruß vieler der Männer, mit denen er den Block geteilt hat und zugleich seine Ängste und Träume von einem anderen Leben. Als er vor seiner alten Pritsche steht, sitzt dort Leon, seine Füße baumeln über den Rand. Lale sieht dem jungen Mann ins Gesicht. Seine großen blauen Augen strahlen eine liebenswerte Freundlichkeit und Ehrlichkeit aus.

»Komm kurz mit mir raus.«

Leon springt von der Pritsche und folgt ihm. Alle Augen liegen auf den beiden. Lale geht auf die Längsseite der Baracke, holt das Stück trocken Brot aus dem Ärmel und reicht es Leon, der es mit einem Bissen hinunterschlingt. Erst als es weg ist, dankt er ihm.

»Ich dachte mir schon, dass du das Abendessen verpasst hast. Ich bekomme jetzt Zulagen. Ich will versuchen, sie mit dir und den anderen zu teilen, wenn ich kann. Jetzt geh wieder rein. Sag ihnen, ich hätte dich rausbestellt, um dich herunterzuputzen. Und halt den Kopf unten. Wir sehen uns morgen.«

»Sollen sie nicht wissen, dass du Zulagen bekommst?«

»Nein. Ich muss erst mal sehen, wie es läuft. Allen gleichzeitig kann ich nicht helfen, und sie brauchen nicht noch einen Grund, gegeneinander zu kämpfen.«

Mit gemischten Gefühlen, die er nur schwer hätte in Worte fassen können, sieht Lale Leon nach, als der seinen alten Block betritt. *Muss ich jetzt Angst haben, weil ich privilegiert bin? Warum bin ich so traurig, dass ich meine alte Stellung im Lager verlasse, obwohl ich da ganz ungeschützt war?* Er schlendert in den Schatten der halb fertigen Gebäude. Er ist allein.

In dieser Nacht schläft Lale seit Monaten zum ersten Mal ganz ausgestreckt. Keiner tritt ihn, keiner schiebt ihn weg. Er fühlt sich wie ein König im Luxus seines eigenen Betts. Und ganz wie ein König muss er jetzt aufpassen, warum jemand sich mit ihm anfreunden oder ihm etwas anvertrauen möchte. *Sind sie neidisch? Wollen sie meinen Job? Riskiere ich irgendwelche Verleumdungen?* Er hat schon mitbekommen, wohin Neid und Misstrauen hier führen können. Die meisten finden, je weniger Leute sie sind, desto mehr Essen gibt es für jeden. Essen ist die Währung. Damit bleibt man am Leben. Man hat die Kraft, zu tun, was von einem verlangt wird. Man lebt einen Tag länger. Ohne Essen wird man so schwach, dass es einem irgendwann egal ist. Seine neue Stellung macht das Überleben noch komplexer. Ganz sicher hat er, als er an den Pritschen der geschlagenen Männer vorbei zum Ausgang seines Blocks ging, die eine oder andere Stimme »Kollaborateur« zischen gehört.

Am nächsten Morgen wartet Lale gemeinsam mit Leon vor der Kommandantur, als Baretzki ankommt und ihn für seine Pünktlichkeit lobt. Lale hat seine Ledertasche dabei, sein Tisch steht neben ihm auf dem Boden. Baretzki lässt Leon draußen stehen und nimmt Lale mit hinein. In dem großen Eingangsbereich blickt er sich um. In verschiedene Richtungen gehen Flure ab, offenbar mit Schreibstuben. Hinter dem großen Empfangstresen stehen in mehreren Reihen kleine Tische, an denen fleißig junge Mädchen arbeiten – sie schreiben Karteikarten, legen Akten an. Baretzki führt ihn einem SS-Mann vor – »Darf ich vorstellen: der Tätowierer« – und wiederholt seinen Auftrag, hier jeden Tag Material und Anweisungen holen zu kommen. Lale bittet um einen weiteren Tisch und zusätzliche Instrumente für seinen Gehilfen, der draußen wartet. Kommentarlos wird die Bitte erfüllt. Erleichtert atmet Lale durch. Wenigstens einen Mann hat er vor der Schwerstarbeit bewahrt. Er denkt an Pepan und dankt ihm still. Er nimmt den Tisch und verstaut die Materialien in seiner Tasche. Als Lale sich abwendet, ruft der Verwaltungsbeamte ihm nach:

»Trag diese Tasche immer bei dir und melde dich mit ›Politische Abteilung‹, dann belästigt dich keiner.

Abends bringst du uns die Papiere mit den Nummern, aber die Tasche behältst du.«

Baretzki schnaubt. »Stimmt, mit dieser Tasche und dieser Parole bist du sicher – außer vor mir natürlich. Wenn du Mist baust und mir Ärger machst, helfen dir keine Tasche und keine Parolen.« Seine Hand fährt an seine Pistole, legt sich auf die Tasche, klappt die Lasche auf. Zu. Auf. Zu. Sein Atem wird schwerer.

Lale reagiert richtig, senkt den Blick und wendet sich ab.

Zu jeder Tages- und Nachtzeit treffen in Auschwitz-Birkenau Transporte ein. Es ist nicht ungewöhnlich, dass Lale und Leon rund um die Uhr arbeiten. An solchen Tagen zeigt sich Baretzki von seiner unangenehmsten Seite. Er beschimpft oder schlägt Leon, wirft ihm vor, ihn mit seiner Trödelei um seinen Schlaf zu bringen. Lale lernt schnell, dass die Behandlung nur noch schlimmer wird, wenn er sich einzumischen versucht.

Als sie eines Tages in den frühen Morgenstunden in Auschwitz mit der Arbeit fertig sind, ist Baretzki schon am Gehen, bevor Lale und Leon fertig gepackt haben. Er wendet sich noch einmal um, ein unsicherer Blick trifft sie.

»Verdammt, ihr könnt doch allein nach Birkenau zurück. Ich schlafe heute hier. Seid einfach um acht Uhr morgens wieder hier.«

»Woher sollen wir wissen, wie spät es ist?«, fragt Lale.

»Ist mir doch schnurz, wie ihr das anstellt, seid einfach pünktlich. Und denkt erst gar nicht dran, wegzulaufen. Sonst jag ich euch persönlich, leg euch um, und das mit dem größten Vergnügen.« Er stapft davon.

»Was machen wir?«, fragt Leon.

»Was das Arschloch uns gesagt hat. Komm – ich wecke dich rechtzeitig, dass wir es wieder hierherschaffen.«

»Ich bin so müde. Können wir nicht einfach hierbleiben?«

»Nein. Wenn du morgens nicht in deinem Block bist, suchen sie dich. Komm, gehen wir.«

Lale steht mit der Sonne auf, und gemeinsam mit Leon wandern sie die vier Kilometer zurück nach Auschwitz. Gefühlt eine Stunde warten sie, bis Baretzki auftaucht. Ganz offensichtlich ist er nicht direkt schlafen, sondern erst noch trinken gegangen. Je übler sein Atem riecht, desto schlimmer ist seine Laune.

»Bewegung!«, brüllt er.

Da nirgends neue Gefangene zu sehen sind, muss Lale widerstrebend fragen: »Wohin?«

»Zurück nach Birkenau. Da sind die letzten Transporte angekommen.«

Auf dem langen Weg zurück nach Birkenau strauchelt Leon und stürzt – Müdigkeit und Unterernährung setzen ihm zu. Er rappelt sich wieder hoch. Baretzki geht langsamer, offenbar wartet er, dass Leon aufholt. Als er herangekommen ist, stellt Baretzki ihm ein Bein, sodass er wieder fällt. Noch mehrmals auf dem Weg spielt

Baretzki dieses Spielchen. Der Fußmarsch und das Vergnügen, das ihm Leons Stürze bereiten, scheinen ihn auszunüchtern. Jedes Mal sieht er zu Lale hinüber. Er bekommt keine Reaktion.

Als sie wieder in Birkenau sind, stellt Lale überrascht fest, dass Houstek die Selektion überwacht, bei der bestimmt wird, wer zu Lale und Leon geschickt wird, also einen Tag länger leben darf. Sie beginnen ihre Arbeit, während Baretzki neben der Schlange der wartenden jungen Männer auf und ab geht und versucht, seinem Vorgesetzten gegenüber kompetent zu wirken. Als ein junger Mann aufjault, während Leon ihm den Arm zu markieren versucht, schreckt der erschöpfte Junge auf. Er lässt die Tätowiernadel fallen. Als er sich vorbeugt, um sie aufzuheben, schlägt ihm Baretzki mit dem Gewehrkolben auf den Rücken und streckt ihn kopfüber in den Dreck. Mit einem Fuß auf dem Rücken drückt er ihn zu Boden.

»Wir werden schneller fertig, wenn Sie ihn hochkommen und weitermachen lassen«, sagt Lale, als er sieht, wie Leons Atem unter Baretzkis Stiefel kurz und rasselnd wird.

Da beugt sich Houstek zu den drei Männern und murmelt Baretzki etwas zu. Als Houstek weg ist, tritt Baretzki mit einem verzerrten Grinsen noch einmal nach Leons Körper, bevor er ihn freilässt.

»Ich bin bloß ein bescheidener Diener der SS. Aber du, Tätowierer, unterstehst jetzt der Politischen Abteilung, die allein Berlin verantwortlich ist. Es war dein Glückstag, als der Franzose dich Houstek vorgestellt und ihm gesagt hat, wie schlau du bist mit all diesen Sprachen, die du sprichst.«

Es gibt keine richtige Antwort auf diese Feststellung – daher bleibt Lale geschäftig bei seiner Arbeit. Hustend und staubig steht Leon auf.

»Also, Tätowierer«, setzt Baretzki wieder an, auf den Lippen erneut sein krankes Grinsen: »Wie wäre es, wenn wir Freunde würden?«

Einer der Vorteile, die Lale als Tätowierer genießt, ist, dass er das Datum kennt. Es steht auf den Papieren, die er jeden Tag ausgehändigt bekommt und die er jeden Abend abgibt. Doch nicht nur die Papiere sagen es ihm. Der Sonntag ist der einzige Wochentag, an dem die anderen Häftlinge nicht zur Arbeit gezwungen werden und tagsüber auf dem Gelände herumschlendern können oder auch bei ihren Baracken bleiben, immer in kleinen Grüppchen – Freundschaften von vor dem Lager, Freundschaften aus dem Lager.

Es ist ein Sonntag, als er sie sieht. Er erkennt sie sofort wieder. Sie gehen aufeinander zu, Lale allein, sie in einer Gruppe Mädchen, alle mit geschorenen Köpfen, alle in denselben groben Kleidern. Nichts unterscheidet sie von den anderen, bis auf diese Augen. Schwarz – nein, braun. Das dunkelste Braun, das er je gesehen hat. Zum zweiten Mal blicken sie einander tief in die Seele. Lales Herz setzt einen Schlag aus. Sein Blick bleibt hängen.

»Tätowierer!« Baretzki legt Lale eine Hand auf die Schulter, durchbricht den Bann.

Die Häftlinge gehen weiter, wollen nicht neben einem SS-Mann stehen oder neben dem Häftling, mit dem er redet. Die Gruppe Mädchen verzieht sich, zurück bleibt nur sie, die Lale anschaut, und Lale, der sie anschaut. Baretzkis Augen wandern von der einen zum anderen, sie bilden ein perfektes Dreieck, jeder wartet, dass der andere sich rührt. Baretzki grinst wissend. Tapfer tritt eine ihrer Freundinnen heran und zieht sie zurück in die Gruppe.

»Hübsch, hübsch«, meint Baretzki, als er mit Lale weitergeht. Lale ignoriert ihn, unterdrückt nur schwer seinen Hass.

»Möchtest du dich gerne mit ihr treffen?« Wieder verweigert Lale eine Antwort.

»Schreib ihr, sag ihr, dass du sie magst.«

Für wie bescheuert hält er mich?

»Ich beschaffe dir Papier und einen Stift und bringe ihr deinen Brief. Was meinst du? Kennst du ihren Namen?«

4562.

Lale geht weiter. Er weiß, dass auf jeden Häftling, der mit Stift oder Papier erwischt wird, die Todesstrafe wartet.

»Wohin gehen wir?« Lale wechselt das Thema.

»Nach Auschwitz. Der Doktor braucht neue Patienten.«

Kalt läuft es Lale den Rücken hinunter. Er erinnert sich an den Mann im weißen Kittel, seine behaarten Hände auf dem Gesicht dieses hübschen Mädchens. Nie hat sich Lale bei einem Arzt so unwohl gefühlt wie an diesem Tag.

»Aber es ist doch Sonntag.«

Baretzki lacht. »Oh, dachtest du, nur weil die anderen sonntags nicht arbeiten, könntest du auch freibekommen? Möchtest du das gern mit dem Herrn Doktor besprechen?« Baretzkis Lachen wird schriller, und Lale läuft es noch kälter den Rücken hinunter. »Bitte, tu das für mich, Tätowierer. Sag dem Herrn Doktor, es ist dein freier Tag. Ich würde mich so freuen.«

Lale weiß, wann er den Mund halten muss. Er beschleunigt den Schritt und lässt Baretzki ein Stückchen hinter sich.

KAPITEL 4

Auf dem Weg nach Auschwitz scheint Baretzki recht aufgeräumt und überschüttet Lale mit Fragen. »Wie alt bist du?« »Was hast du vorher gemacht, ich meine, bevor du hierherkamst?«

Die meisten Fragen quittiert Lale mit einer Gegenfrage, und er stellt fest, dass Baretzki gern von sich selbst spricht. Er erfährt, dass sein Bewacher gerade einmal zweieinhalb Jahre jünger ist als er, doch ihr Alter ist ihre einzige Gemeinsamkeit. Über Frauen redet er wie ein Kind. Lale beschließt, diesen Vorsprung auszunutzen, und erzählt Baretzki von seinem Händchen für die Mädchen, wie wichtig der Respekt für sie ist und worauf sie Wert legen.

»Haben Sie schon mal einem Mädchen Blumen geschenkt?«, fragt Lale.

»Nein, warum auch?«

»Weil sie Männer mögen, die ihnen Blumen schenken. Am besten selbst gepflückte.«

»Also das werde ich ganz sicher nicht tun. Die würden mich doch auslachen.«

»Wer?«

»Meine Freunde.«

»Also andere Männer?«

»Ja – für die wäre ich doch ein Weichei.«

»Und was, glauben Sie, wären Sie für das Mädchen, das die Blumen bekommt?«

»Was zählt das schon, was ich für sie wäre?« Grinsend fängt er an, sich die Leisten zu reiben. »Alles, was ich von ihnen will, ist das hier, und sie von mir auch. Das weiß ich doch.«

Lale geht voraus. Baretzki holt ihn ein.

»Was denn? Hab ich was Falsches gesagt?«

»Soll ich darauf wirklich antworten?«

»Ja.«

Lale fährt ihn an. »Haben Sie eine Schwester?«

»Ja«, erwidert Baretzki, »zwei.«

»Wollen Sie, dass andere Männer Ihre Schwestern so behandeln, wie Sie ein Mädchen behandeln?«

»Wer meine kleine Schwester so behandelt, den bringe ich um.« Baretzki zieht seine Pistole und schießt mehrmals in die Luft. »Den bring ich um.«

Lale macht einen Satz nach hinten. Das Echo der Schüsse hallt weitum wider. Baretzki keucht, sein Gesicht ist rot und seine Augen dunkel verhangen.

Lale hebt die Hände. »Verstanden. Lohnt sich vielleicht, mal drüber nachzudenken.«

»Ich will nicht mehr darüber reden.«

Lale findet heraus, dass Baretzki gar nicht in Deutschland geboren ist, sondern in Rumänien, in einer kleinen

Stadt nahe der slowakischen Grenze, ein paar Hundert Kilometer von Lales Heimatstadt Krompach. Er ist von zu Hause nach Berlin durchgebrannt, wo er der Hitlerjugend und dann der SS beitrat. Er hasst seinen Vater, der ihn und seine Geschwister entsetzlich prügelte. Bis heute ist er in Sorge um seine Schwestern, eine jüngere und eine ältere, die noch zu Hause leben.

Später an diesem Abend, auf dem Rückweg nach Birkenau, sagt Lale ruhig: »Ich nehme Ihr Angebot von Stift und Papier an, wenn es Ihnen recht ist. Ihre Nummer ist 4562.«

Nach dem Essen schlüpft Lale leise hinüber zu Block 7. Der Kapo starrt ihn an, sagt aber nichts.

Lale teilt seine paar Brotkrümel Zulage mit seinen Freunden aus dem Block. Die Männer reden, tauschen Neuigkeiten aus. Wie gewohnt laden die Gläubigen unter ihnen Lale zum Abendgebet ein. Höflich lehnt er ab, was ebenso höflich akzeptiert wird. Das alles ist Routine.

Allein in seiner Stube, wacht Lale davon auf, dass Baretzki sich über ihn beugt. Er hat nicht geklopft – das tut er nie –, aber trotzdem ist an seinem Besuch diesmal etwas anders.

»Sie ist in Block 29.« Er reicht Lale einen Stift und etwas Papier. »Hier, schreib ihr, ich sorge dafür, dass sie es bekommt.«

»Wissen Sie, wie sie heißt?«

Baretzkis Blick sagt alles. *Was denkst du denn?*

»Ich komme in einer Stunde wieder und bringe es ihr.«

»Sagen wir in zwei.«

Lale quält sich mit den ersten Worten, die er an die Gefangene 4562 schreiben will. *Wie soll ich auch nur anfangen? Wie soll ich sie anreden?* Schließlich entscheidet er, es einfach zu halten: »Hallo, mein Name ist Lale.« Als Baretzki wiederkommt, reicht er ihm das Blatt mit nur wenigen Sätzen darauf. Er erzählt ihr, dass er aus Krompach in der Slowakei kommt, wie alt er ist, und von seiner Familie, die er in Sicherheit hofft. Er bittet sie, nächsten Sonntagvormittag in die Nähe der Hauptwache zu kommen. Er werde versuchen, auch dort zu sein; wenn nicht, werde das an seiner Arbeit liegen, die nicht geregelt ist wie bei allen anderen.

Baretzki nimmt den Brief und liest ihn vor Lale.

»Ist das alles, was du zu sagen hast?«

»Alles andere sage ich ihr persönlich.«

Baretzki lümmelt sich auf Lales Bett und prahlt, was er sagen würde, was er machen würde, wenn er an Lales Stelle wäre, also nicht wüsste, ob er am Ende der Woche noch am Leben ist. Lale dankt ihm für die Anregungen, erklärt aber, er lasse es lieber darauf ankommen.

»In Ordnung. Ich übergebe ihr diesen sogenannten *Brief* und bringe ihr Stift und Papier für eine Antwort. Ich sage ihr, dass ich ihre Antwort morgen früh abhole – dann hat sie die ganze Nacht Zeit zum Grübeln, ob sie dich mag oder nicht.«

Beim Hinausgehen grinst er Lale an.

Was habe ich getan? Er hat die Gefangene 4562 in Gefahr gebracht. Er selbst steht unter Schutz. Sie nicht. Und trotzdem will er, muss er das Risiko eingehen.

Am nächsten Tag arbeiten Lale und Leon bis spät in den Abend. Baretzki patrouilliert nie weit weg von ihnen, häufig demonstriert er an den Schlangen der wartenden Männer seine Autorität, benutzt sein Gewehr als Schlagstock, wenn ihm nicht gefällt, wie jemand aussieht. Sein hinterhältiges Grinsen weicht ihm nie aus dem Gesicht. Es macht ihm offensichtlich Vergnügen, vor den Reihen der Gefangenen auf und ab zu stolzieren. Erst als Lale und Leon zusammenpacken, fischt er ein Stück Papier aus seiner Jackentasche und reicht es Lale.

»Ach, Tätowierer«, meint er, »viel sagt sie nicht gerade. Ich glaube, du solltest dir eine andere Freundin suchen.«

Als Lale nach dem Zettel greifen will, zieht Baretzki neckisch wie im Spiel die Hand zurück. *Okay, wenn du es so aufziehen willst.* Er dreht sich um und geht. Baretzki läuft ihm nach und gibt ihm die Notiz. Nur mit einem schroffen Nicken kann Lale ihm danken. Er schiebt den Zettel in seine Tasche, geht zu seiner Essensausgabe, sieht Leon in seinen Block zurückkehren, weiß, dass er seine wahrscheinlich verpasst hat.

Nur ganz wenig Suppe ist übrig, als Lale ankommt. Nach dem Essen schiebt er sich mehrere Stücke Brot in den Ärmel und flucht, dass seine russische Uniform jetzt durch ein schlafanzugartiges Gewand ohne Taschen ersetzt worden ist. Als er Block 7 betritt, schallt ihm der gewohnte Chor von Begrüßungen entgegen. Er erklärt, dass er zusätzliches Essen nur für Leon und vielleicht zwei oder drei andere hat, verspricht, morgen mehr zu versuchen. Er verkürzt seinen Aufenthalt nach Möglichkeit, eilt zurück in seine Stube. Er muss endlich die Worte lesen, die unter seinen Instrumenten verborgen liegen.

Er lässt sich auf sein Bett fallen und presst das Papier an seine Brust, stellt sich vor, wie Gefangene 4562 die Worte schreibt, auf die zu lesen er so brennt. Endlich entfaltet er das Blatt.

»Lieber Lale«, fängt es an. Wie er hat die junge Frau nur ein paar vorsichtige Zeilen geschrieben. Auch sie kommt aus der Slowakei. Sie ist schon länger in Auschwitz als er, seit März. Sie arbeitet in einem der »Kanada«-Lager, wo die Gefangenen die konfiszierten Habseligkeiten der Mithäftlinge sortieren. Am Sonntag wird sie in der Nähe der Hauptwache sein. Und nach ihm suchen. Mehrmals liest Lale den Zettel, wendet ihn mehrfach hin und her. Er kramt einen Stift aus seiner Tasche und schreibt in fetten Buchstaben auf ihren Brief: »*Dein Name: Wie heißt du?*«

Am nächsten Morgen eskortiert Baretzki Lale ganz alleine nach Auschwitz. Der neueste Transport ist nur ganz klein, und Leon bekommt einen Tag frei. Baretzki beginnt Lale mit dem Brief zu necken, sein Händchen für die Frauen müsse er ja wohl verloren haben. Lale ignoriert die Sticheleien, fragt, ob er in letzter Zeit gute Bücher gelesen hat.

»Bücher? Ich lese keine Bücher«, murmelt Baretzki.
»Das sollten Sie aber.«
»Warum? Was sind denn gute Bücher?«
»Da kann man eine Menge lernen, und die Mädchen

mögen es, wenn man etwas zitieren oder Gedichte aufsagen kann.«

»Ich brauche keine Bücher zu zitieren. Ich habe diese Uniform; mehr brauche ich nicht, um Mädchen zu kriegen. Sie lieben diese Uniform. Ich habe eine Freundin, weißt du«, prahlt Baretzki.

Das ist Lale neu.

»Wie schön. Und sie mag also Ihre Uniform?«

»Und wie. Sie zieht sie sogar an und läuft mit dem Hitlergruß herum – hält sich wohl selbst für Hitler.« Kichernd macht er sie nach, wie sie mit erhobenem Arm herumstolziert: »Heil Hitler! Heil Hitler!«

»Nur weil sie Ihre Uniform mag, heißt das nicht, dass sie auch Sie mag«, entfährt es Lale.

Baretzki bleibt abrupt stehen.

Lale verflucht sich für seine Gedankenlosigkeit. Er verlangsamt den Schritt, überlegt, ob er umdrehen und sich entschuldigen soll. Nein, er geht weiter und wartet ab. Mit geschlossenen Augen setzt er einen Fuß vor den anderen, Schritt für Schritt, wartet, erwartet den Schuss. Da hört er Laufschritte. Dann ein Zupfen an seinem Ärmel. »Das also denkst du, Tätowierer? Dass sie mich bloß wegen meiner Uniform mag?«

Erleichtert wendet sich Lale zu ihm um. »Woher soll ich wissen, was sie mag? Erzählen Sie mir doch ein bisschen mehr von ihr!«

Er hat wahrlich keine Lust auf dieses Gespräch, aber wo er gerade noch einmal davongekommen ist, weiß er, dass er keine Wahl hat. Wie sich herausstellt, weiß Baretzki nur sehr wenig über seine »Freundin«, vor allem, weil er sie nie gefragt hat. Das kann Lale einfach nicht ignorieren, und unversehens gibt er Baretzki neue Ratschläge, wie er mit Frauen umgehen soll. In seinem Kopf rät Lale sich selbst, den Mund zu halten. Was geht ihn schon das Monster neben ihm an und ob er je in der Lage sein wird, ein Mädchen respektvoll zu behandeln, oder nicht? In Wirklichkeit hofft er, dass Baretzki diesen Ort nicht überleben wird, um je wieder Zeit mit einer Frau zu verbringen.

KAPITEL 5

Endlich ist Sonntagmorgen. Lale springt aus dem Bett und eilt nach draußen. Die Sonne steht schon hoch. *Wo sind alle? Wo sind die Vögel? Warum singen sie nicht?*

»Es ist Sonntag!«, ruft er ins Leere hinein. Als er sich umdreht, sieht er Gewehrmündungen, die aus dem nächsten Wachturm auf ihn gerichtet sind.

»Verdammt.« Mit einem Sprung ist er zurück in seinem Block, als Gewehrschüsse durch den stillen Morgen knallen. Die Wache hat offenbar beschlossen, ihm ein bisschen Angst einzujagen. Lale weiß, dass dies der eine Tag ist, an dem die Gefangenen »ausschlafen« oder wenigstens nicht aus ihren Baracken kommen, bis der Hungerschmerz sie zum schwarzen Kaffee und ihrem Stück harten Brot zwingt. Die Wache schießt noch einmal auf das Gebäude, nur zum Spaß.

Zurück in seiner kleinen Stube geht Lale auf und ab und übt die ersten Worte, die er zu ihr sagen wird.

Du bist das schönste Mädchen, das ich je gesehen habe, bekommt eine Chance, wird dann aber verworfen. Er ist sich ziemlich sicher, dass sie sich mit ihrem geschorenen Kopf und den Kleidern, die zuvor jemand viel Größerem gehört haben, nicht hübsch fühlt. Trotzdem schließt er den Satz nicht ganz aus. Doch vielleicht ist es am besten, die Sache einfach zu halten – *Wie heißt du?* – und zu sehen, wohin das führt.

Lale zwingt sich, drinnen zu bleiben, bis er die inzwischen so vertrauten Geräusche des erwachenden Lagers hört. Zuerst bohrt sich die Sirene in den Schlaf der Häftlinge. Dann bellen verkaterte Wachleute, denen Schlaf und Maß fehlen, Befehle. Scheppernd werden die Frühstückskessel zu den Blocks geschleppt; die Häftlinge, die sie tragen, ächzen, weil sie von Tag zu Tag schwächer werden und die Kessel von Minute zu Minute schwerer.

Er macht sich auf den Weg zu seiner Essensausgabe und stellt sich zu den anderen Männern, die ein Anrecht auf Zulagen haben. Das gewöhnliche Kopfnicken, Augenheben, gelegentlich ein kurzes Lächeln. Keine Gespräche. Er isst seine halbe Brotration, stopft sich den Rest in den Ärmel, schlägt ihn auf, damit es nicht herausfällt. Wenn es geht, will er es ihr schenken. Wenn nicht, ist es für Leon.

Er beobachtet, wie die Gefangenen, die nicht arbeiten, sich mit Freunden aus anderen Baracken treffen, in kleinen Grüppchen zusammensitzen und die Sommersonne genießen, solange sie da ist. Der Herbst steht schon vor der Tür. Er will schon zur breiten Lagerstraße aufbrechen, um seine Suche zu beginnen; da merkt er, dass seine Tasche fehlt. *Meine Rettungsleine.* Nie verlässt er seine Stube ohne sie, nur heute Morgen. *Wo habe ich meinen Kopf?* Er läuft zurück zu seinem Block und kommt wieder, mit ernster Miene, die Tasche in der Hand – ein Mann mit einem Auftrag.

Es kommt ihm lang vor, wie er da unter seinen Mitgefangenen herumläuft, hier und da mit seinen Bekannten aus Block 7 plaudert. Unterdessen suchen seine Augen ständig nach der Gruppe Mädchen. Er spricht gerade mit Leon, als sich in seinem Nacken die Härchen aufstellen, das kitzelnde Gefühl, beobachtet zu werden. Er dreht sich um. Da ist sie.

Sie unterhält sich mit drei anderen Mädchen. Als sie merkt, dass er sie gesehen hat, hält sie inne. Lale geht auf die Mädchen zu, ihre Freundinnen treten einen Schritt zurück, gehen etwas auf Abstand zu dem Fremden; sie haben von Lale gehört. Sie bleibt alleine stehen.

Er stellt sich dicht vor das Mädchen, erneut wie hypnotisiert von ihren Augen. Leise kichern im Hintergrund ihre Freundinnen. Sie lächelt. Ein kleines, tastendes Lächeln. Lale ist beinahe sprachlos. Doch er nimmt all seinen Mut zusammen. Er reicht ihr das Brot und den Brief. Darin konnte er sich nicht bremsen, er hat ihr geschrieben, dass er unaufhörlich an sie denken muss.

»Wie heißt du?«, fragt er. »Ich muss wissen, wie du heißt.«

Hinter ihm sagt jemand: »Gita.«

Bevor er noch etwas tun oder sagen kann, huschen Gitas Freundinnen herbei und ziehen sie fort, flüstern ihr im Gehen Fragen zu.

In dieser Nacht liegt Lale auf seinem Bett und sagt

wieder und wieder ihren Namen. »Gita. Gita. Was für ein schöner Name.«

In Block 29 stecken Gita und ihre Freundinnen Dana und Ivana die Köpfe zusammen. Durch einen schmalen Spalt in der Holzwand dringt ein Scheinwerferstrahl herein, und Gita entziffert mühsam Lales Brief.
　»Wie oft willst du ihn denn noch lesen?«, fragt Dana.
　»Ach, ich weiß nicht, bis ich jedes Wort auswendig kann«, erwidert Gita.
　»Und wann ist das?«
　»Ungefähr vor zwei Stunden«, kichert Gita. Fest umarmt Dana ihre Freundin.

Am nächsten Morgen kommen Gita und Dana als Letzte aus ihrem Block. Sie haben sich beieinander eingehängt, reden, haben rundum alles vergessen. Ohne Vorwarnung schlägt der Blockführer vor der Baracke Gita mit dem Gewehrkolben in den Rücken. Beide Mädchen stürzen zu Boden. Gita entfährt ein Schmerzensschrei. Mit dem Gewehr bedeutet er ihnen, aufzustehen. Da stehen sie, die Augen niedergeschlagen.
　Angewidert sieht er sie an und knurrt: »Wischt euch das Lächeln aus dem Gesicht.« Er zieht die Pistole und legt sie hart an Gitas Schläfe. Einem anderen SS-Mann befiehlt er: »Heute kein Essen für die beiden.«
　Als er weg ist, kommt ihre Blockälteste und klatscht ihnen eine Ohrfeige ins Gesicht. »Vergesst nicht, wo ihr seid.« Als sie geht, legt Gita ihren Kopf auf Danas Schulter.

»Ich habe dir schon gesagt, dass nächsten Sonntag Lale mit mir redet, oder?«

Sonntag. Einzeln und in Grüppchen wandern Häftlinge über die breite Lagerstraße. Manche hocken an den Hauswänden, zu müde und schwach, um sich zu rühren. Eine Handvoll Wachleute schlendern umher, plaudern und rauchen, kein Blick für die Gefangenen. Mit ausdruckslosen Mienen streifen Gita und ihre Freundinnen umher. Alle außer Gita unterhalten sich ruhig. Sie blickt sich um.

Lale entdeckt Gita und ihre Freundinnen, schmunzelt über Gitas besorgten Blick. Immer, wenn ihre Augen fast auf ihn treffen, duckt er sich hinter andere Häftlinge. Langsam nähert er sich. Dana sieht ihn zuerst und will schon damit herausplatzen, als Lale einen Finger an die Lippen legt. Ohne stehen zu bleiben, nimmt er Gitas Hand und geht einfach weiter. Kichernd fassen ihre Freundinnen einander an den Armen, während Lale Gita wortlos um die Ecke der Hauptwache führt – nicht ohne sich zu vergewissern, dass der Wachmann im nahen Turm entspannt ist und nicht in ihre Richtung schaut.

Mit dem Rücken rutscht er an der Wand herunter, zieht Gita mit. Von dort aus können sie den Wald hinter dem Zaun sehen. Gita blickt zu Boden, während Lale sie nicht aus den Augen lässt.

»Hallo ...«, beginnt er zögernd.

»Hallo«, erwidert sie.

»Ich hoffe, ich habe dich nicht erschreckt.«

»Sind wir hier sicher?« Sie späht zum Wachturm hinauf.

»Wahrscheinlich nicht, aber ich kann dich nicht mehr einfach nur ansehen. Ich muss bei dir sein und mit dir reden, wie normale Leute miteinander reden.«

»Aber wir sind hier nicht sicher...«

»Sicher ist es nie. Rede mit mir. Ich will deine Stimme hören. Ich will alles von dir wissen. Ich weiß nur deinen Namen. Gita. Ein schöner Name.«

»Was soll ich denn sagen?«

Lale ringt nach der richtigen Frage. Entscheidet sich für etwas ganz Banales. »Wie wäre es mit... Wie war dein Tag?«

Jetzt hebt sie den Kopf und sieht ihm geradewegs in die Augen. »Ach, du weißt schon. Aufgestanden, ausgiebig gefrühstückt, Mama und Papa geküsst und mit dem Bus zur Arbeit. Die Arbeit war...«

»Okay, schon gut, tut mir leid, blöde Frage.«

Sie sitzen nebeneinander, sehen in verschiedene Richtungen. Lale hört Gita atmen. Sie klopft mit einem Daumen an ihren Schenkel. Endlich fragt sie: »Und wie läuft dein Tag so?«

»Ach, du weißt schon. Aufgestanden, ausgiebig gefrühstückt...«

Sie sehen sich an, lachen still. Sachte lehnt sich Gita an ihn. Zufällig berühren sich kurz ihre Hände.

»Tja, wenn wir nicht über unseren Tag reden können, dann erzähl mir was von dir«, meint Lale.

»Da gibt es nichts zu erzählen.«

Lale stutzt. »Doch, natürlich. Wie ist dein Familienname?«

Sie starrt Lale an, schüttelt den Kopf. »Ich bin bloß

eine Nummer. Das solltest du wissen. Du hast sie mir selbst gegeben.«

»Ja, aber das ist bloß hier drinnen. Wer bist du draußen?«

»Draußen gibt es nicht mehr. Es gibt nur noch hier.«

Lale steht auf und fixiert sie. »Ich heiße Ludwig Eisenberg, aber die Leute nennen mich Lale. Ich komme aus Krompach, Slowakei. Ich habe eine Mutter, einen Vater, einen Bruder und eine Schwester.« Er hält inne. »Jetzt du.«

Herausfordernd hält Gita seinem Blick stand. »Ich bin Gefangene Nummer 4562 in Birkenau, Polen.«

Das Gespräch versandet in peinlichem Schweigen. Er mustert sie, ihre gesenkten Lider. Sie kämpft mit ihren Gedanken: was sie sagen soll, was nicht.

Lale setzt sich wieder, diesmal ihr gegenüber. Er streckt die Hand, als wollte er ihre nehmen, dann zieht er sie zurück. »Ich will dich nicht verärgern, aber versprichst du mir eines?«

»Was denn?«

»Bevor wir hier weggehen, sagst du mir, wer du bist und woher du kommst.«

Sie sieht ihm in die Augen. »Ja, versprochen.«

»Das genügt mir im Moment. Sie lassen dich also in Kanada arbeiten?«

Gita nickt.

»Geht es da?«

»Es geht. Aber die Deutschen schmeißen einfach alles durcheinander. Verdorbenes Essen und Kleider.

Und der Schimmel – ich hasse es, wenn ich das anfassen muss, außerdem stinkt es.«

»Ich bin froh, dass du nicht draußen sein musst. Ich habe ein paar Männer von Mädchen aus ihrem Dorf erzählen hören, die auch in Kanada arbeiten. Die sagen, sie finden oft Schmuck und Geld.«

»Das habe ich auch gehört. Ich finde anscheinend nur schimmeliges Brot.«

»Du bist ja vorsichtig, oder? Mach keine Dummheiten und behalt immer die SS im Auge.«

»Das habe ich mittlerweile gelernt, vertrau mir.«

Eine Sirene heult.

»Du musst zurück zu deinem Block«, sagt Lale. »Nächstes Mal bringe ich dir was zu essen mit.«

»Du hast zu essen?«

»Ich bekomme Zulagen. Das bringe ich dir, wir sehen uns nächsten Sonntag.«

Lale steht auf und reicht Gita die Hand. Sie nimmt sie. Er zieht sie hoch, hält ihre Hand einen Augenblick länger als nötig. Er kann den Blick nicht von ihr abwenden.

»Wir müssen gehen.« Sie löst die Augen von ihm, hält ihn aber in ihrem Bann, mit einem Lächeln, von dem ihm die Knie weich werden.

KAPITEL 6

Wochen sind vergangen; die Bäume vor dem Lager haben die Blätter verloren, die Tage sind kürzer, und der Winter naht.

Wer sind diese Leute? Lale fragt sich das, seit er im Lager ist. Diese Gruppen von Männern auf den Baustellen, die jeden Tag in Zivilkleidung kommen und nach Arbeitsschluss nicht mehr zu sehen sind. Beschwingt von seiner Zeit mit Gita, ist Lale sich sicher, ein paar dieser Männer ansprechen zu können, ohne dass die Wachen sich aufregen und ihn gleich erschießen. Außerdem hat er ja seinen taschenförmigen Schutzschild.

Lässig schlendert Lale auf eines der im Bau befindlichen Backsteingebäude zu. Offenbar sind sie nicht für die Unterbringung von Gefangenen gedacht, aber ihre Nutzung ist Lale heute egal. Er geht auf zwei Männer zu, einen älteren und einen jüngeren, die eifrig Backsteine schichten, und bleibt neben einem Stapel Steine stehen. Die beiden Männer schielen neugierig zu ihm hinüber, arbeiten langsamer. Lale nimmt einen Backstein und tut so, als würde er ihn genau mustern.

»Ich verstehe es einfach nicht«, murmelt er.

»Was verstehst du nicht?«, fragt der Ältere.

»Ich bin Jude. Sie haben mir einen gelben Stern angeheftet. Überall sehe ich Politische, Mörder und Arbeitsscheue. Und dann euch – aber ihr habt keinen Winkel.«

»Das geht dich gar nichts an, Judenbub«, meint der jüngere Mann, selbst noch ein Junge.

»Ich bin doch bloß freundlich. Ihr wisst ja, wie das ist – ich seh mich halt um, und ihr und eure Freunde macht mich neugierig. Ich heiße Lale.«

»Verzieh dich!«, zischt der Jüngere.

»Ganz ruhig, Junge. Beachte ihn gar nicht«, wendet der Ältere sich an Lale, seine Stimme ist vom vielen Rauchen heiser. »Ich bin Victor. Der vorlaute Junge hier ist mein Sohn Yuri.« Victor reicht Lale die Hand. Dann streckt Lale seine Hand Yuri entgegen, aber der nimmt sie nicht.

»Wir wohnen in der Nähe«, erklärt Victor, »und wir kommen jeden Tag zur Arbeit her.«

»Ich will nur sicher sein, dass ich das richtig verstanden habe. Ihr kommt freiwillig jeden Tag her? Ich meine, werdet ihr dafür bezahlt?«

Yuri fährt auf. »Ganz richtig, Judenbub, wir werden bezahlt und gehen jeden Abend nach Hause. Ihr dagegen ...«

»Schluss jetzt, Yuri. Siehst du nicht, dass dieser Mann hier einfach nur freundlich ist?«

»Danke, Victor. Ich will keinen Ärger machen. Wie gesagt, ich seh mich nur um.«

»Wozu hast du die Tasche da?«, fragt Yuri schnippisch; es ist ihm peinlich, vor Lale zusammengestaucht worden zu sein.

»Meine Instrumente. Um den Häftlingen die Nummern zu tätowieren. Ich bin der Tätowierer.«

»Ziemlich viel Arbeit«, witzelt Victor.

»Manchmal. Ich weiß nie, wann die Transporte ankommen und wie groß sie sind.«

»Wie man hört, kommt es noch schlimmer.«

»Wie meinst du das?«

»Dieses Gebäude. Ich habe die Pläne gesehen. Es wird dir nicht gefallen.«

»Es kann ja gar nicht schlimmer sein als das, was hier eh schon los ist.« Lale klammert sich an den Backsteinstapel.

»Es heißt Krematorium II«, erklärt Victor ruhig und weicht seinem Blick aus.

»Krematorium. II. Das heißt, es gibt auch schon Nummer eins und womöglich noch mehr?«

»Tut mir leid. Ich sagte ja, es wird dir nicht gefallen.«

Lale boxt gegen den zuletzt aufgelegten Backstein, er fliegt davon, und Lale schüttelt seine schmerzende Hand.

Victor greift in eine Tasche und holt ein Stück getrocknete Wurst heraus, die in Wachspapier gewickelt ist.

»Hier, nimm das, ich weiß, dass sie euch hier aushungern, und ich habe noch viel mehr davon.«

»Das ist unser Mittagessen!«, schreit Yuri und stürzt vor, um seinem Vater die Wurst aus der Hand zu reißen.

Victor stößt Yuri zur Seite. »Du wirst es einen Tag ohne aushalten. Dieser Mann braucht sie dringender.«

»Das sage ich Mama, wenn wir heimkommen.«

»Du solltest lieber hoffen, dass ich ihr nichts von deinem Benehmen erzähle. In Sachen gute Erziehung hast du noch einiges zu lernen, junger Mann. Das hier ist Lektion eins.«

Lale hat die Wurst immer noch nicht genommen. »Tut mir leid. Ich wollte keinen Ärger machen.«

»Tja, hast du aber«, jammert Yuri bockig.

»Nein, hat er nicht. Lale, nimm die Wurst und komm morgen wieder her. Ich bringe dir mehr mit. Verdammt, wenn wir wenigstens einem helfen können, tun wir das. Verstanden, Yuri?«

Yuri reicht Lale widerstrebend die Hand, und der ergreift sie.

»Einen zu retten heißt, die Welt zu retten«, murmelt Lale mehr zu sich als zu den anderen.

»Ich kann euch nicht allen helfen.«

Lale nimmt das Essen. »Ich habe nichts zum Bezahlen.«

»Das ist kein Problem.«

»Danke. Vielleicht kann ich es dir doch irgendwie bezahlen. Wenn ich eine Möglichkeit finde, kannst du dann auch etwas anderes besorgen, Schokolade zum Beispiel?« Er will Schokolade. Die schenkt man einem Mädchen, wenn man sie bekommen kann.

»Wir können bestimmt etwas deichseln. Jetzt gehst du besser; da hinten schaut ein Wachmann zu uns rüber.«

»Bis nächstes Mal.« Lale verstaut die Wurst in seiner Tasche. Als er zurück zu seinem Block geht, fallen vereinzelte Schneeflocken. Sie fangen die letzten Sonnenstrahlen auf und streuen Lichtflecken, die ihn an ein Kaleidoskop erinnern, mit dem er als Kind gespielt hat. *Was stimmt nicht an diesem Bild?* Die Gefühle überwältigen ihn, während er zu seinem Block eilt. Der schmelzende Schnee auf seinem Gesicht vermischt sich mit seinen Tränen. Der Winter 1942 ist da.

Zurück in seiner Stube, nimmt Lale die Wurst und bricht sie vorsichtig in gleichmäßige Stücke. Er reißt Streifen von dem Wachspapier und wickelt jedes Stück sorgfältig ein, dann steckt er sie zurück in seine Tasche. Beim letzten Stück hält er inne und mustert das kleine, verheißungsvolle Essenspaket in seinen rauen, schmutzigen Fingern. Diese Finger, die einst weich und sauber und mollig waren, die üppiges Essen zerlegten, die er hochhielt, um seinen Gastgebern zu bedeuten: »Nein danke, wirklich, ich kann nicht noch mehr essen.« Kopfschüttelnd legt er das Päckchen in die Tasche.

Er geht zu einer der Kanada-Baracken. Einmal hat er einen Mann in Block 7 gefragt, ob er wisse, warum diese Sortierräume so heißen.

»Die Mädchen, die dort arbeiten, träumen von einem weit entfernten Land, wo es alles in Fülle gibt und wo sie so leben können, wie sie wollen. Und so ein Ort ist Kanada.«

Lale hat mit ein paar der Mädchen gesprochen, die in diesem Kanada arbeiten. Mehrmals hat er alle beobachtet, die herauskommen; er weiß, dass Gita nicht hier eingesetzt wird. Zu den anderen Gebäuden hat er keinen so leichten Zugang. Bestimmt arbeitet sie in einem davon. Er sieht zwei Mädchen vorbeigehen, mit denen er schon einmal gesprochen hat. Er fasst in seine Tasche, holt zwei Päckchen heraus und geht lächelnd zu ihnen, reiht sich neben ihnen ein und spaziert mit ihnen weiter.

»Reicht mir eine eurer Hände, aber langsam. Ich gebe euch ein Päckchen Wurst. Macht es nicht auf, bis ihr allein seid.«

Die beiden Mädchen tun, was er sagt, fallen nicht aus dem Schritt, spähen nach Wachen, die sie womöglich beobachten. Als die Wurst in ihren Händen liegt, schlagen sie die Arme um die Brust, sowohl um sich zu wärmen wie um ihre Gabe zu schützen.

»Mädels, ich habe gehört, ihr findet manchmal Schmuck und Geld – stimmt das?«

Die Mädchen wechseln einen Blick.

»Also, ich will euch nicht in Gefahr bringen, aber meint ihr, ihr könntet irgendwie ein bisschen davon zu mir rausschmuggeln?«

Eine von ihnen zischt nervös: »Sollte nicht allzu schwer sein. Unsere Aufpasser kümmern sich nicht mehr besonders um uns. Sie halten uns für harmlos.«

»Hervorragend. Nehmt einfach, was ihr könnt, ohne Verdacht zu erregen, und damit kaufe ich euch und anderen Essen wie diese Wurst.«

»Meinst du, du könntest auch Schokolade bekommen?«, fragt eine mit leuchtenden Augen.

»Ich kann es nicht versprechen, aber ich versuche es. Denkt dran, nur kleine Mengen auf einmal. Ich versuche morgen Nachmittag wieder hier zu sein. Wenn nicht, habt ihr eine sichere Stelle, wo ihr etwas verstecken könnt, bis ich komme?«

»Nicht in unserem Block. Das geht nicht. Wir werden ständig gefilzt«, erwidert eine.

»Ich weiß etwas«, sagt die andere. »Hinter unserem Block liegt ziemlich viel Schnee. Wir können es in einen Stofffetzen wickeln und da verstecken, wenn wir zur Latrine gehen.«

»Ja, das geht«, sagt die Erste.

»Ihr dürft niemandem sagen, was ihr da tut und woher ihr das Essen habt, in Ordnung? Das ist wirklich sehr wichtig. Euer Leben hängt davon ab, dass ihr nichts erzählt. Verstanden?«

Eines der Mädchen legt den Finger vor die Lippen. Als sie sich dem Frauenlager nähern, trennt sich Lale von ihnen und hängt eine Zeit lang vor Block 29 herum. Kein Zeichen von Gita. So soll es wohl sein. Aber in drei Tagen ist wieder Sonntag.

Am nächsten Tag ist Lale in wenigen Stunden fertig mit seiner Arbeit in Birkenau. Leon schlägt ihm vor, den Nachmittag mit ihm zu verbringen, er möchte die Gelegenheit nutzen, über ihre Lage zu sprechen, ohne dass ein Block voller Männer jedes Wort belauscht. Lale redet sich heraus, gibt vor, er fühle sich nicht wohl und brauche Ruhe. Sie gehen getrennte Wege.

Er ist hin- und hergerissen. Er will unbedingt alles bekommen, was Victor an Essen mitbringt, aber er braucht etwas, um ihn zu bezahlen. Die Mädchen sind etwa zu der Zeit mit der Arbeit fertig, wenn Victor und die anderen Zivilarbeiter gehen. Wird er genug Zeit haben, um nachzusehen, ob sie etwas organisieren konnten? Am Ende beschließt er, Victor zu besuchen und ihm zu versichern, dass er daran arbeitet, eine Zahlquelle aufzutun.

Mit seiner Tasche in der Hand marschiert Lale hinüber zu der im Bau befindlichen Baracke. Er hält nach Victor und Yuri Ausschau. Victor sieht ihn und nickt Yuri herbei; gemeinsam setzen sie sich von den anderen Arbeitern ab. Langsam kommen sie auf Lale zu, der stehen geblieben ist und so tut, als suche er etwas in seiner Tasche. Mit ausgestreckter Hand begrüßt Yuri Lale.

»Seine Mutter hat gestern ein Wörtchen mit ihm geredet«, erklärt Victor.

»Es tut mir leid, ich konnte nichts auftreiben, womit ich euch bezahlen kann, aber ich hoffe, dass ich ganz bald etwas habe. Bitte bringt nichts mit, bis ich euch bezahlt habe, was ihr mir schon gegeben habt.«

»Schon in Ordnung, wir haben genug zum Teilen«, sagt Victor.

»Nein, ihr geht schließlich ein Risiko ein. Es ist das Mindeste, dass ihr dafür etwas zurückbekommt. Gebt mir nur noch einen oder zwei Tage.«

Victor nimmt zwei Pakete aus seiner Tasche und lässt sie in Lales offene Tasche fallen. »Wir sind morgen zur gleichen Uhrzeit hier.«

»Danke«, erwidert Lale.

»Bis morgen«, sagt Yuri, und Lale muss schmunzeln.

»Bis morgen, Yuri.«

Zurück in seiner Stube, öffnet Lale die Pakete. Wurst und Schokolade. Er hebt die Schokolade an die Nase und schnuppert. Wieder zerbricht er das Essen in kleine Stücke, damit die Mädchen es leichter verstecken und weitergeben können. Er hofft nur, dass sie vorsichtig sind. An die Folgen, falls nicht, wagt er gar nicht zu denken. Einen kleinen Teil der Wurst hebt er für Block 7 auf. Die Sirene zum Einrücken unterbricht seine Besessenheit, jedes Stück Essen exakt gleich groß zu bemessen. Er wirft alles in seine Tasche und rennt in Richtung Kanada.

Nicht weit vom Frauenlager holt Lale seine beiden Freundinnen ein. Sie sehen ihn kommen, gehen langsamer und lassen sich in die Masse von Mädchen zurückfallen, die gemeinsam »nach Hause« trotten. In einer Hand die Essenspäckchen, in der anderen die offene Tasche, drängelt er sich durch die Mädchen. Ohne ihn anzusehen, lassen beide etwas in seine Tasche fallen, während er ihnen das Essen in die Hand drückt, das sie sich in die Ärmel schieben. Lale und die Mädchen trennen sich am Eingang ins Frauenlager.

Lale weiß nicht, was er in den vier Päckchen vorfinden wird, die er auf sein Bett legt. Vorsichtig öffnet er die Stofffetzen. Darin sind polnische Münzen und Geldscheine, lose Diamanten, Rubine und Saphire, mit Edelsteinen besetzte Gold- und Silberringe. Lale schrickt zurück, stößt an die Tür hinter ihm. Ihn schaudert vor der traurigen Herkunft dieser Reichtümer, schließlich steht jeder Gegenstand für ein bedeutsames Ereignis im Leben seines Vorbesitzers. Und er fürchtet um seine eigene Sicherheit. Wenn er mit dieser Beute erwischt wird, ist er ein toter Mann. Ein Geräusch von draußen lässt ihn die Juwelen und das Geld in die Tasche und sich selbst auf das Bett werfen. Keiner kommt. Endlich steht er auf und nimmt seine Tasche mit zum Abendessen. In der Kantine stellt er sie nicht wie sonst an seine Füße, sondern umklammert sie mit einer Hand; er versucht, nicht allzu seltsam auszusehen. Vergeblich, befürchtet er.

Später an diesem Abend sortiert er Edelsteine und Geld, lose Steine und Schmuck, und wickelt sie getrennt in die Fetzen, in denen er sie bekommen hat. Den Großteil seiner Beute schiebt er unter seine Matratze. Einen losen Rubin und einen Diamantring behält er in der Tasche.

Am nächsten Morgen um sieben Uhr drückt sich Lale bei der Hauptwache am Lagertor herum, als die Zivilarbeiter ankommen. Er schleicht sich zu Victor und zeigt ihm in der offenen Hand den Rubin und den Ring. Victor umschließt Lales Hand und schüttelt sie, dabei ertastet er den Schmuck. Lales Tasche ist bereits offen, und schnell legt Victor ein paar Päckchen hinein. Ihr Pakt ist jetzt geschlossen.

Victor flüstert: »Gutes neues Jahr.«

Lale trottet davon, schwer fällt der Schnee und deckt das Lager zu. Es ist 1943.

KAPITEL 7

Trotz der bitteren Kälte und des knietiefen Gemischs aus Schnee und Matsch auf dem Gelände ist Lale optimistisch. Es ist Sonntag. Lale und Gita werden zwei der tapferen Seelen sein, die auf den Lagerstraßen spazieren gehen in der Hoffnung auf eine flüchtige Begegnung, ein Wort, eine Berührung der Hände.

Er sieht sich nach Gita um, während er umherstapft und versucht, sich die Kälte aus den Knochen zu treiben. So oft er kann, ohne Aufsehen zu erregen, geht er am Frauenlager vorbei. Mehrere Mädchen kommen aus Block 29, aber keine Gita. Als er gerade aufgeben will, taucht Dana auf, blickt suchend umher. Als sie Lale entdeckt, kommt sie gelaufen.

»Gita ist krank«, ruft sie ihm schon von Weitem zu. »Sie ist krank, Lale. Ich weiß nicht, was ich tun soll.«

Vor Panik schlägt ihm das Herz bis zum Hals, als er sich an den Todeskarren erinnert, den Ruf des nahen Todes, die Männer, die ihn gesund gepflegt haben. »Ich muss sie sehen.«

»Du kannst nicht rein – unsere Stubenälteste ist in

grässlicher Laune. Sie will die SS rufen und Gita abholen lassen.«

»Das kannst du nicht zulassen. Du darfst sie nicht gehen lassen. Bitte, Dana«, sagt Lale. »Was hat sie? Hast du eine Ahnung?«

»Wir glauben, es ist Fleckfieber. Wir haben in unserem Block diese Woche schon mehrere Mädchen verloren.«

»Dann braucht sie Medikamente.«

»Und woher sollen wir Medikamente nehmen, Lale? Wenn wir in den Krankenbau gehen und danach fragen, nehmen sie sie einfach mit. Ich kann sie nicht verlieren. Ich habe schon meine ganze Familie verloren. Bitte, hilf uns, Lale!«, fleht Dana ihn an.

»Bring sie nicht in den Krankenbau. Egal was du tust, bloß nicht dorthin.« Lales Gedanken rasen. »Hör zu, Dana – ich werde ein paar Tage brauchen, aber ich versuche, Medikamente für sie zu organisieren.« Er fühlt sich wie benommen. Er sieht unscharf. Sein Herz pocht.

»Tu Folgendes. Nimm sie morgen früh, egal wie, mit nach Kanada – trag sie, schlepp sie, wie auch immer. Versteck sie da tagsüber zwischen den Kleidern, versuch so viel Wasser in sie hineinzubekommen, wie du kannst, und dann bring sie zum Appell zurück in den Block. Vielleicht musst du das ein paar Tage lang machen, bis ich die Medikamente auftreibe, aber du musst es tun. Nur so können wir verhindern, dass sie in den Krankenbau kommt. Jetzt geh und kümmer dich um sie.«

»In Ordnung, das geht. Ivana hilft mir. Aber sie braucht Medikamente.«

Er packt Danas Hand. »Sag ihr ...«
Dana wartet.
»Sag ihr, dass ich mich um sie kümmere.«
Lale sieht Dana nach, wie sie zurück in ihre Baracke läuft. Er ist unfähig, sich zu rühren. Gedanken machen sich breit. Der Todeskarren, den er jeden Tag fahren sieht – die »Schwarze Marie« –, dort darf sie nicht enden. Das darf nicht ihre Bestimmung sein. Er sieht sich unter den tapferen Seelen um, die sich nach draußen gewagt haben. Er stellt sich vor, wie sie in den Schnee fallen und liegen bleiben – und zu ihm aufsehen, dankbar, dass der Tod sie von diesem Ort erlöst hat.
»Du kriegst sie nicht. Ich lasse sie mir von dir nicht wegnehmen«, ruft er.
Die Häftlinge rücken von ihm ab. Die SS-Leute sind an diesem düster-kahlen Tag lieber im Warmen geblieben, und bald steht Lale allein da, gelähmt von Kälte und Angst. Schließlich beginnt er die Füße zu bewegen. Sein Kopf folgt dem restlichen Körper. Und er stolpert zurück in seine Stube, wo er auf dem Bett zusammenbricht.

Die Morgendämmerung macht sich in der Stube bemerkbar. Der Raum fühlt sich leer an, als wäre auch er selbst nicht da. Wenn er von oben herunterschaut, sieht er sich selber nicht. Als wäre er aus seinem Körper herausgefahren. *Wo bin ich hin? Ich muss zurückkommen. Ich muss etwas Wichtiges erledigen.* Die Erinnerung an sein gestriges Treffen mit Dana holt ihn zurück in die Wirklichkeit.
Er packt seine Tasche, die Stiefel, wirft sich eine Decke um die Schulter und läuft aus seiner Stube ans

Lagertor. Er achtet nicht darauf, wer ihn sieht. Er muss sofort zu Victor und Yuri.

Die beiden Männer kommen gemeinsam mit anderen zur Arbeit, bei jedem Schritt sinken sie tief in den Schnee ein. Als sie Lale sehen, entfernen sie sich von den anderen und treffen auf halber Strecke auf ihn. Er zeigt Victor die Juwelen und das Geld in seiner Hand, ein kleines Vermögen. Alles, was er hat, lässt er in Victors Tasche fallen.

»Medikamente gegen Fleckfieber«, sagt Lale. »Kannst du mir die besorgen?«

Victor legt seine Essenspakete in Lales offene Tasche und nickt. »Ja.«

Schnell läuft Lale hinüber zu Block 29 und beobachtet ihn von Weitem. *Wo sind sie? Warum sind sie noch nicht da?* Er geht auf und ab, vergisst die Augen in den Wachtürmen rund um das Lager. Er muss Gita sehen. Sie muss die Nacht überstanden haben. Endlich, da sind Dana und Ivana, und Gita, die schwach an ihren Schultern hängt. Zwei weitere Mädchen schirmen die drei von allzu neugierigen Blicken ab. Lale fällt auf die Knie bei dem Gedanken, dass er sie gerade womöglich zum letzten Mal gesehen hat.

»Was machst du denn da unten?« Hinter ihm steht Baretzki.

Er rappelt sich auf die Füße. »Mir war ein bisschen übel, aber jetzt geht es wieder.«

»Vielleicht solltest du zum Arzt. Wir haben ja mehrere hier in Auschwitz.«

»Nein, danke, lieber würde ich Sie bitten, mich zu erschießen.«

Baretzki zieht seine Pistole. »Wenn du hier sterben möchtest, Tätowierer, kann ich das gerne für dich erledigen.«

»Ich weiß, dass Sie das tun würden, aber nicht heute«, entgegnet Lale. »Ich nehme an, wir haben Arbeit?«

Baretzki verstaut seine Waffe. »Auschwitz«, sagt er und stapft los. »Und bring diese Decke dahin, wo du sie gefunden hast. Du siehst lächerlich aus.«

Lale und Leon arbeiten den Vormittag über in Auschwitz, tätowieren Nummern auf verängstigte Neuankömmlinge und versuchen, ihren Schock darüber aufzufangen. Doch Lales Gedanken sind bei Gita, und mehr als einmal sticht er zu fest zu.

Am Nachmittag, als sie fertig sind, rennt Lale fast schon zurück nach Birkenau. Am Eingang zu Block 29 trifft er Dana und gibt ihr sein gesamtes Frühstück.

»Wir haben aus Kleidern ein Bett für sie gemacht«, sagt Dana, während sie das Essen notdürftig in ihren aufgekrempelten Ärmeln verstaut, »und wir haben ihr geschmolzenen Schnee eingeflößt. Am Nachmittag haben wir sie in den Block zurückgebracht, aber sie ist immer noch wirklich übel dran.«

Lale drückt Dana die Hand. »Danke. Versucht ihr etwas zu essen zu geben. Morgen bekomme ich Medikamente.«

Als er geht, drehen sich seine Gedanken im Kreis. *Ich kenne Gita kaum, aber wie soll ich weiterleben, wenn sie nicht mehr lebt?*

In dieser Nacht tut er kein Auge zu.

Am nächsten Morgen legt Victor außer Essen auch Medikamente in Lales Tasche.

An diesem Nachmittag kann er sie Dana übergeben.

Abends sitzen Dana und Ivana neben einer jetzt völlig bewusstlosen Gita. Der Sog des Fleckfiebers ist stärker als sie; die schwarze Lähmung hat sie völlig in Beschlag genommen. Sie sprechen mit ihr, aber sie gibt kein Zeichen, dass sie sie hört. Aus einem kleinen Fläschchen tropft Dana langsam eine Flüssigkeit in Gitas Mund, den Ivana aufhält.

»Ich glaube nicht, dass ich sie weiter bis nach Kanada schleppen kann.« Erschöpft schüttelt Ivana den Kopf.

»Bald geht es ihr besser«, meint Dana mit Nachdruck. »Nur noch ein paar Tage.«

»Woher hat Lale das Medikament?«

»Das brauchen wir nicht zu wissen. Sei einfach dankbar, dass er es bekommen hat.«

»Meinst du, es ist zu spät?«

»Ich weiß nicht, Ivana. Lass sie uns einfach warmhalten und durch die Nacht bringen.«

Am nächsten Morgen sieht Lale aus der Ferne zu, wie Gita wieder nach Kanada geschleppt wird. Mehrmals versucht sie, den Kopf zu heben, und dieser Anblick erfüllt ihn mit Freude. Jetzt muss er Baretzki finden.

Die meisten SS-Kasernen stehen in Auschwitz. In Birkenau gibt es nur ein kleines Gebäude für sie, und dorthin wendet sich Lale in der Hoffnung, Baretzki beim Kommen oder Gehen dort anzutreffen. Nach mehreren Stunden taucht er auf, offenbar erstaunt, dass Lale auf ihn wartet.

»Nicht genug Arbeit, was?«, fragt Baretzki.

»Ich muss Sie um einen Gefallen bitten«, bricht es aus Lale heraus.

Baretzkis Augen werden schmal. »Ich tue keine Gefallen mehr.«

»Vielleicht kann ich ja eines Tages auch etwas für Sie tun.«

Baretzki lacht. »Was könnte das wohl sein?«

»Man weiß nie, aber wollen Sie nicht einen Gefallen guthaben, für alle Fälle?«

Baretzki seufzt. »Was willst du?«

»Es geht um Gita ...«

»Deine Freundin.«

»Können Sie es so anstellen, dass sie aus Kanada in die Verwaltung verlegt wird?«

»Warum? Wohl wegen der Heizung?«

»Ja.«

Baretzki klopft mit dem Fuß auf den Boden. »Könnte einen oder zwei Tage dauern, aber ich will sehen, was sich tun lässt. Ich verspreche gar nichts.«

»Danke.«

»Jetzt schuldest du mir was, Tätowierer.« Mit seinem üblichen Grinsen fummelt er an seinem Schlagstock herum. »Du schuldest mir was.«

Kecker als ihm zumute ist, erwidert er: »Noch nicht, aber hoffentlich bald.« Beim Gehen sind seine Schritte leicht beschwingt. Vielleicht kann er Gita das Leben etwas erträglicher machen.

Am nächsten Sonntag spaziert Lale langsam neben einer genesenden Gita her. Er möchte ihr den Arm um die Schulter legen, wie er es bei Dana und Ivana gesehen hat, aber er traut sich nicht. Es ist schon gut, bei ihr zu sein. Schon nach wenigen Schritten ist sie erschöpft, und um sich hinzusetzen, ist es zu kalt. Sie trägt einen langen Wollmantel, wahrscheinlich haben die Mädchen ihn ohne Widerrede der SS aus Kanada organisiert. Die tiefen Taschen füllt Lale mit Essen, bevor er sie zum Ausruhen in ihren Block zurückschickt.

Am nächsten Morgen wird Gita zitternd von einer SS-Aufseherin in die Kommandantur eskortiert. Sie haben der jungen Frau nichts erklärt, und automatisch befürchtet sie das Schlimmste. Sie war krank, jetzt ist sie geschwächt – bestimmt haben sie beschlossen, dass sie nicht mehr von Nutzen ist. Als die Aufseherin mit einer ranghöheren Kollegin spricht, blickt Gita sich in dem großen Raum um. Er steht voller olivgrüner Schreibtische und Aktenschränke. Alles in Reih und Glied. Am auffälligsten findet sie die Wärme. Hier arbeiten auch SS-Leute, natürlich wird hier geheizt. Verschiedene weibliche Gefangene und Zivilarbeiterinnen sind schnell und schweigend am Werk, schreiben Karteikarten, legen Akten ab, die Köpfe gebeugt.

Die Aufseherin bringt Gita zu ihrer Kollegin, sie stolpert mit, das Fleckfieber immer noch in den Knochen. Die Kollegin fängt sie auf, stößt sie dann aber grob von sich. Dann packt sie Gitas Arm und inspiziert ihre Tätowierung, bevor sie sie an einen leeren Tisch zieht und sie grob auf einen harten Holzstuhl drückt, gleich neben einer wie sie gekleideten Gefangenen. Das Mädchen blickt nicht auf, versucht sich kleiner zu machen, unauffällig zu wirken, bloß keine Aufmerksamkeit auf sich zu ziehen.

»An die Arbeit«, bellt die Aufseherin mürrisch.

Als sie allein sind, zeigt das Mädchen Gita eine lange Liste mit Namen und weiteren Angaben. Sie reicht ihr eine Handvoll Karteikarten und zeigt ihr, wie sie die persönlichen Angaben zunächst auf eine Karte und dann in ein in Leder gebundenes Buch eintragen muss, das zwischen ihnen liegt. Es wird kein Wort gesprochen, und ein schneller Blick durch den Raum macht Gita klar, dass auch sie besser den Mund hält.

Später an diesem Tag hört Gita eine vertraute Stimme und sieht auf. Eben ist Lale hereingekommen, reicht einem der zivilen Mädchen am vordersten Tisch Papiere. Als er sein Gespräch beendet hat, lässt er den Blick langsam über alle Gesichter schweifen. Als er bei Gita ist, zwinkert er. Unwillkürlich schnappt sie nach Luft, und ein paar Frauen drehen sich zu ihr um. Das Mädchen neben ihr stupst sie in die Rippen, als Lale aus dem Raum eilt.

Nach Arbeitsschluss bemerkt Gita Lale, der aus einiger Entfernung zusieht, wie die Mädchen die Kommandantur verlassen und zu ihren Blocks streben. Es sind so viele SS-Leute unterwegs, dass er nicht herankommt. Beim Gehen unterhalten sich die Mädchen.

»Ich bin Cilka«, erklärt Gitas neue Kollegin. »Ich bin in Block 25.«

»Ich bin Gita, Block 29.«

Am Eingang des Frauenlagers kommen Dana und Ivana gelaufen. »Ist alles in Ordnung mit dir? Wohin haben sie dich gebracht? Und *warum?*«, fragt Dana, Angst und Erleichterung im Gesicht.

»Ja, alles in Ordnung. Ich musste in der Schreibstube arbeiten.«

»Wie das …?«, fragt Ivana.

»Lale. Ich glaube, das hat er irgendwie eingefädelt.«

»Aber es geht dir gut. Sie haben dir nichts getan?«

»Mir geht es gut. Das hier ist Cilka. Meine Kollegin.«

Dana und Ivana begrüßen Cilka mit einer Umarmung. Lächelnd stellt Gita fest, wie bereitwillig ihre Freundinnen ein neues Mädchen in ihrer Mitte aufnehmen. Den ganzen Nachmittag hat sie sich gefragt, wie sie wohl darauf reagieren würden, dass sie jetzt in einem relativ bequemen Umfeld arbeitet, ohne sich mit der Kälte oder körperlicher Anstrengung herumschlagen zu müssen. Sie könnte es ihnen kaum übel nehmen, wenn sie eifersüchtig wären und sie nicht mehr als eine der Ihren ansähen.

»Ich gehe jetzt besser in meinen Block«, sagt Cilka. »Bis morgen, Gita.«

Ivana sieht Cilka nach. »Die ist vielleicht hübsch. Sogar noch in Lumpen sieht sie gut aus.«

»Ja, das stimmt. Sie hat mich den ganzen Nachmittag verstohlen angelächelt, um mich zu beruhigen. Ihre Schönheit ist nicht nur äußerlich.«

Cilka dreht sich um und lächelt zu den drei Freundinnen herüber. Dann streicht sie sich mit einer Hand das Kopftuch ab und winkt ihnen damit zu, und langes dunkles Haar fällt ihr über den Rücken. Sie bewegt sich anmutig wie ein Schwan, eine junge Frau, die sich ihrer Schönheit sichtlich unbewusst und offenbar unberührt ist von dem Horror, von dem sie umgeben ist.

»Du musst sie fragen, wie sie es geschafft hat, ihre Haare zu behalten«, sagt Ivana und kratzt sich nachdenklich an ihrem Kopftuch.

Gita zieht sich ihres herunter und fährt mit der Hand über ihre pieksenden Stoppeln; sie weiß nur zu gut, dass sie schon bald wieder bis auf die Haut zurückgeschoren werden. Kurz verschwindet ihr Lächeln. Dann knotet sie das Kopftuch wieder zusammen, schiebt Dana und Ivana den Arm unter, und gemeinsam gehen sie zur Essensausgabe.

KAPITEL 8

Rund um die Uhr arbeiten Lale und Leon, seit die Deutschen jede Stadt, jedes Dorf erstürmen und die Juden deportieren; Gefangene aus Frankreich, Belgien, Jugoslawien, Italien, Mähren, Griechenland und Norwegen stoßen zu denen aus Deutschland, Österreich, Polen und der Slowakei. In Auschwitz tätowieren sie die Ärmsten, die für die dortige »medizinische Forschung« selektioniert wurden. Die für arbeitsfähig Befundenen werden in Zügen nach Birkenau gebracht, was Lale und Leon einen Hin- und Rückmarsch von acht Kilometern erspart. Doch bei diesen vielen neu ankommenden Transporten schafft Lale es nicht, seine Beute von den Kanada-Mädchen abzuholen, und Victors Handelsgut geht Tag für Tag mit ihm zurück nach Hause. Hin und wieder, wenn um die richtige Uhrzeit etwas weniger Betrieb ist, schleicht Lale sich für eine Klopause davon und läuft schnell nach Kanada. Der Haufen von Edelsteinen, Schmuck und Geld unter seiner Matratze wächst immer weiter an.

Es ist längst Nacht geworden, aber immer noch stehen

die Männer in der Schlange, um für den Rest ihres Lebens nummeriert zu werden, egal wie lange sie noch zu leben haben. Lale arbeitet wie ein Roboter, greift nach dem Zettel, nimmt den hingehaltenen Arm, schreibt die Zahlen. »Weiter.« »Der Nächste, bitte.« Dass er müde ist, wusste er, aber der nächste Arm ist so schwer, dass er ihn fallen lässt. Ein Riese steht vor ihm, mit breiter Brust, festem Nacken und massiven Gliedern.

»Ich habe solchen Hunger«, flüstert der Mann.

Lale tut etwas, was er noch nie getan hat. »Wie heißt du?«, fragt er.

»Jakob.«

Lale macht sich daran, Jakobs Nummer zu tätowieren. Als er fertig ist, sieht er sich um und stellt fest, dass die SS-Wachen müde sind und nicht besonders aufmerksam. Lale schiebt Jakob hinter sich, in den Schatten, wo die Scheinwerfer nicht hinreichen.

»Warte da, bis ich fertig bin.«

Als der letzte Gefangene seine Nummer hat, sammeln Lale und Leon ihre Instrumente ein und klappen die Tische zusammen. Lale winkt Leon zum Abschied, entschuldigt sich, dass er bestimmt wieder sein Abendessen verpasst hat, verspricht ihm für morgen früh etwas aus seinem Vorrat. *Oder ist es schon heute früh?* Jakob steht immer noch im Schatten, Lale trödelt herum, vergewissert sich, dass alle Wachen weg sind. Endlich ist keiner mehr da. Ein schneller Blick zum Wachturm zeigt, dass niemand herschaut. Er weist Jakob an, ihm zu folgen, und sie eilen zu Lales Stube. Lale macht hinter ihnen die Tür zu, und Jakob setzt sich auf Lales Bett. Lale hebt eine Ecke der durchgelegenen Matratze an und holt etwas Brot und Wurst heraus. Er reicht es dem Mann, und Jakob macht kurzen Prozess damit.

Als er fertig ist, fragt Lale: »Woher kommst du?«
»Aus Amerika.«
»Wie bist du dann *hier* gelandet?«
»Ich habe gerade meine Familie in Polen besucht und bin da in die Falle geraten – ich konnte nicht mehr weg –, dann wurden wir zusammengetrieben, und da bin ich. Ich weiß nicht, wo meine Familie ist. Wir wurden getrennt.«
»Aber du wohnst in Amerika?«
»Ja.«
»Scheiße, das ist ziemlich heftig.«
»Wie heißt du?«, fragt Jakob.
»Ich bin Lale. Sie nennen mich den Tätowierer, und du wirst es hier ähnlich gut treffen wie ich.«
»Ich verstehe nicht. Was meinst du?«
»Bei deiner Größe. Die Deutschen sind die grausamsten Schlächter der Welt, aber völlig blöd sind sie nicht. Sie haben ein Händchen dafür, die richtigen Leute für die richtigen Jobs zu finden, und ich bin ganz sicher, dass sie für dich einen Job finden werden.«
»Was für einen Job?«
»Ich weiß nicht. Warte einfach ab. Weißt du, welchem Block du zugewiesen bist?«
»Block 7.«
»Ah, den kenne ich gut. Komm, wir schmuggeln dich

rein. Du solltest dort sein, wenn in ein paar Stunden deine Nummer aufgerufen wird.«

Zwei Tage später ist Sonntag. An den letzten fünf Sonntagen hat Lale gearbeitet, er vermisst Gita unendlich. Heute scheint die Sonne, während er über die Lagerstraßen spaziert und nach ihr Ausschau hält. Als er einen Block umrundet, staunt er über Bravorufe und Applaus. Solche Geräusche sind im Lager eigentlich völlig unbekannt. Lale drängt sich durch eine Menge in die Mitte. Da, wie auf einer Bühne, steht umrundet von Gefangenen und SS-Leuten Jakob und macht seine Vorführung.

Drei Männer schleppen einen großen Holzbalken heran. Er nimmt ihn und schleudert ihn von sich. Die Häftlinge müssen zur Seite springen, um nicht getroffen zu werden. Ein anderer Gefangener reicht ihm eine lange Metallstange, die Jakob in der Mitte durchbiegt. Das Schauspiel dauert an, immer schwerere Gegenstände werden Jakob gebracht, damit er daran seine Kraft vorführt.

Plötzlich verstummt die Menge. Houstek nähert sich, eskortiert von seiner Wache. Jakob macht weiter, er weiß nichts von den neuen Zuschauern. Houstek sieht zu, wie er eine Stahlplatte über den Kopf hebt und verbiegt. Damit hat er genug gesehen. Auf sein Kopfnicken gehen die SS-Leute auf Jakob zu. Sie versuchen ihn nicht zu packen, weisen nur mit ihren Gewehren in die Richtung, in die er gehen soll.

Als die Menge sich auflöst, sieht Lale Gita. Rasch

springt er zu ihr und ihren Freundinnen. Eine oder zwei von ihnen glucksen vor Freude, als sie ihn sehen. Ein solches Geräusch ist in diesem Todeslager so selten, dass Lale es in vollen Zügen genießt. Gita strahlt. Er nimmt sie am Arm und führt sie an ihre Stelle hinter der Hauptwache. Der Boden ist immer noch zu kalt, um sich zu setzen, und Gita lehnt sich an die Mauer, hält ihr Gesicht in die Sonne.

»Mach die Augen zu«, sagt Lale.

»Warum?«

»Tu's einfach. Vertrau mir.«

Gita schließt die Augen.

»Mund auf.«

Sie schlägt die Augen auf.

»Augen zu, Mund auf.«

Gita folgt. Aus seiner Tasche fischt Lale ein kleines Stück Schokolade. Er legt es ihr an die Lippen, lässt sie die Konsistenz erfühlen, bevor er es langsam ein Stück weiter in den Mund schiebt. Sie drückt mit der Zunge dagegen. Lale zieht es zurück auf die Lippen. Er reibt die angeschmolzene Schokolade vorsichtig über ihre Lippen, und sie leckt sie genießerisch ab. Als er sie wieder in ihren Mund schiebt, beißt sie ein Stück davon ab und reißt die Augen auf. Genussvoll fragt sie: »Warum schmeckt Schokolade so viel besser, wenn man sie gefüttert bekommt?«

»Ich weiß nicht. Mir hat sie noch nie jemand gefüttert.«

Gita nimmt das Bröckchen Schokolade, das Lale noch in der Hand hält.

»Augen zu, Mund auf.«

Sie veranstaltet dasselbe neckische Spielchen. Als Gita ihm den letzten Krümel Schokolade auf die Lippen geschmiert hat, küsst sie ihn sanft und leckt die Schokolade ab. Als er die Augen öffnet, sind ihre geschlossen. Er zieht sie in die Arme und küsst sie mit aller Leidenschaft. Als Gita endlich wieder aufblickt, wischt sie Lale die Tränen aus dem Gesicht.

»Was hast du sonst noch so in deiner Tasche?«, fragt sie scherzhaft.

Schniefend lacht Lale. »Einen Diamantring. Oder hättest du lieber einen Smaragd?«

»Ach, den Diamanten, bitte«, scherzt sie weiter.

Lale wühlt in seiner Tasche und holt einen erlesenen Silberring mit eingesetztem Diamanten heraus. Er reicht ihn ihr: »Er gehört dir.«

Gita starrt den Ring an, die Sonne bricht sich in dem Stein. »Woher hast du das?«

»In einem der Kanada-Kommandos organisieren mir ein paar Mädchen Schmuck und Geld. Damit kaufe ich das Essen und die Medikamente, die ich dir und den anderen mitbringe. Hier, nimm ihn.«

Gita streckt ihre Hand aus, als wollte sie den Ring anprobieren, zieht sie dann aber schnell zurück. »Nein, behalte ihn. Leg ihn gut an.«

»Einverstanden.« Lale will ihn wieder einstecken.

»Halt. Lass ihn mich noch einmal anschauen.«

Er hält ihn zwischen zwei Fingern, dreht ihn hin und her.

»Das Schönste, was ich je gesehen habe. Jetzt steck ihn weg.«

»Das Zweitschönste, was ich je gesehen habe«, erwidert Lale und sieht ihr in die Augen. Errötend wendet sie den Blick ab.

»Ich nehme noch ein Stückchen Schokolade, wenn du noch welche hast.«

Lale reicht ihr ein kleines Stückchen. Sie bricht eine Ecke ab und legt sie sich in den Mund, schließt dabei kurz die Augen. Den Rest wickelt sie in ihren Ärmel und krempelt ihn auf.

»Komm«, meint Lale. »Gehen wir zurück zu den Mädchen, dann teilst du mit ihnen.«

Gita fasst in sein Gesicht, streichelt ihm die Wange. »Danke.«

Lale taumelt, ihre Nähe hat ihn aus dem Gleichgewicht gebracht.

Gita nimmt seine Hand und geht los. Lale lässt sich führen. Als sie an die breite Lagerstraße kommen, sieht Lale Baretzki. Er und Gita lassen einander los. Ein kurzer Blick sagt ihr alles, was sie wissen muss. Es tut weh, sich so wortlos von ihr zu trennen, ohne zu wissen, wann sie einander wiedersehen werden. Er geht auf Baretzki zu, der ihm entgegenstarrt.

»Ich suche dich«, stößt Baretzki aus. »Hier in Auschwitz wird schließlich gearbeitet.«

Auf der Straße nach Auschwitz kommen Lale und Baretzki an Arbeitskommandos vorbei, je ein paar Männer, für die dieser Sonntagseinsatz wohl eine Strafe ist. Mehrere SS-Posten rufen Baretzki einen Gruß zu, den er ignoriert. Irgendetwas ist heute mit ihm los. Normalerweise ist er eher gesprächig, heute aber scheint sein gesamter Körper unter Spannung zu stehen. Vorne sieht Lale drei Häftlinge auf dem Boden sitzen, Rücken an Rücken, um einander zu stützen, sichtlich am Ende ihrer Kräfte. Sie blicken zu Lale und Baretzki auf, machen aber keine Anstalten, sich zu rühren. Ohne aus dem Schritt zu fallen, nimmt Baretzki das Gewehr von der Schulter und feuert mehrmals auf sie ab.

Lale erstarrt, kann den Blick nicht abwenden von den Toten. Als er schließlich dem weitergehenden Baretzki nachblickt, erinnert Lale sich an das erste Mal, als er einen solchen willkürlichen Angriff auf wehrlose Männer miterlebt hat – sie saßen im Dunkeln auf einem Latrinenbalken. Diese erste Nacht, als er gerade in Birkenau angekommen war, blitzt vor ihm auf. Baretzki entfernt sich weiter, und Lale fürchtet, er könnte seine Wut als Nächstes an ihm auslassen. Eilig läuft er ihm nach, bleibt aber etwas auf Abstand. Er weiß, Baretzki weiß, dass er da ist. Wieder einmal gelangen sie an das Lagertor mit der Aufschrift ARBEIT MACHT FREI. Im Stillen verflucht er jeden Gott, der ihm womöglich zuhört.

KAPITEL 9
März 1943

Lale meldet sich in der Kommandantur für neue Anweisungen. Das Wetter wird allmählich besser. Seit einer Woche hat es nicht mehr geschneit. Beim Eintreten vergewissert er sich mit einem schweifenden Blick, dass Gita an ihrem Platz ist. Da sitzt sie, still neben Cilka. Die beiden sind sich sehr nahegekommen, und Dana und Ivana haben Cilka offenbar ganz und gar in ihren Kreis mit aufgenommen. Sein übliches Zwinkern nehmen die beiden mit verstohlenem Lächeln auf. Er nähert sich dem polnischen Mädchen hinter dem Tresen.

»Guten Morgen, Bella. Ein schöner Tag heute.«

»Guten Morgen, Lale«, erwidert Bella. »Hier ist deine Arbeit. Ich soll dir sagen, dass alle Nummern heute vorneweg den Buchstaben Z stehen haben sollen.«

Lale blickt auf die Zahlenliste; tatsächlich, jede beginnt mit dem Buchstaben Z.

»Weißt du, was das bedeutet?«

»Nein, Lale, ich erfahre dazu gar nichts. Du weißt mehr als ich. Ich folge nur den Anweisungen.«

»Ich auch, Bella. Danke, bis später.«

Die Anweisungen in der Hand, strebt Lale zur Tür.

»Lale«, ruft Bella ihm nach.

Er kommt zurück. Mit einem Blick auf Gita fragt sie: »Hast du nicht etwas vergessen?«

Lächelnd wendet er sich zu Gita um und hebt die Augenbrauen. Mehrere Mädchen halten sich eine Hand vor den Mund, einen Seitenblick auf die SS-Aufseherinnen.

Draußen wartet Leon. Lale informiert ihn auf dem Weg zu ihrem Arbeitsplatz. In der Nähe laden Lkws ihre menschliche Fracht ab, und die beiden müssen zweimal hinschauen, als sie sehen, dass unter denen, die da aussteigen, Kinder sind, zusammen mit älteren Männern und Frauen. Kinder hat es in Birkenau bisher noch gar nicht gegeben.

»Kinder werden wir jedenfalls nicht tätowieren. Das tue ich nicht«, stößt Leon aus.

»Da kommt Baretzki. Er sagt uns, was ansteht. Du sagst kein Wort.«

Baretzki schreitet zielstrebig heran. »Ich sehe schon, ihr merkt, dass es heute was Neues gibt, Tätowierer. Das sind deine neuen Mitbewohner. Von jetzt an wirst du teilen müssen, also sei lieber nett zu ihnen. Sie sind in der Überzahl – verdammt in der Überzahl sogar.«

Lale sagt nichts.

»Sie sind der Abschaum Europas, noch schlimmer als ihr. Zigeuner, und aus Gründen, die mir schleierhaft sind, hat der Führer beschlossen, dass sie hier mit euch leben sollen. Was sagst du dazu, Tätowierer?«

»Müssen wir die Kinder nummerieren?«

»Ihr nummeriert jeden, der euch eine Nummer gibt. Jetzt macht euch an die Arbeit. Ich habe bei der Selektion zu tun, also legt es nicht darauf an, dass ich noch mal kommen muss.«

Als Baretzki davonstolziert, stammelt Leon: »Das tu ich nicht.«

»Warten wir einfach ab, was auf uns zukommt.«

Es dauert nicht lange, da treten Männer und Frauen vor Lale und Leon, angefangen von Babys in den Armen ihrer Mütter bis hin zu buckeligen Alten; erleichtert stellen sie fest, dass die Kinder keine Nummern bekommen, obwohl manche, die ihm eine reichen, Lale immer noch zu jung vorkommen. Er erledigt seinen Job, lächelt den Kindern zu, die danebenstehen, während er ihre Eltern tätowiert, und macht der einen oder anderen Mutter Komplimente für ihren Säugling. Baretzki ist ganz außer Hörweite. Am schwersten fällt es Lale, die alten Frauen zu nummerieren, die schon mehr tot als lebendig aussehen: leere Augen, vielleicht voller Ahnung davon, was ihnen bevorsteht. Ihnen begegnet er mit einem »Tut mir leid«. Er weiß, dass sie es wahrscheinlich nicht verstehen.

In der Schreibstube arbeiten Gita und Cilka an ihren Tischen. Ohne Vorwarnung treten zwei SS-Männer hinter sie. Cilka schrickt zusammen, als einer von ihnen sie am Arm packt und sie zu Boden wirft. Gita muss zusehen, wie Cilka aus dem Raum geführt wird, wie sie mit einem verstörten, bettelnden Blick zurückschaut. Gita bemerkt die SS-Aufseherin nicht, bis eine Hand ihr auf den Kopf schlägt, ein klarer Auftrag, weiterzuarbeiten.

Cilka versucht sich zu wehren, während sie durch einen langen Flur in einen unbekannten Teil des Gebäudes geschleppt wird. Gegen die beiden Posten kommt sie nicht an; sie halten vor einer geschlossenen Tür, öffnen sie und stoßen sie ins Innere. Cilka rappelt sich auf und sieht sich um. Ein breites Himmelbett beherrscht den Raum. Außerdem eine Kommode und ein Nachttisch mit Lampe, ein Stuhl. In dem Stuhl sitzt jemand. Cilka erkennt ihn: Obersturmführer Schwarzhuber, der Lagerführer des Männerlagers in Birkenau. Ein imposanter Mann, den man selten im Lager sieht. Mit seinem Schlagstock pocht er auf seinen großen Lederstiefel. Ausdruckslos starrt er auf eine Stelle über Cilkas Kopf. Cilka richtet sich an der Tür auf. Ihre Hand greift nach der Klinke. Wie ein Blitz fliegt der Stock durch die Luft und trifft Cilkas Hand. Vor Schmerz schreit sie auf und gleitet zu Boden.

Schwarzhuber kommt zu ihr herüber und hebt seinen Stock auf. Er steht über ihr. Seine Nasenflügel blähen sich. Schwer atmend glotzt er sie an. Er nimmt seine Mütze ab, schleudert sie durch das Zimmer. Mit der anderen Hand schlägt er weiter kräftig den Stock auf sein Bein. Bei jedem Schlag zuckt Cilka zusammen, erwartet, selbst geprügelt zu werden. Mit dem Stock schiebt er ihr die Bluse weg. Jetzt versteht Cilka, was er von ihr erwartet, und öffnet mit zitternden Fingern die obersten beiden Knöpfe. Dann legt Schwarzhuber ihr seinen Stock unters Kinn und zwingt sie auf die Füße. Der Mann überragt sie. Seine Augen scheinen nichts zu sehen; das hier ist ein Mann, dessen Seele längst tot ist, nur sein Körper noch nicht.

Er streckt die Arme zur Seite, und sie interpretiert diese Geste als Aufforderung: »Zieh mich aus.« Sie tritt einen Schritt näher, bleibt auf Armlänge, und fängt an, die vielen Knöpfe an seiner Jacke aufzuknöpfen. Ein Stockschlag auf den Rücken lässt sie schneller arbeiten. Schwarzhuber muss den Stock ablegen, damit sie ihm die Jacke abstreifen kann. Er nimmt sie ihr aus der Hand, wirft sie seiner Mütze nach. Das Unterhemd zieht er selbst aus. Cilka macht sich daran, ihm Gürtel und Reißverschluss zu öffnen. Sie geht in die Hocke, zieht ihm die Hose auf die Knöchel, bekommt sie nicht über die Stiefel.

Schwer fällt Cilka zu Boden, als er sie niederstößt. Er fällt auf die Knie, hockt mit gespreizten Beinen über ihr. Verängstigt versucht Cilka sich zu bedecken, als er ihr Hemd aufreißt. Sie spürt seinen Handrücken auf ihrem Gesicht, als sie die Augen schließt und sich dem Unvermeidlichen fügt.

Tränenüberströmt rennt Gita an diesem Abend aus der Kommandantur zu ihrem Block. Dana und Ivana finden sie schluchzend auf ihrer Pritsche vor, als sie kurze Zeit später eintreffen. Sie ist untröstlich, kann ihnen nur erzählen, dass Cilka geholt wurde.

Es war nur eine Frage der Zeit. Seit seiner Ernennung zum Tätowierer hatte Lale eine ganze Baracke für sich allein. Tag für Tag konnte er beim Heimkommen sehen, wie der Bau der Baracken ringsum fortschritt. Er befindet sich in einem klar abgegrenzten Lager, schläft in der Stube des Blockältesten, obwohl er selbst niemands

Ältester ist. Ihm war immer klar, dass die leeren Pritschen hinter ihm sich früher oder später füllen würden.

Als Lale heute in seinen Block zurückkommt, sieht er Kinder davor herumlaufen und Fangen spielen. Ein anderes Leben beginnt. Mehrere der älteren Kinder kommen auf ihn zugelaufen und überschütten ihn mit Fragen, die er nicht versteht. Sie stellen fest, dass sie sich in einer bizarren Abwandlung des Ungarischen verständigen können, wenn auch nicht immer ganz genau. Er zeigt seinen neuen Blockgefährten seine Stube, erklärt ihnen im strengst möglichen Tonfall, dass sie sie niemals betreten dürfen. Er weiß, dass sie ihn verstehen, aber werden sie sich auch daran halten? Das wird sich erst mit der Zeit zeigen. Er geht sein begrenztes Wissen über die Kultur der Roma durch und fragt sich, ob er für die Vorräte unter seiner Matratze neue Lagerbedingungen vorsehen muss.

Er geht in die Baracke, schüttelt vielen der Männer die Hände, begrüßt die Frauen, besonders die älteren. Sie wissen, was er hier tut, und er versucht es genauer zu erklären. Sie wollen wissen, was ihnen bevorsteht. Eine vernünftige Frage, auf die er keine Antwort weiß. Er verspricht, ihnen alles zu sagen, was ihm zu Ohren kommt und sie betreffen könnte. Sie wirken dankbar. Viele sagen ihm, sie hätten noch nie mit einem Juden gesprochen. Soweit er sich erinnert, hat auch er noch nie mit einem Zigeuner gesprochen.

In dieser Nacht schläft er schlecht, weil er sich erst gewöhnen muss an die weinenden Babys und das Jammern der Kinder, die ihre Eltern um Essen anbetteln.

KAPITEL 10

Schon nach wenigen Tagen hat Lale es zum Ehrenroma gebracht. Wann immer er zurück in das nun offiziell als solches fungierende »Zigeunerlager« kommt, begrüßen ihn Jungen und Mädchen, umringen ihn und wollen mit ihm spielen oder Essen aus seiner Tasche graben. Sie wissen, dass er an Zulagen kommt, er hat auch schon mit ihnen geteilt, aber er erklärt, er werde, so viel er kann, den Erwachsenen geben, damit sie es an die Bedürftigsten verteilen. Viele der erwachsenen Männer fragen ihn jeden Tag, ob er etwas über ihr Schicksal erfahren hat. Er versichert ihnen, er werde alles weitersagen, was er hört. Er rät ihnen, die Situation so gut wie möglich hinzunehmen. Und empfiehlt ihnen, für die Kinder eine Art Schule zu organisieren, selbst wenn sie dort nur Geschichten über ihre Heimat hören, ihre Familien, ihre Kultur.

Glücklich stellt er fest, dass sie diesem Vorschlag folgen und dass die älteren Frauen zu Lehrerinnen bestimmt werden. Er bemerkt in ihren Augen ein winziges Leuchten, das vorher nicht da war. Natürlich unterbricht seine Ankunft regelmäßig jeglichen Unterricht.

Manchmal setzt er sich zu ihnen, hört zu, erfährt von einem Volk und einer Kultur, die so anders sind als seine. Oft stellt er Fragen, die die Frauen nur zu gerne beantworten – das nutzt auch den Kindern, die sich mehr zu interessieren scheinen, wenn die Frage von Lale kommt. Er selbst hat sein ganzes Leben mit seiner Familie an einem Ort verbracht, da macht ihn die nomadische Lebensweise der Roma neugierig. Sein bequemes Leben, sein Wissen um seinen Platz in der Welt, seine Bildung und seine Lebenserfahrung scheinen ihm banal und vorhersagbar im Vergleich zu den Reisen und den Problemen, die seine jetzigen Nachbarn durchgemacht haben. Eine Frau fällt ihm auf, weil sie häufig allein ist. Offenbar hat sie keine Kinder und keine Familie, niemand kümmert sich um sie oder begegnet ihr mit Zuneigung. Oft packt sie lediglich mit an, wenn eine Mutter mit zu vielen Kindern kämpft. Sie wirkt, als sei sie um die fünfzig, aber Lale weiß inzwischen, dass die Roma, ob Männer oder Frauen, häufig älter aussehen, als sie sind.

Eines Abends haben sie beide geholfen, die Kinder zum Schlafen zu bringen, und Lale folgt ihr nach draußen.

»Danke für deine Hilfe«, beginnt er.

Schmallippig lächelt sie ihn an und setzt sich zum Ausruhen auf einen Stapel Backsteine. »Ich bringe Kinder ins Bett, seit ich selbst auf der Welt bin. Sogar blind könnte ich das.«

Lale setzt sich neben sie. »Das glaube ich sofort. Aber du selbst hast wohl keine Familie hier?«

Traurig schüttelt sie den Kopf. »Mein Mann und mein Sohn sind am Fleckfieber gestorben. Jetzt bin nur ich übrig. Nadya.«

»Es tut mir so leid, Nadya. Erzähl mir doch von ihnen. Ich heiße Lale.«

An diesem Abend reden Lale und Nadya bis spät in die Nacht. Zumeist spricht Lale, Nadya hört lieber zu. Er erzählt ihr von seiner Familie in der Slowakei, von seiner Liebe zu Gita. Er erfährt, dass Nadya einundvierzig Jahre alt ist. Ihr Sohn war sechs, als er vor drei Jahren starb, zwei Tage vor seinem Vater. Fragt Lale sie nach ihrer Meinung, ähneln ihre Antworten, so scheint es ihm, dem, was seine Mutter sagen würde. Fühlt er sich deshalb zu ihr hingezogen, möchte er sie deshalb beschützen, wie er Gita beschützen will? Plötzlich überkommt ihn heftiges Heimweh. Er kann seine Zukunftsängste nicht mehr verdrängen. Die dunklen Gedanken über seine Familie und ihr Wohlergehen, die er bisher immer von sich geschoben hat, brennen jetzt in ihm. Doch wenn er schon ihnen nicht helfen kann, dann will er wenigstens für diese Frau hier tun, was er kann.

Als er wenige Tage darauf in die Baracke zurückkommt, krabbelt ein kleiner Junge auf ihn zu. Lale schwingt ihn hoch in seine Arme. Das Gewicht des Jungen und sein Geruch erinnern ihn an seinen kleinen Neffen, von dem er sich vor über einem Jahr verabschiedet hat. Überwältigt setzt Lale das Kind ab und verzieht sich eilig in seine Stube. Diesmal folgt ihm keines der Kinder; irgendetwas sagt ihnen, dass sie ihn in Ruhe lassen sollen.

Er liegt auf dem Bett und denkt zurück an seine Familie. Den Abschied am Bahnhof, als er den Zug nach Prag genommen hat. Seine Mutter hatte ihm geholfen, den Koffer zu packen. Während sie sich die Tränen abwischte, hatte sie immer wieder die Kleider herausgeholt, die er einpackte, und stattdessen Bücher hineingelegt als »Trost und Erinnerung an zu Hause, egal wo du enden magst«.

Als sie auf dem Bahnsteig standen und Lale gerade in den Zug steigen wollte, sah er zum ersten Mal Tränen in den Augen seines Vaters. Bei jedem hatte er sie erwartet, aber nicht bei seinem strengen, verlässlichen Vater. Aus dem Zugfenster sah er, wie sein Bruder und seine Schwester den Vater wegführten. Seine Mutter rannte noch auf dem Bahnsteig mit, sie reckte die Arme, versuchte vergeblich, ihren Jungen noch einmal zu berühren. Die beiden kleinen Neffen bemerkten nichts von der Veränderung ihrer Welt und liefen unschuldig neben dem Zug her, als wäre es ein Wettrennen.

Lale umklammerte den Koffer, der nur Kleider enthielt und die paar Bücher, die er seine Mutter hatte einpacken lassen, er lehnte den Kopf an das Fenster und schluchzte. Er war so von den Gefühlen seiner Familie ergriffen gewesen, dass er seinen eigenen verheerenden Verlust gar nicht wahrgenommen hatte.

Lale tadelt sich für diese Entgleisung seiner Erinnerung, geht wieder nach draußen und setzt den Kindern nach, lässt sich von ihnen fangen und sie auf sich herumklettern. *Wer braucht schon Bäume, wenn man an einem Tätowierer hängen kann?* An diesem Abend setzt er sich zu einer Gruppe Männer vor der Baracke. Sie tauschen Erinnerungen aus, Familiengeschichten, sind fasziniert von den Ähnlichkeiten und Unterschieden ihrer Kulturen. Unter dem Eindruck der Gefühle des Tages sagt er: »Wisst ihr, in einem anderen Leben würde ich überhaupt nichts mit euch zu tun haben wollen. Dann würde ich mich wahrscheinlich abwenden oder die Straßenseite wechseln, wenn ich einen von euch auf mich zukommen sähe.«

Es entsteht ein längeres Schweigen, bevor sich einer der Männer zu Wort meldet: »Weißt du, Tätowierer, in einem anderen Leben würden wir auch nichts mit dir zu tun haben wollen. Die Straßenseite würden wir zuerst wechseln.«

Beim folgenden Gelächter kommt eine der Frauen heraus und zischt, sie sollten leise sein – sie würden die Kinder wecken, und das gäbe Ärger. Nach dieser Maßregelung verziehen sich die Männer nach drinnen. Lale bleibt alleine sitzen. Er ist noch nicht müde genug zum Schlafen. Da spürt er Nadya hinter sich und dreht sich um – ja, da steht sie in der Tür.

»Setz dich zu mir«, sagt er.

Nadya kommt, starrt hinaus in die Dunkelheit. Er mustert ihr Profil. Hübsch ist sie. Ihr ungeschorenes braunes Haar fällt ihr über die Schultern und wird vom leichten Wind in ihr Gesicht geweht, sodass sie es immer wieder hinter die Ohren streichen muss. Eine Geste, die ihm so vertraut ist, eine Geste, die seine Mutter ständig machte, jeden Tag, wenn vorwitzige Strähnen ihr aus dem straffen Knoten fielen oder aus dem

Kopftuch, das ihn verbarg. Nadya hat die leiseste Stimme, die er je gehört hat. Sie flüstert nicht – ihre Stimme ist so. Irgendwann weiß Lale, was an ihrer Stimme ihn so traurig macht. Sie ist teilnahmslos. Ob sie von glücklichen Zeiten mit ihrer Familie erzählt oder von der Tragödie, dass sie hier sein muss, ihr Tonfall ist immer derselbe.

»Was bedeutet dein Name?«, fragt er.

»Hoffnung. Er bedeutet Hoffnung.« Nadya steht auf. »Gute Nacht«, sagt sie.

Sie ist weg, bevor Lale etwas erwidern kann.

KAPITEL 11
Mai 1943

Lales und Leons Alltag wird weiterhin bestimmt von der Ankunft der Transporte aus ganz Europa. Als der Frühling zum Sommer wird, kommen sie ohne Unterbrechung.

Heute arbeiten die beiden an langen Reihen von weiblichen Häftlingen. Die Selektion findet ein paar Meter weiter statt. Sie sind zu beschäftigt, um darauf zu achten. Ein Arm und ein Zettel tauchen vor ihnen auf, und sie tun ihre Arbeit. Wieder und wieder. Diese Gefangenen sind ungewöhnlich still, vielleicht spüren sie das Böse in der Luft. Plötzlich hört Lale jemanden pfeifen. Eine vertraute Melodie, vielleicht aus einer Oper. Das Pfeifen wird lauter, Lale blinzelt in die Richtung, aus der es kommt. Ein Mann im weißen Kittel kommt auf sie zu. Lale beugt den Kopf, versucht im Rhythmus zu bleiben. *Nicht in Gesichter schauen.* Er nimmt den Zettel, sticht die Nummer, so wie Tausende Male zuvor.

Das Pfeifen verstummt. Jetzt steht der Arzt neben Lale, er verströmt einen strengen Geruch nach Desinfektionsmittel. Er beugt sich vor, inspiziert Lales Arbeit und nimmt den Arm, den er gerade halb tätowiert hat. Offenbar ist er befriedigt, denn er geht so schnell weiter, wie er gekommen ist, malträtiert eine andere Melodie. Lale blickt zu Leon hinüber, der bleich geworden ist. Da steht Baretzki neben ihnen.

»Was haltet ihr von dem neuen Arzt?«

»Hat sich nicht ausführlich vorgestellt«, murmelt Lale.

Baretzki lacht. »Diesem Arzt willst du gar nicht vorgestellt werden, glaub mir. Sogar ich habe Angst vor ihm. Der ist wirklich abscheulich.«

»Wissen Sie, wie er heißt?«

»Mengele, Doktor Josef Mengele. Den Namen solltest du dir merken, Tätowierer.«

»Was wollte er bei der Selektion?«

»Der Herr Doktor hat durchblicken lassen, dass er häufig bei der Selektion mitwirken wird, weil er nach speziellen Patienten sucht.«

»Ich nehme an, Krankheit ist für ihn kein Kriterium.«

Baretzki lacht doppelt laut. »Manchmal kannst du so lustig sein, Tätowierer.«

Lale macht sich wieder an die Arbeit. Etwas später hört er hinter sich wieder das Pfeifen; es erschreckt ihn so, dass er zusammenfährt und die junge Frau sticht, die er gerade tätowiert. Sie schreit auf. Lale wischt das Blut ab, das ihr über den Arm rinnt. Mengele kommt näher.

»Stimmt irgendwas nicht, Tätowierer? Du bist doch der Tätowierer, oder?«

Seine Stimme jagt Lale einen kalten Schauer über den Rücken.

»Herr Doktor, ich meine, jawohl, Herr Doktor ... Ich bin der Tätowierer, Herr Doktor«, stammelt er.

Mengele steht jetzt neben ihm und starrt ihn aus seinen kohlschwarzen Augen an, die ohne jedes Mitgefühl sind. Ein befremdliches Lächeln huscht über sein Gesicht. Dann geht er weiter.

Da kommt Baretzki und boxt Lale hart in den Arm. »War wohl ein anstrengender Tag, Tätowierer? Vielleicht magst du lieber Pause machen und stattdessen die Latrinen leeren?«

In dieser Nacht versucht sich Lale mit dem Wasser aus einer Pfütze das getrocknete Blut aus dem Hemd zu waschen. Es gelingt ihm nur halb, aber dann beschließt er, dass ein Fleck eine angemessene Erinnerung an den Tag ist, an dem er Mengele kennengelernt hat. Ein Arzt, so vermutet Lale, der mehr Schmerz verursacht, als er lindert, ja, der allein schon durch seine Gegenwart auf eine Art bedrohlich ist, die Lale gar nicht weiter ausforschen will. Ja, da muss ein Fleck bleiben und Lale an die neue Gefahr erinnern, die in sein Leben getreten ist. Er muss immer auf der Hut sein vor diesem Mann, dessen Seele kälter ist als sein Skalpell.

Am nächsten Tag sitzen Lale und Leon wieder in Auschwitz und nummerieren junge Frauen. Der pfeifende Arzt ist auch da. Er steht vor der Mädchenkolonne und entscheidet mit einer Handbewegung über ihr Schicksal: rechts, links, rechts, rechts, links, links. Lale kann an den Entscheidungen keine Logik erkennen. Sie stehen alle in der Blüte des Lebens, sind frisch und gesund. Er sieht, dass Mengele ihn beobachtet, sich beobachtet fühlt. Lale kann die Augen nicht abwenden, als Mengele das Gesicht des nächsten Mädchens in seine große Hand nimmt, es nach rechts und links dreht, hoch und runter, und ihren Mund öffnet. Mit einem Klaps ins Gesicht schickt er sie nach links. Abgelehnt. Lale starrt ihm ins Gesicht. Mengele winkt einen SS-Posten heran und spricht mit ihm. Der Posten sieht zu Lale herüber und kommt auf ihn zu. *Scheiße.*

»Ja, bitte?«, fragt er zuversichtlicher, als ihm zumute ist.

»Mund halten, Tätowierer.« Der SS-Mann wendet sich an Leon. »Lass deine Sachen liegen und komm mit.«

»Einen Moment – Sie können ihn nicht mitnehmen. Sehen Sie nicht, wie viele Leute noch anstehen?« Entsetzt fragt sich Lale, was seinem jungen Gehilfen bevorstehen mag.

»Dann solltest du zusehen, dass du vorwärtskommst, oder du bleibst die ganze Nacht hier, Tätowierer. Und das wird dem Herrn Doktor gar nicht gefallen.«

»Lassen Sie ihn hier, bitte. Lassen Sie uns mit unserer Arbeit vorankommen. Es tut mir leid, wenn ich den Herrn Doktor mit irgendetwas aufgebracht habe«, versucht Lale es erneut.

Der Posten richtet sein Gewehr auf Lale. »Willst du auch mitkommen, Tätowierer?«

Leon wirft ein: »Ich gehe. Schon in Ordnung, Lale. Ich komme wieder, sobald ich kann.«

»Es tut mir leid, Leon.« Lale kann seinem Freund nicht mehr ins Gesicht sehen.

»Schon gut. Es wird schon gut gehen. Jetzt arbeite weiter.«

Leon wird abgeführt.

An diesem Abend trottet Lale in größter Sorge allein und mit hängendem Kopf zurück nach Birkenau. Da fällt ihm am Wegrand etwas auf, ein Farbfleck. Eine Blume, eine einzelne Blume wiegt sich im Wind. Blutrote Blütenblätter rund um eine tintenschwarze Mitte. Er sucht nach weiteren Blüten, aber da sind keine. Aber immerhin, das hier ist eine Blume, und wieder fragt er sich, wann er wohl das nächste Mal einem geliebten Menschen Blumen schenken wird. Er sieht Gita vor sich und seine Mutter, die beiden Frauen, die er am meisten liebt, sie scheinen ihm schier unerreichbar. In Wogen überkommt ihn die Trauer, fast ertrinkt er darin. *Werden die beiden sich je begegnen? Wird die Jüngere von der Älteren lernen? Wird Mama Gita aufnehmen und lieben wie ich?*

Die Kunst des Flirtens hat er von seiner Mutter gelernt und an ihr geübt. Zwar war ihr damals, so meint er wenigstens, nicht bewusst, was er da tat, aber er wusste es; er wusste, was er tat, er lernte, was bei einer Frau funktionierte und was nicht, und schnell kam er dahinter, welches Verhalten zwischen Mann und Frau angebracht war und welches nicht. Er vermutete, dass diesen Lernprozess alle jungen Männer mit ihren Müttern erlebten, aber er fragte sich oft, ob sie sich das bewusst machten. Mehrere seiner Freunde hatte er darauf angesprochen, und sie hatten sich regelmäßig empört und erklärt, so etwas täten sie nicht. Wenn er dann genauer nachfragte, ob sie bei ihrer Mutter mehr herausschlagen konnten als bei ihrem Vater, gaben sie alle zu, sich in einer Weise verhalten zu haben, die man als Flirt bezeichnen konnte – sie dachten immer, sie bekämen Mutti deshalb besser herum, weil sie nachgiebiger war als Vati. Lale hingegen wusste ganz genau, was er tat.

Lales emotionale Bindung an seine Mutter hatte sein Verhalten gegenüber Mädchen und Frauen stark geprägt. Er fühlte sich zu allen Frauen hingezogen, nicht nur körperlich, sondern emotional. Er liebte es, sich mit ihnen zu unterhalten; er liebte es, ihnen ein gutes Selbstgefühl zu geben. Für ihn waren alle Frauen schön, und er fand nichts Schlimmes daran, ihnen das zu sagen. Seine Mutter und auch seine Schwester brachten Lale unterschwellig bei, was eine Frau von einem Mann wollte, und bisher hatte er immer versucht, sich an diese Lektionen zu halten. »Sei aufmerksam, Lale; denk an die kleinen Dinge, dann kommen die großen Dinge von allein«, hörte er die sanfte Stimme seiner Mutter.

Er bückt sich und pflückt vorsichtig den dünnen Stiel ab. Irgendwie wird er die Blume morgen Gita geben. Zurück in seiner Stube, legt Lale die wertvolle Blume vorsichtig neben sein Bett, bevor er in einen traumlosen Schlaf fällt; doch als er am nächsten Morgen aufwacht, sind die Blütenblätter abgefallen und liegen welk neben der schwarzen Mitte. *Hier überlebt allein der Tod.*

KAPITEL 12

Lale will die Blume nicht mehr ansehen müssen, er verlässt den Block und wirft sie weg. Baretzki ist da, aber Lale ignoriert ihn, geht lieber wieder hinein in seine Stube. Baretzki folgt ihm, lehnt sich an den Türrahmen. Er mustert Lale, der ganz außer sich wirkt. Lale spürt förmlich, dass er auf einem dicken Vermögen von Edelsteinen, Geld, Wurst und Schokolade sitzt. Er packt seine Tasche und stapft an Baretzki vorbei, der sich umdrehen und ihm nach draußen folgen muss.

»Warte, Tätowierer. Ich muss mit dir reden.«

Lale bleibt stehen.

»Ich habe eine Bitte an dich.«

Lale verharrt stumm, den Blick auf einen Punkt hinter Baretzkis Schulter gerichtet.

»Wir – also meine Kameraden und ich – brauchen ein bisschen Unterhaltung, und weil das Wetter jetzt besser wird, dachten wir an ein Fußballspiel. Was hältst du davon?«

»Das würde Ihnen sicher Spaß machen.«

»Ja, stimmt.«

Baretzki wartet darauf, dass Lale in sein Spiel einsteigt.

Endlich blinzelt Lale. »Und wie kann ich Ihnen da helfen?«

»Tja, wo du fragst, Tätowierer, wir brauchen dich, damit du elf Häftlinge zusammensuchst, die in einem Freundschaftsspiel gegen die SS-Mannschaft antreten.«

Lale überlegt, ob er lachen soll, blickt aber lieber weiter auf den Punkt über Baretzkis Schulter. Ausführlich denkt er nach, was er auf diese bizarre Bitte antworten soll.

»Das heißt, keine Ersatzspieler?«

»Keine Ersatzspieler.«

»Klar, warum nicht.« *Wo kam das her? Ich könnte eine Million andere Antworten geben. Zum Beispiel* »*Rutsch mir den Buckel runter.*«.

»Gut, sehr gut. Stell deine Mannschaft auf, wir treffen uns in zwei Tagen auf dem Gelände hinter der breiten Lagerstraße – am Sonntag. Ach ja, den Ball bringen wir mit.« Laut lachend trollt sich Baretzki. »Übrigens, Tätowierer, du hast heute frei. Keine Transporte heute.«

Einen Teil des Tages verbringt Lale damit, seine Schätze in kleine Bündel zu packen. Essen für die Roma und die Jungs in Block 7 und natürlich für Gita und ihre Freundinnen. Edelsteine und Geld, alles sortiert. Was für eine surreale Arbeit. Diamanten zu Diamanten, Rubine zu Rubinen, Dollar zu Dollar, sogar ein Bündel Banknoten, das er noch nie gesehen hat, mit dem Aufdruck »South African Reserve Bank« und »Suid-Afrikaans«.

Er hat keine Ahnung, wie viel das wert ist oder wie es bis nach Birkenau gekommen ist. Er nimmt ein paar Edelsteine und geht Victor und Yuri suchen, um seinen täglichen Einkauf zu erledigen. Dann spielt er eine Zeit lang mit den Jungen aus seinem Block, während er sich zurechtlegt, was er den Männern von Block 7 nach dem Einrücken sagen soll.

Am Abend ist Lale von Dutzenden Männern umringt, die ihn ungläubig anstarren.

»Verdammt, das muss ein Witz sein«, meint einer von ihnen.

»Nein«, erwidert Lale.

»Du willst, dass wir gegen die SS-Schweine Fußball spielen?«

»Ja. Nächsten Sonntag.«

»Tja, ich mach das nicht. Auf mich könnt ihr nicht zählen«, gibt derselbe zurück.

Von hinten ruft eine Stimme: »Ich bin dabei. Ich kann ein bisschen spielen.« Ein kleiner Mann drängt sich durch die Versammlung und stellt sich vor Lale auf. »Ich bin Joel.«

»Danke, Joel. Willkommen in der Mannschaft. Ich brauche noch neun von euch. Was habt ihr schon zu verlieren? Es ist doch eine Chance, den Mistkerlen gegenüber ein wenig handgreiflich zu werden und trotzdem heil davonzukommen.«

»Ich kenne einen Typ in Block 15, der in der ungarischen Nationalmannschaft war. Soll ich ihn fragen?«, meldet sich ein anderer Häftling.

»Und du?«, fragt Lale.

»Ja, klar. Ich heiße auch Joel. Ich hör mich mal um, schau, wen ich kriegen kann. Können wir vor Sonntag irgendwann mal trainieren?«

»Kann Fußball und hat Sinn für Humor – der Typ gefällt mir. Ich bin morgen Abend wieder hier und schaue, wie weit ihr seid. Danke, Großer Joel.« Über die Schulter wirft Lale einen Blick zu dem anderen Joel. »Ist nicht bös gemeint.«

»Schon in Ordnung«, entgegnet der Kleine Joel.

Lale holt Brot und Wurst aus der Tasche und legt es auf eine der Pritschen. Beim Gehen sieht er, dass zwei der Männer das Essen verteilen. Jeder, der etwas bekommt, zerteilt seine Portion in kleine Happen und reicht sie herum. Kein Gedränge, keine Rangeleien, eine ordentliche Verteilung lebensrettender Essensrationen. Einen Mann hört er sagen: »Hier, Großer Joel, nimm meines – du wirst Kraft brauchen.« Lale lächelt. Ein Tag, der schlecht begonnen hat, endet mit der großzügigen Geste eines Hungernden.

Der große Tag ist da. Lale spaziert über die breite Lagerstraße und sieht, wie SS-Männer eine weiße Linie um eine nur sehr entfernt an ein Rechteck erinnernde Fläche ziehen. Er hört seinen Namen rufen und findet seine versammelte »Mannschaft« vor. Er tritt zu ihnen.

»Hallo Lale, ich habe vierzehn Spieler, wenn ich uns beide mitzähle – ein paar Ersatzspieler, falls welche von uns umfallen«, berichtet der Große Joel stolz.

»Tut mir leid, es hieß, keine Ersatzspieler. Nur eine Mannschaft. Such die Stärksten raus.«

Die Männer tauschen fragende Blicke. Drei Hände gehen hoch, und die freiwillig Verzichtenden treten zur Seite. Lale sieht mehrere Männer Dehnübungen machen und wie bei einem professionellen Aufwärmtraining auf und ab springen.

»Ein paar von diesen Jungs sehen aus, als wüssten sie, was sie tun«, flüstert Lale dem Kleinen Joel ins Ohr.

»Sollten sie auch. Sechs von ihnen haben semiprofessionell gespielt.«

»Du machst Witze!«

»Nein. Denen verpassen wir eine Abreibung.«

»Kleiner Joel, das geht nicht. Wir können nicht gewinnen. Ich glaube, ich habe mich da nicht verständlich ausgedrückt.«

»Du hast gesagt, stellt eine Mannschaft auf, und das habe ich getan.«

»Ja, aber wir können nicht gewinnen. Wir können sie nicht demütigen. Wir dürfen sie nicht in Versuchung bringen, herumzuballern. Sieh dich doch um.«

Der Kleine Joel sieht Scharen von Gefangenen. Das Lager summt vor Erregung, während jeder an eine Stelle drängt, von der aus er das Spielfeld überblicken kann. Er seufzt. »Ich richte es aus.«

Lale sucht in der Menge nach einem einzigen Gesicht. Gita steht bei ihren Freundinnen und winkt ihm verstohlen zu. Er winkt zurück, möchte am liebsten zu ihr laufen, sie in die Arme schließen und mit ihr hinter der Hauptwache verschwinden. Plötzlich hört er lautes Hämmern: Mehrere SS-Leute schlagen dicke Pfosten ein, um die Tore zu markieren.

Da nähert sich Baretzki. »Komm mit.«

Am einen Ende des Spielfelds teilt sich die Menge der Gefangenen, als die SS-Mannschaft einläuft. Keiner der Spieler ist in Uniform. Mehrere tragen sehr zweckmäßige, bequeme Kleider: kurze Hosen, Trikothemden. Hinter der Mannschaft kommen der schwer bewachte Lagerführer Schwarzhuber und Lales Vorgesetzter Houstek auf Lale und Baretzki zu.

»Hier ist der Kapitän der Häftlingsmannschaft, der Tätowierer«, stellt Baretzki Lale vor.

»Tätowierer.« Er wendet sich an einen seiner Wachleute. »Haben wir etwas, worum wir spielen können?«

Ein SS-Offizier nimmt einem Wachmann einen Pokal aus der Hand und zeigt ihn dem Obersturmführer.

»Wir haben das hier«, sagt er und überreicht den Pokal, dessen Inschrift Lale nicht erkennen kann.

Schwarzhuber nimmt den Pokal und reckt ihn in die Höhe. Die SS-Leute applaudieren. »Fangt an – möge die bessere Mannschaft gewinnen.«

Als Lale zu seiner Mannschaft zurückläuft, brummt er in sich hinein: »Möge die bessere Mannschaft leben und morgen die Sonne aufgehen sehen.«

Lale tritt zu seiner Mannschaft, und sie versammeln sich in der Mitte des Spielfelds. Die Zuschauer klatschen. Der Schiedsrichter tritt den Ball zur SS, das Spiel beginnt.

Nach zehn Minuten haben die Gefangenen zwei Tore geschossen. Lale freut sich zwar, aber wenn er in die wütenden Gesichter der SS sieht, meldet sich sein Menschenverstand. Unauffällig signalisiert er seinen

Mitspielern, den Rest der Halbzeit langsamer anzugehen. Ihre glorreichen Momente hatten sie, jetzt sind die SS-Spieler an der Reihe. Die Halbzeit endet mit zwei zu zwei. Während die SS-Leute in der kurzen Pause etwas zu trinken bekommen, versammeln sich Lale und seine Mannschaft zum Taktikgespräch. Am Ende überzeugt Lale sie, dass sie dieses Spiel nicht gewinnen dürfen. Sie vereinbaren, dass sie zur Freude der Zuschauer noch zwei weitere Tore schießen können, solange sie am Ende mit einem Tor Rückstand verlieren.

Zu Beginn der zweiten Halbzeit regnet es Asche auf die Spieler und die Zuschauer. Die Krematorien laufen, dieser Hauptzweck von Birkenau wurde für den Sport nicht hintangestellt. Es fällt noch ein Tor für die Gefangenen, und eines für die SS. Allmählich macht sich die entsetzlich ungeeignete Diät der Spieler bemerkbar, und die Häftlinge ermüden sichtlich. Die SS-Mannschaft schießt zwei weitere Tore. Die Gefangenen brauchen sich gar nicht zu bremsen, sie haben ganz einfach keine Kraft mehr. Beim Schlusspfiff liegt die SS mit zwei Toren in Führung. Schwarzhuber schreitet auf das Spielfeld und überreicht den Pokal dem SS-Kapitän, der ihn im gedämpften Beifall der SS-Leute in die Luft reckt. Als die SS-Leute sich zum Feiern in ihre Kasernen zurückziehen, tritt Houstek auf Lale zu.

»Gut gespielt, Tätowierer.«

Lale ruft seine Mannschaft zusammen und lobt sie für ihre großartige Leistung. Die Menge beginnt sich zu zerstreuen. Er sieht sich nach Gita um, die sich nicht von der Stelle gerührt hat. Er läuft zu ihr hinüber und nimmt ihre Hand. Zwischen den anderen Häftlingen hindurch gehen sie in Richtung der Hauptwache. Während Gita sich hinter dem Gebäude auf den Boden fallen lässt, blickt sich Lale nach neugierigen Augen um. Befriedigt setzt er sich neben sie. Er beobachtet Gita, die mit den Fingern durch das Gras streift und es genau mustert.

»Was machst du da?«

»Ich suche nach vierblättrigen Kleeblättern. Du wirst staunen, wie viele es hier davon gibt.«

Verzaubert lächelt Lale. »Du machst Witze.«

»Nein, ich habe schon mehrere gefunden. Ivana findet ständig welche. Du siehst ganz entsetzt aus.«

»Bin ich auch. Du bist das Mädchen, das nicht glaubt, hier rauszukommen, aber du suchst nach Glücksbringern!«

»Die sind ja nicht für mich. Ich glaube wirklich nicht an solche Sachen.«

»Für wen dann?«

»Weißt du, wie abergläubisch die bei der SS sind? Wenn wir ein vierblättriges Kleeblatt finden, hüten wir es wie einen Schatz. Das ist für uns wie bares Geld.«

»Das verstehe ich nicht.«

»Wenn uns ein SS-Mann droht, geben wir es ihm, und manchmal lässt er sich davon abhalten, uns zu schlagen. Und wenn wir eines zur Essensausgabe mitbringen, bekommen wir manchmal sogar eine Zulage.«

Sanft streichelt Lale ihr das Gesicht. Dass er das Mädchen, das er liebt, nicht beschützen kann, quält ihn. Vornübergebeugt sucht Gita weiter. Sie reißt eine Handvoll

Gras aus und wirft es lächelnd auf Lale. Er grinst zurück. Im Spiel stupst er sie an, sie liegt auf dem Rücken. Er beugt sich über sie, pflückt auch eine Handvoll Gras und lässt es langsam auf ihr Gesicht herunterregnen. Sie bläst es fort. Noch eine Handvoll Gras auf ihren Hals, auf ihren Brustkorb. Sie lässt es liegen. Er öffnet den obersten Knopf ihres Hemdes, lässt noch mehr Gras regnen und sieht es in ihrem Dekolleté verschwinden.

»Darf ich dich küssen?«, fragt er.

»Willst du das wirklich? Ich habe mir seit wer weiß wie Langem nicht mehr die Zähne geputzt.«

»Ich auch nicht, ich tippe auf Gleichstand.«

Gita antwortet ihm, indem sie den Kopf in seine Richtung hebt. Ihr letzter flüchtiger Kuss hatte eine unendliche Sehnsucht entflammt. Als sie einander jetzt erkunden, trifft sich ihre aufgestaute Leidenschaft. Sie wollen, sie brauchen mehr voneinander.

Ein nahes Hundegebell durchbricht die Spannung. Sie wissen, dass das Tier zwangsläufig einen Führer hat, der es an der Leine hält. Lale steht auf und zieht Gita in seine Arme. Ein letzter Kuss, bevor sie eilig auf die sicherere Lagerstraße zurückstreben, zu einer Menge, mit der sie verschmelzen können.

Im Frauenlager entdecken sie Dana, Ivana und Cilka und gehen auf sie zu.

Lale bemerkt, wie bleich Cilka ist. »Ist mit Cilka alles in Ordnung?«, fragt er. »Sie sieht nicht gut aus.«

»Es geht ihr so gut, wie es eben möglich ist. Unter diesen Umständen.«

»Ist sie krank? Braucht ihr Medikamente?«

»Nein, sie ist nicht krank. Es ist besser, wenn du es nicht weißt.«

Als sie näher kommen, beugt sich Lale zu Gita hinüber und flüstert: »Sag's mir. Vielleicht kann ich helfen.«

»Diesmal nicht, mein Liebster.« Die Mädchen nehmen Gita in die Mitte, und sie gehen. Mit hängendem Kopf trottet Cilka hinterher.

Mein Liebster!

KAPITEL 13

In dieser Nacht liegt Lale auf seinem Bett; soweit er sich erinnern kann, war er nie glücklicher.

Auf ihrer Pritsche liegt Gita zusammengerollt neben einer schlafenden Dana; die Augen weit aufgerissen starrt sie ins Dunkle und erlebt noch einmal die Momente, die sie mit Lale verbracht hat: seine Küsse, das Sehnen ihres Körpers, er solle weitermachen, weitergehen. Ihr Gesicht wird ganz heiß, als sie sich in der Fantasie ihr nächstes Treffen ausmalt.

In einem großen Himmelbett liegen Schwarzhuber und Cilka einander in den Armen. Seine Hände betasten ihren Körper, während sie ins Nichts starrt, nichts empfindet, wie betäubt.

In seinem privaten Esszimmer in Auschwitz sitzt Höß an einem eleganten Tisch, der für ihn allein gedeckt ist. Feine Essensreste auf edlem Porzellan. Er schenkt sich einen 1932er Château Latour in ein Kristallglas. Er schwenkt es, schnuppert, kostet den Wein. Er wird sich durch die Strapazen seiner Arbeit die kleinen Annehmlichkeiten des Lebens nicht verderben lassen.

Ein betrunkener Baretzki stolpert in seine Stube in der Auschwitzer Kaserne. Er tritt die Tür zu, taumelt und fällt plump auf sein Bett. Mühsam schnallt er sich den Pistolengürtel auf und hängt ihn über den Bettpfosten. Auf dem Rücken liegend, merkt er, dass das Deckenlicht noch brennt und ihn blendet. Nach einem erfolglosen Versuch aufzustehen tastet er ungeschickt nach seiner Waffe und zieht sie aus dem Holster. Mit dem zweiten Schuss trifft er die aufsässige Glühbirne. Die Pistole fällt zu Boden, als er umkippt.

Am nächsten Morgen blinzelt Lale Gita zu, während er bei Bella in der Kommandantur sein Material und seine Anweisungen abholt. Sein Lächeln versiegt, als er Cilka mit gesenktem Kopf neben Gita sitzen sieht; wieder grüßt sie ihn nicht. *Das geht jetzt schon zu lange so.* Er beschließt, aus Gita herauszupressen, was mit Cilka los ist. Draußen erwartet ihn ein verkaterter, mürrischer Baretzki.

»Beeil dich. Da wartet ein Lkw, der uns mit nach Auschwitz nimmt.«

Lale folgt ihm zu dem Auto. Baretzki steigt in das Führerhaus und schlägt die Tür zu. Lale versteht und klettert auf die Ladefläche. Dort wird er auf der Fahrt bis Auschwitz einmal komplett durchgerüttelt.

Als sie in Auschwitz sind, erklärt Baretzki, er werde sich hinlegen; Lale solle sich in Block 10 melden. Als er den Block gefunden hat, wird er von dem SS-Posten auf die Rückseite des Gebäudes geschickt. Ihm fällt auf, dass es anders aussieht als die Blocks drüben in Birkenau.

Das Erste, was er hinter dem Gebäude erkennt, ist der Zaun, der einen Teil des Hinterhofs umgibt. Allmählich registriert er auf der umzäunten Fläche einzelne Bewegungen. Er stolpert weiter, starr vor Entsetzen, was er da hinter dem Zaun sieht: Mädchen, Dutzende, nackte Mädchen – viele liegen am Boden, einige sitzen, einige stehen, kaum eines von ihnen rührt sich. Wie gelähmt sieht Lale einen Wachmann in das Gehege kommen, zwischen den Mädchen hindurchgehen und ihnen den linken Arm anheben, auf der Suche nach einer Nummer, wahrscheinlich einer Nummer, die Lale gestochen hat. Als er das Mädchen gefunden hat, das er sucht, schleppt der Wachmann sie zwischen den anderen Körpern hindurch. Lale mustert die Gesichter. Leer sind sie. Stumm. Ihm fällt auf, dass mehrere an den Drahtzäunen lehnen. Anders als andere Zäune in Auschwitz und Birkenau ist dieser nicht elektrifiziert. Selbst die Möglichkeit der Selbstzerstörung ist ihnen hier genommen.

»Wer bist du?«, fragt eine Stimme hinter ihm.

Lale wendet sich um. Aus einer Hintertür ist ein SS-Offizier getreten. Langsam hebt Lale seine Tasche.

»Der Tätowierer.«

»Was stehst du dann hier draußen rum? Rein mit dir.«

Ein oder zwei der Ärzte und Pfleger in weißen Kitteln grüßen ihn zerstreut, als er durch einen großen Raum auf einen Tisch zugeht. Die Häftlinge hier sehen nicht wie Menschen aus. Eher wie Puppen, deren Fäden die Puppenspieler losgelassen haben. Er tritt zu der Pflegerin, die hinter dem Tisch sitzt, und zeigt seine Tasche vor.

»Der Tätowierer.«

Angeekelt blickt sie ihn an, schnaubt, steht auf und stapft los. Er folgt ihr. Sie führt ihn durch einen langen Flur in einen großen Raum. Ungefähr fünfzig junge Mädchen stehen dort in einer Schlange. Stumm. Im Raum hängt ein säuerlicher Geruch. Vorn an der Schlange untersucht Mengele eines der Mädchen, reißt ihr den Mund auf, greift ihr an die Hüften, dann an die Brüste, während ihr lautlos Tränen über die Wangen rinnen. Nach der Untersuchung winkt er sie nach links. Abgelehnt. Das nächste Mädchen wird an ihren Platz gestoßen.

Die Pflegerin tritt zu Mengele, der seine Untersuchung unterbricht.

»Du bist spät dran«, grinst er Lale an und weidet sich sichtlich an seinem Unwohlsein. Er zeigt auf ein Grüppchen junger Mädchen zu seiner Linken.

»Die behalte ich. Nummerier sie.«

Lale setzt sich in Bewegung.

»Bald mal, Tätowierer, nehme ich dich.«

Lale schaut zurück, und da ist es. Dieses schmale Verziehen der Lippen, das ein krankes Grinsen darstellt. Wieder läuft es ihm kalt den Rücken hinunter. Seine Hände zittern. Eilig geht Lale zu einem kleinen Tisch, wo eine weitere Pflegerin sitzt, Karteikarten vor sich. Sie macht ihm Platz für seine Instrumente. Er versucht seine zitternden Hände zu beruhigen, während er die Nadeln und Tintenfläschchen aufreiht. Er wirft einen Blick zu Mengele, der schon das nächste verängstigte Mädchen vor sich hat und seine Hand über ihre Haare und ihre Brüste gleiten lässt.

»Keine Angst, ich tu dir nicht weh«, hört Lale ihn zu ihr sagen.

Lale sieht das Mädchen vor Angst beben.

»Komm, komm. Alles ist gut, das hier ist ein Krankenhaus. Hier werden die Leute versorgt.«

Mengele wendet sich an eine Pflegerin. »Holen Sie eine Decke für dieses hübsche junge Ding.«

Wieder an das Mädchen gewandt, fügt er hinzu: »Ich werde mich gut um dich kümmern.«

Das Mädchen wird in Lales Richtung geschickt. Lale senkt den Kopf und versucht, in den Rhythmus zu kommen, in dem er die Zahlen sticht, die die Pflegerin ihm zeigt.

Als er mit seiner Arbeit fertig ist, verlässt Lale das Gebäude und blickt noch einmal auf den umzäunten Hinterhof. Er ist leer. Er fällt auf die Knie und würgt. Aber er hat nichts im Magen; das einzig Flüssige in seinem Körper sind Tränen.

Als Gita am Abend in ihren Block kommt, erfährt sie, dass mehrere Neue gekommen sind. Misstrauisch beäugen die Alteingesessenen die Neuankömmlinge. Sie wollen nicht über das gut verdrängte Grauen reden und genauso wenig ihre Rationen teilen.

»Gita. Bist du das, Gita?«, ruft eine schwache Stimme.

Gita tritt zu der Gruppe Frauen, unter denen mehrere Ältere sind. Alte Frauen sieht man in Birkenau selten, hier sind eher die Jüngeren, Arbeitsfähigen untergebracht. Mit ausgestreckten Armen tritt eine Frau hervor. »Gita, ich bin's, deine Nachbarin Hilda Goldstein.«

Gita reißt die Augen auf und erkennt plötzlich eine Nachbarin aus ihrer Heimatstadt Vronau an der Töpl, aber blasser und dünner, als Gita sie in Erinnerung hat.

Die Erinnerungen überfluten Gita, Gerüche, Texturen, Blitze aus der Vergangenheit: ein vertrauter Hausflur, der Duft nach Hühnersuppe, ein zerbrochenes Seifenstück neben der Spüle, fröhliche Stimmen an warmen Sommerabenden, die Arme ihrer Mutter.

»Frau Goldstein ...« Gita kommt näher, umklammert die Hand der Frau. »Jetzt haben sie Sie also auch geholt.«

Die Frau nickt. »Sie haben uns alle geholt, vor ungefähr einer Woche. Ich wurde von den anderen getrennt und in einen Zug gesteckt.«

Ein Funken Hoffnung. »Sind meine Eltern und Schwestern bei Ihnen?«

»Nein, die haben sie schon vor ein paar Monaten abgeholt. Deine Eltern und deine Schwestern. Deine Brüder sind schon lange weg – deine Mutter sagte, sie sind in den Widerstand gegangen.«

»Wissen Sie, wohin sie sie gebracht haben?«

Frau Goldstein lässt den Kopf hängen. »Es tut mir leid. Sie haben uns gesagt, sie sind ... sie sind ...«

Gita sinkt zu Boden, und Dana und Ivana springen herbei, hocken sich neben sie und umarmen sie. Über ihnen stammelt Frau Goldstein weiter: »Es tut mir leid, es tut mir so leid.« Weinend halten Dana und Ivana Gita fest, deren Augen ganz trocken sind. Sie flüstern Gita ihr Mitgefühl zu. *Weg.* Jetzt kommen ihr keine Erinnerungen. In ihr ist nur entsetzliche Leere. Sie sieht ihre Freundinnen an und fragt mit stockender, gebrochener Stimme: »Meint ihr, ich darf vielleicht ein bisschen weinen? Nur ein kleines bisschen?«

»Willst du, dass wir mit dir beten?«, fragt Dana.

»Nein, bloß ein paar Tränen. Mehr bekommen diese Mörder nicht von mir.«

Ivana und Dana wischen sich mit den Ärmeln ihre eigenen Tränen ab, als leise Tränen über Gitas Wangen zu rinnen beginnen. Abwechselnd wischen sie sie ab. Mit einer Kraft, die sie an sich nicht vermutet hat, steht Gita auf und umarmt Frau Goldstein. Rundum spürt sie die Verbundenheit derer, die Zeugen ihrer Trauer werden. Sie sehen schweigend zu, jede versunken in ihrem eigenen Ort der Verzweiflung, denn kaum eine weiß, was aus ihrer eigenen Familie geworden ist. Langsam vereinen sich die beiden Gruppen von Frauen – die Alteingesessenen und die Neuen.

Nach der Abendsuppe sitzt Gita bei Frau Goldstein, die ihr das Neueste von zu Hause erzählt; wie es langsam, Familie für Familie, zerstört wurde. Es kursierten Geschichten über die Konzentrationslager. Niemand wusste wirklich, dass sie inzwischen Todesfabriken waren. Aber sie wussten, dass die Leute nicht zurückkamen. Und trotzdem waren nur wenige weggegangen, um in einem Nachbarland Zuflucht zu suchen. Gita ist schnell klar, dass Frau Goldstein hier nicht lange überleben wird, wenn sie zum Arbeitsdienst antreten muss. Sie ist älter als sie – und körperlich und emotional gebrochen.

Am nächsten Morgen geht Gita zu ihrer Blockältesten, um sie um einen Gefallen zu bitten. Sie wird Lale bitten, der Blockältesten zu organisieren, was immer sie haben möchte, damit Frau Goldstein die harte Arbeit erspart bleibt und sie tagsüber im Block bleiben kann. Zum Beispiel könnte Frau Goldstein abends die Toilettenkübel leeren – das macht normalerweise jeden Tag eine, die die Blockälteste eigens dafür aussucht, häufig eine, von der sie sich beleidigt fühlt. Der Preis, den die Blockälteste verlangt, ist ein Diamantring. Sie hat Gerüchte über Lales Schatzkiste gehört. Der Handel wird geschlossen.

In den nächsten Wochen ist Lale jeden Tag in Auschwitz. Die fünf Krematorien arbeiten auf Hochtouren, und immer noch müssen große Mengen an Häftlingen tätowiert werden. Er erhält seine Anweisungen und sein Material in der Kommandantur in Auschwitz. Er hat weder Zeit noch besteht die Notwendigkeit, in die Birkenauer Kommandantur zu gehen – also keine Gelegenheit, Gita zu sehen. Er möchte ihr ausrichten lassen, dass es ihm gut geht.

Baretzki ist gut gelaunt, ja sogar in Spielerlaune. Er hat ein Geheimnis, Lale soll es erraten. Lale spielt Baretzkis kindliches Spielchen mit.

»Ihr lasst uns alle nach Hause?«

Lachend boxt Baretzki Lale in den Arm.

»Sie wurden befördert?«

»Das solltest du nicht hoffen, Tätowierer. Sonst passt nachher noch jemand weniger Nettes auf dich auf.«

»Gut, ich gebe auf.«

»Dann sage ich es dir. Ihr bekommt nächste Woche alle ein paar Tage lang Sonderzulagen und Decken. Das Rote Kreuz kommt euer Ferienlager besichtigen.«

Lale grübelt nach. *Was kann das bedeuten? Wird die Außenwelt endlich mitbekommen, was hier los ist?* Er bemüht sich, seine Gefühle vor Baretzki unter Kontrolle zu halten.

»Oh, wie schön. Glauben Sie, dieses Lager besteht den humanitären Gefängnistest?«

Lale kann sehen, wie Baretzkis Hirn arbeitet, fast hört er die Zahnräder rattern. Seine Begriffsstutzigkeit amüsiert ihn, aber natürlich gestattet er sich kein Lächeln.

»An den Tagen, an denen sie hier sind, werdet ihr gut ernährt – das heißt, die, die wir ihnen zu sehen geben.«

»Dann ist es also ein gelenkter Besuch?«

»Hältst du uns für bescheuert?«, lacht Baretzki.

Lale lässt die Frage unbeantwortet.

»Kann ich Sie um einen Gefallen bitten?«

»Bitten kannst du ja mal«, erwidert Baretzki.

»Wenn ich einen Zettel für Gita schreibe, um ihr zu sagen, dass es mir gut geht und dass ich nur in Auschwitz zu tun habe, bringen Sie ihr den?«

»Ich mache es sogar noch besser. Ich sage es ihr selbst.«

»Danke.«

Zwar erhalten Lale und eine ausgewählte Gruppe von Häftlingen tatsächlich ein paar Tage lang Sonderzulagen, aber ganz schnell ist es wieder vorbei damit, und Lale weiß nicht, ob das Rote Kreuz überhaupt je einen Fuß in das Lager gesetzt hat. Baretzki wäre es leicht zuzutrauen, dass er sich das Ganze nur ausgedacht hat. Lale muss darauf vertrauen, dass er Gita seine Botschaft ausrichtet – aber er vertraut Baretzki auch in dieser Sache nicht. Er kann nur abwarten und hoffen, dass bald ein arbeitsfreier Sonntag kommt.

Endlich kommt der Tag, an dem Lale früher mit der Arbeit fertig ist. Er rennt ins andere Lager und erreicht die Kommandantur in Birkenau gerade, als die Arbeiterinnen herausströmen. Ungeduldig wartet er. Warum muss sie heute eine der Letzten sein? Endlich taucht sie auf. Lales Herz macht einen Satz. Ohne Zeit zu verschwenden, fasst er sie am Arm und zieht sie hinter die Gebäudeecke. Sie zittert, als er sie an die Wand drückt.

»Ich dachte, du bist tot. Ich dachte, ich würde dich nie wiedersehen. Ich …«, stottert sie.

Er fährt ihr mit der Hand über das Gesicht. »Hat Baretzki dir nichts von mir ausgerichtet?«

»Nein. Mir hat niemand etwas ausgerichtet.«

»Psst, es ist alles gut«, beruhigt er sie. »Ich bin seit Wochen jeden Tag in Auschwitz.«

»Ich hatte solche Angst.«

»Ich weiß. Aber jetzt bin ich hier. Und ich muss dir etwas sagen.«

»Was denn?«

»Zuerst will ich dich küssen.«

Sie küssen sich, klammern sich aneinander, drücken einander leidenschaftlich, bevor sie ihn wegstößt.

»Was willst du sagen?«

»Meine schöne Gita. Du hast mich verhext. Ich liebe dich.«

Es fühlt sich an, als hätte er sein Leben lang darauf gewartet, diese Worte auszusprechen.

»Warum? Warum sagst du das? Schau mich an. Ich bin hässlich, ich bin dreckig. Meine Haare ... Früher hatte ich schöne Haare.«

»Ich liebe deine Haare so, wie sie jetzt sind, und ich werde sie so lieben, wie sie in Zukunft sind.«

»Aber wir haben keine Zukunft.«

Lale hält sie an der Taille fest, zwingt sie, ihn anzusehen.

»Doch, wir haben eine Zukunft. Es gibt ein Morgen für uns. In der Nacht, als ich hier ankam, habe ich mir geschworen, dass ich diese Hölle überleben werde. Wir werden überleben und an einen Ort gehen, wo wir uns küssen können, wann wir wollen, und uns lieben können, wann wir wollen.«

Errötend wendet Gita sich ab. Sanft dreht er ihr Gesicht zurück.

»Uns lieben, wo und wann immer wir wollen. Hörst du?«

Gita nickt.

»Glaubst du mir?«

»Ich möchte gern, aber ...«

»Kein aber. Glaub mir einfach. Und jetzt geh in deinen Block, bevor deine Blockälteste anfängt, sich zu wundern.«

Als Lale sich zum Gehen umwendet, zieht Gita ihn noch einmal an sich und küsst ihn fest.

Er unterbricht den Kuss und sagt: »Vielleicht sollte ich öfter mal wegbleiben.«

»Untersteh dich«, erwidert sie und boxt ihn auf die Brust.

Am Abend überhäufen Ivana und Dana Gita mit Fragen; sie sind erleichtert, dass ihre Freundin wieder lächeln kann.

»Hast du ihm von deiner Familie erzählt?«, fragt Dana.

»Nein.«

»Warum nicht?«

»Ich kann es nicht. Es tut so weh, davon zu reden... und er war so glücklich, mich zu sehen.«

»Gita, wenn er dich liebt, wie er es behauptet, dann würde er wissen wollen, dass du deine Familie verloren hast. Er würde dich trösten wollen.«

»Vielleicht hast du ja recht, Dana, aber wenn ich es ihm sage, sind wir beide traurig, und ich will, dass unsere gemeinsame Zeit anders ist. Ich will vergessen, wo ich bin und was meiner Familie zugestoßen ist. Und wenn er mich umarmt, vergesse ich das, nur für diese paar kurzen Momente. Ist es denn unrecht von mir, dass ich ein bisschen aus der Wirklichkeit fliehen will?«

»Nein, überhaupt nicht.«

»Es tut mir leid, dass ich meine Zuflucht habe, meinen Lale. Ihr wisst ja, ich wünsche euch beiden von ganzem Herzen dasselbe.«

»Wir sind sehr glücklich, dass du ihn hast«, sagt Ivana.

»Es reicht schon, dass eine von uns ein bisschen glücklich ist. Das teilen wir, und du lässt uns ja teilhaben – das reicht uns«, ergänzt Dana.

»Aber du darfst uns nichts verheimlichen, ja?«, bittet Ivana.

»Keine Geheimnisse«, sagt Gita.

»Keine Geheimnisse«, nickt Dana.

KAPITEL 14

Am nächsten Morgen steht Lale in der Kommandantur vor Bella am vordersten Pult.

»Lale, wo warst du so lange?«, fragt ihn Bella mit einem warmen Lächeln. »Wir dachten schon, dir wäre etwas zugestoßen.«

»Auschwitz.«

»Ah, erzähl nichts weiter. Du hast bestimmt kein Material mehr – warte, ich bringe dir Nachschub.«

»Aber nicht zu viel, Bella.«

Bella schaut zu Gita hinüber. »Natürlich. Wir müssen es so einrichten, dass du morgen wiederkommen musst.«

»Du kennst mich einfach zu gut, Bella. Danke.«

Bella geht nach hinten, um das Material zu holen, und Lale lehnt sich auf den Tisch und starrt zu Gita hinüber. Er weiß, dass sie ihn hat hereinkommen sehen, aber sie hält kokett den Kopf gesenkt. Mit dem Finger fährt sie sich über die Lippen. Lale vergeht fast vor Sehnsucht nach ihr.

Zugleich fällt ihm auf, dass der Stuhl neben ihr –

Cilkas Stuhl – leer ist. Wieder nimmt er sich vor, herauszufinden, was mit ihr los ist.

Er verlässt die Schreibstube und macht sich auf den Weg zur Selektion; er hat schon einen Lkw mit neuen Gefangenen ankommen sehen. Als er seinen Tisch aufbaut, steht plötzlich Baretzki vor ihm.

»Ich habe hier wen, der dich sehen will, Tätowierer.«

Bevor Lale aufsehen kann, hört er eine vertraute Stimme, kaum mehr als ein Flüstern.

»Hallo, Lale.«

Neben Baretzki steht Leon – bleich, mager, gebeugt, wackelig auf den Beinen.

»Ich lasse euch mal in trauter Zweisamkeit.« Lächelnd trollt sich Baretzki.

»Leon, mein Gott, du lebst.« Lale stürzt auf ihn zu und nimmt ihn in den Arm. Durch das Hemd seines Freundes kann er jeden Knochen spüren. Er hält ihn etwas von sich weg und mustert ihn.

»Mengele. War das Mengele?« Leon kann nur nicken. Lale fährt vorsichtig mit der Hand Leons abgemagerte Arme entlang, berührt sein Gesicht.

»Dieses Schwein. Eines Tages bekommt er es heimgezahlt. Sobald ich hier fertig bin, hole ich dir Essen. Schokolade, Wurst, was willst du? Ich päppele dich wieder auf.«

Schwach lächelt Leon ihm zu. »Danke, Lale.«

»Ich wusste, dass dieses Schwein Gefangene aushungert. Aber ich dachte, das macht er nur mit Mädchen.«

»Wenn es bloß das wäre.«

»Was meinst du?«

Jetzt starrt Leon geradewegs in Lales Augen. »Er hat mir die Eier abgeschnitten, Lale«, erklärt er mit fester Stimme. »Irgendwie verliert man den Appetit, wenn sie einem die Eier abschneiden.«

Lale taumelt einen Schritt zurück und wendet sich ab; er will nicht, dass Leon sieht, wie schockiert er ist. Leon unterdrückt einen Schluchzer und räuspert sich, während er auf dem Boden etwas sucht, was er anschauen kann.

»Es tut mir leid, ich hätte das nicht so sagen sollen. Danke für dein Angebot. Ich bin dir dankbar.«

Lale holt tief Luft, versucht seine Wut zu bändigen. Er möchte um sich schlagen, sich rächen für dieses Verbrechen an seinem Freund.

Leon räuspert sich. »Gibt es Chancen, dass ich meinen Job wiederkriege?«

Lale wird rot. »Natürlich. Ich bin froh, dass du wieder da bist – aber erst, wenn du wieder bei Kräften bist«, sagt er. »Geh doch schon mal in meine Stube. Wenn die Zigeuner dich aufhalten, sagst du, du bist mein Freund und ich habe dich geschickt. Das Essen ist unter meinem Bett. Ich komme, wenn ich hier fertig bin.«

Ein SS-Offizier nähert sich.

»Los jetzt, beeil dich.«

»Beeilen kann ich mich gerade nicht so gut.«

»Tut mir leid.«

»Schon gut. Ich gehe. Bis später.«

Der Offizier sieht Leon nach und kehrt zu seiner Beschäftigung zurück: mit einem Wink zu entscheiden, wer leben und wer sterben soll.

Als Lale sich am nächsten Tag in der Kommandantur meldet, erfährt er, dass er heute frei hat. Weder in Auschwitz noch in Birkenau kommen Transporte an, und Doktor Mengele braucht ihn auch nicht. Er verbringt den Morgen mit Leon. Er hat seinen alten Kapo in Block 7 bestochen, Leon wieder aufzunehmen, unter der Vereinbarung, dass dieser für ihn arbeiten wird, wenn er wieder bei Kräften ist. Er bringt ihm Essen, das er eigentlich seinen Roma-Freunden und Gita zum Verteilen hatte geben wollen.

Als Lale Leon allein lässt, ruft Baretzki nach ihm.

»Tätowierer, wo warst du? Ich suche dich.«

»Ich dachte, ich habe heute frei.«

»Tja, jetzt nicht mehr. Komm, wir haben was zu tun für dich.«

»Ich muss meine Tasche holen.«

»Für diesen Job brauchst du keine Tasche. Komm.«

Lale eilt hinter Baretzki her. Sie gehen auf eines der Krematorien zu.

Er holt ihn ein. »Wohin gehen wir?«

»Machst du dir Sorgen?«, lacht Baretzki.

»Würden Sie sich keine machen?«

»Nein.«

Lales Brust verengt sich; sein Atem geht in kurzen Stößen. Soll er weglaufen? Dann würde Baretzki sicher auf ihn schießen. Aber was würde das schon machen? Eine Kugel ist jedenfalls besser als die Öfen.

Sie sind schon ganz nahe am Krematorium III, als Baretzki beschließt, Lale von seinen Ängsten zu befreien. Er verlangsamt seinen Gang.

»Keine Sorge. Jetzt komm, bevor wir beide Ärger kriegen und im Ofen enden.«

»Sie wollen mich also nicht loswerden?«

»Noch nicht. Da sind zwei Häftlinge, die anscheinend dieselbe Nummer haben. Die musst du dir anschauen. Die Markierung hast entweder du oder dieser Eunuch gemacht. Du musst uns sagen, wer wer ist.«

Vor ihnen ragt drohend das rote Backsteingebäude auf; breite Fenster verschleiern seinen Zweck, aber die riesigen Kamine lassen keinen Zweifel an der entsetzlichen Wahrheit. Am Eingang treffen sie auf zwei SS-Posten, die mit Baretzki witzeln und Lale ignorieren. Sie zeigen auf geschlossene Türen innerhalb des Gebäudes, und Baretzki und Lale gehen darauf zu. Lale blickt sich auf diesem letzten Stück der Todesstraße in Birkenau um. Er sieht die Sonderkommandos bereitstehen, ergeben warten sie auf ihren Job, den niemand auf der Welt freiwillig erledigen würde: die Leichen aus den Gaskammern holen und in die Öfen schieben. Er versucht, Augenkontakt mit ihnen aufzunehmen, ihnen zu verstehen zu geben, dass auch er für den Feind arbeitet. Auch er hat sich entschieden, am Leben zu bleiben, solange er kann, indem er Menschen verunstaltet, die seinen eigenen Glauben teilen. Niemand von ihnen blickt auf. Er hat gehört, was andere Gefangene über diese Männer und über ihre Privilegien erzählen – separat untergebracht, Sonderzulagen, warme Kleidung und Decken zum Schlafen. Ihr Leben ähnelt seinem, und ihm wird elend zumute, als er bedenkt, dass auch er verachtet wird für das, was er im Lager tut. Da er diesen

Männern in keiner Weise seine Solidarität vermitteln kann, geht er weiter.

Sie werden zu einem großen Stahltor geführt. Davor steht ein Wachmann.

»Alles in Ordnung, das Gas ist weg. Wir müssen sie zu den Öfen bringen, aber das können wir erst, wenn ihr die richtigen Nummern identifiziert habt.«

Der Wachmann öffnet Lale und Baretzki die Tür. Lale richtet sich zu seiner vollen Größe auf, sieht Baretzki in die Augen und macht eine auffordernde Handbewegung.

»Nach Ihnen.«

Laut lachend klopft Baretzki Lale auf den Rücken: »Nein, nach dir.«

»Nein, nach Ihnen«, wiederholt Lale.

»Ich bestehe drauf, Tätowierer.«

Der Wachmann öffnet die Tür noch weiter, und sie betreten einen höhlenartigen Raum. Leichen, Hunderte nackter Leichen, füllen den Raum. Sie sind aufeinander aufgetürmt, ihre Glieder verrenkt. Tote Augen starren ins Leere. Männer, junge und alte; Kinder ganz unten. Blut, Erbrochenes, Urin und Kot. Der ganze Raum hängt voller Todesgeruch. Lale versucht die Luft anzuhalten. Seine Lungen brennen. Seine Beine drohen unter ihm nachzugeben. Hinter ihm hört er Baretzki sagen: »Scheiße.«

Dieses eine Wort eines Sadisten vertieft nur noch den Abgrund, in dem Lale versinkt.

»Hier drüben«, erklärt ein Posten, und sie folgen ihm an eine Seite des Raums, wo zwei männliche Tote nebeneinanderliegen. Der Posten fängt an, auf Baretzki einzureden. Dieses eine Mal fehlen ihm die Worte, und er bedeutet dem Mann, dass Lale Deutsch versteht.

»Sie haben beide dieselbe Nummer. Wie kann das sein?«, fragt er.

Lale kann nur schulterzuckend den Kopf schütteln. *Woher zum Teufel soll ich das wissen?*

»Schau sie an. Welche stimmt?«, bellt der Posten.

Lale beugt sich vor und nimmt einen der Arme hoch. Er ist dankbar, einen Grund zu haben, sich hinzuknien, und hofft, dass ihn das wieder stabil werden lässt. Genau studiert er die Zahlen auf dem Arm, den er festhält.

»Und der andere?«, fragt er.

Grob wird ihm der Arm des anderen Mannes entgegengestoßen. Sorgfältig vergleicht er die beiden Nummern.

»Sehen Sie hier. Das ist keine Drei, das ist eine Acht. Sie ist zum Teil verblasst, aber das ist eine Acht.«

Der Mann kritzelt die korrekten Nummern auf beide Arme. Ohne um Erlaubnis zu fragen, steht Lale auf und verlässt das Gebäude. Baretzki holt ihn draußen ein, wo er vornübergebeugt steht und tief Luft holt.

Baretzki wartet kurz ab.

»Alles in Ordnung?«

»Nein, es ist verdammt noch mal nicht alles in Ordnung. Ihr *Schweine*. Wie viele von uns wollt ihr noch umbringen?«

»Du bist ganz außer dir. Das sehe ich.«

Baretzki ist noch ein Kind, ein ungebildetes Kind. Trotzdem fragt Lale sich, wie er nichts empfinden kann für diese Menschen, die sie gerade gesehen haben, den Todeskampf in ihre Gesichter geschrieben und in ihre verrenkten Körper.

»Komm, gehen wir«, sagt Baretzki.

Lale rappelt sich auf und geht neben ihm her, freilich ohne ihn anzusehen.

»Weißt du was, Tätowierer? Ich wette, du bist der einzige Jude, der je in einen Ofen rein- und dann wieder rausspaziert ist.«

Laut lachend klopft er Lale auf den Rücken und macht sich davon.

KAPITEL 15

Entschlossen verlässt Lale seinen Block und überquert die breite Lagerstraße. Zwei SS-Leute zücken ihre Gewehre. Ohne abzubremsen, hält er seine Tasche hoch.

»Politische Abteilung!«

Die Gewehre sinken, und ohne ein weiteres Wort stapft er vorbei. Im Frauenlager strebt Lale direkt auf Block 29 zu, wo ihn die Blockälteste empfängt, die gelangweilt an der Mauer lehnt. Ihre Schützlinge sind bei der Arbeit. Sie lässt sich zu keiner Bewegung herab, als er zu ihr tritt und ein großes Stück Schokolade aus seiner Tasche holt. Da Baretzki ihr eingebläut hat, sich nicht in die Beziehung zwischen dem Tätowierer und Häftling 4562 einzumischen, nimmt sie die Bestechung an.

»Bitte hol Gita. Ich warte drinnen.«

Sie stopft sich die Schokolade an ihren breiten Busen und macht sich schulterzuckend auf zur Kommandantur. Lale betritt die Baracke, schließt die Tür hinter sich. Lange braucht er nicht zu warten. Sonnenlicht blitzt herein – die Tür geht auf – sie ist da. Gita sieht ihn mit gesenktem Kopf im Halbdunkel stehen.

»Du!«

Lale macht einen Schritt auf sie zu. Sie weicht zurück, rumpelt gegen die geschlossene Tür, wie vom Schlag getroffen.

»Ist alles in Ordnung mit dir? Gita, ich bin's.«

Er kommt noch einen Schritt näher; sie zittert entsetzlich.

»Sag was, Gita.«

»Du ... du ...«, wiederholt sie stammelnd.

»Ja, ich bin's, Lale.« Er fasst sie bei den Handgelenken und versucht sie an sich zu ziehen.

»Hast du eine Ahnung, was einem durch den Kopf geht, wenn die SS einen holen kommt? Hast du auch nur die leiseste Ahnung?«

»Gita ...«

»Wie konntest du das tun? Wie konntest du mich von der SS holen lassen?«

Lale ist sprachlos. Er lockert seinen Griff an ihren Handgelenken, sie wendet sich ab.

»Es tut mir leid, ich wollte dir keine Angst einjagen. Ich habe nur deine Blockälteste gebeten, dich zu holen. Ich musste dich einfach sehen.«

»Wen die SS holt, den sieht man nie wieder. Verstehst du das? Ich dachte, ich müsste sterben, und ich konnte nur noch an dich denken. Nicht, dass ich meine Freundinnen nie wiedersehen würde, nicht Cilka, die mir nachgeschaut hat, sie muss in blinder Panik sein – ich dachte nur an dich. Und da bist du.«

Lale schämt sich. Nur weil er egoistisch war, musste seine Liebste solche Ängste ausstehen. Plötzlich läuft sie mit erhobenen Fäusten auf ihn zu. Er fasst nach ihr, als sie auf ihn spuckt. Sie schlägt ihm auf die Brust, Tränen rinnen ihr über das Gesicht. Lale steckt die Hiebe ein, bis sie abflauen. Dann hebt er langsam ihr Gesicht an, wischt mit der Hand die Tränen ab und versucht sie zu küssen. Als ihre Lippen sich berühren, zieht Gita sich zurück, starrt ihm ins Gesicht. Einladend öffnet er die Arme. Er sieht, wie sie mit sich ringt, lässt sie wieder sinken. Wieder stürmt sie auf ihn ein, drängt ihn diesmal gegen eine Wand und versucht ihm das Hemd herunterzureißen. Verblüfft hält Lale sie auf Armlänge vor sich, doch sie wehrt sich, wirft sich an ihn, küsst ihn heftig. Er hebt sie hoch, sie schlingt die Beine um seine Taille, küsst ihn mit solcher Gier, dass sie ihm die Lippen aufbeißt. Den salzigen Blutgeschmack im Mund, küsst Lale sie zurück, taumelt auf die nächste Pritsche zu, auf die sie sich gemeinsam fallen lassen, während sie an ihren Kleidern zerren. Leidenschaftlich lieben sie sich, verzweifelt. Ein Bedürfnis, das schon so lange schlummert, dass sie es nicht mehr leugnen können. Zwei verzweifelt liebende Menschen, ihr Verlangen nach einer Nähe, die sie sonst womöglich nie werden erleben dürfen. Es besiegelt ihr Einverständnis, und Lale weiß in diesem Moment, dass er keine andere mehr wird lieben können. Es stärkt seinen Entschluss, noch einen Tag weiterzuleben, und noch einen, tausend Tage, so lange wie es dauern wird, bis sie so leben können, wie er es Gita gesagt hat, »frei sein, uns zu lieben, wo und wann immer wir wollen«.

Erschöpft liegen sie einander in den Armen. Gita schläft ein, Lale tut lange nichts anderes, als sie anzusehen. Ihr Handgemenge ist vorbei, an dessen Stelle tobt in Lale ein anderer Kampf. *Was hat dieser Ort uns angetan? Wozu hat er uns gemacht? Wie lange können wir noch weitermachen? Sie dachte, heute wäre alles vorbei. Und das ist meine Schuld. Ich darf das nie wieder tun.*

Er berührt seine Lippe. Zuckt zusammen. Schluss mit der Niedergeschlagenheit; er lächelt bei dem Gedanken, woher der Schmerz stammt. Sanft küsst er Gita wach.

»Hallo, du«, flüstert er.

Gita wälzt sich auf den Bauch und sieht ihn verstört an. »Geht es dir gut? Du sahst so ... ich weiß nicht. Ich war zwar völlig aufgelöst, als ich hereinkam, aber wenn ich jetzt darüber nachdenke, du sahst furchtbar aus.«

Lale schließt die Augen, seufzt.

»Was ist passiert?«

»Sagen wir, ich bin noch einen Schritt weiter in den Abgrund gegangen, aber ich bin auch wieder herausgekommen.«

»Wirst du es mir irgendwann erzählen?«

»Wahrscheinlich nicht. Leg's nicht drauf an, Gita.«

Sie nickt.

»Ich denke, du gehst jetzt am besten zurück in die Schreibstube, damit Cilka und die anderen sehen, dass alles gut ist.«

»Hmmm. Ich will für immer mit dir hierbleiben.«

»Für immer dauert ziemlich lang.«

»Oder wenigstens bis morgen.«

»Nein, das geht nicht.«

Gita wendet sich ab, errötet, schließt die Augen.

»Woran denkst du?«, fragt er.

»Ich horche. Auf die Wände.«

»Was sagen sie?«

»Nichts. Sie schnaufen, weinen um die, die hier morgens weggehen und abends nicht wiederkommen.«

»Um dich weinen sie nicht, mein Liebling.«

»Heute nicht. Das weiß ich jetzt.«

»Auch nicht morgen. Um dich werden sie nie weinen. Jetzt raus mit dir und zurück an die Arbeit.«

Sie rollt sich zusammen. »Kannst du zuerst gehen? Ich muss erst meine Kleider finden.«

Nach einem letzten Kuss sammelt Lale seine Kleider ein. Bevor er geht, noch ein allerletzter schneller Kuss. Vor der Baracke lehnt die Blockälteste wieder an der Wand.

»Geht's jetzt besser, Tätowierer?«

»Ja, danke.«

»Die Schokolade ist lecker. Ich mag übrigens auch Wurst.«

»Ich sehe mal, was sich tun lässt.«

»Tu das, Tätowierer. Bis dann.«

KAPITEL 16
März 1944

Das Klopfen an der Tür reißt Lale aus einem tiefen Schlaf. Grummelnd öffnet er, in der Erwartung, es wäre ein Zigeunerjunge. Doch stattdessen stehen da zwei junge Männer, die ängstlich die Augen schweifen lassen.

»Was wollt ihr?«, fragt Lale.

»Sind Sie der Tätowierer?«, fragt einer von ihnen auf Polnisch.

»Kommt drauf an, wer fragt.«

»Wir brauchen den Tätowierer. Sie haben uns hierhergeschickt«, erklärt der andere.

»Kommt rein, bevor ihr die Kinder aufweckt.«

Lale schließt hinter den Jungen die Tür und bietet ihnen das Bett zum Sitzen an. Die beiden sind groß und mager, der eine hat ein paar Sommersprossen.

»Ich frage noch mal: Was wollt ihr?«

»Wir haben einen Freund...«, stammelt der Sommersprossige.

»Haben wir das nicht alle?«, unterbricht ihn Lale.

»Unser Freund steckt in der Falle...«

»Tun wir das nicht alle?«

Die beiden werfen sich einen Blick zu, versuchen zu entscheiden, ob sie fortfahren sollen.

»Tut mir leid. Redet weiter.«

»Sie haben ihn erwischt, und wir haben Angst, dass sie ihn umbringen.«

»Wobei haben sie ihn erwischt?«

»Also, er ist letzte Woche ausgebrochen, und sie haben ihn erwischt und wieder hergebracht. Was, glaubst du, machen sie mit ihm?«

Ungläubig schaut Lale sie an.

»Wie zum Teufel ist er ausgebrochen, und wie blöd war er dann, dass er sich hat erwischen lassen?«

»Wir kennen nicht die ganze Geschichte.«

»Tja, er wird an den Galgen kommen, wahrscheinlich gleich morgen früh. Ihr wisst doch, das ist die Strafe für Ausbruchsversuche, und erst recht, wenn ein Ausbruch geglückt ist.«

»Können Sie irgendwas tun? Die Leute sagen, Sie können helfen.«

»Ich kann helfen, wenn ihr Essen braucht, aber das war's auch schon. Wo ist der Junge jetzt?«

»Draußen.«

»Draußen vor der Baracke?«

»Ja.«

»Um Himmels willen, holt ihn sofort rein«, drängt Lale und öffnet die Tür.

Einer der Jungen springt nach draußen und kehrt gleich mit einem jungen Mann zurück, der den Kopf gesenkt hält und vor Angst schlottert. Lale zeigt auf das Bett, er setzt sich. Seine Augen sind verschwollen.

»Deine Freunde sagen, du bist ausgebrochen.«
»Jawohl.«
»Wie hast du das angestellt?«
»Tja, ich war draußen bei der Arbeit und habe den Wachmann gefragt, ob ich kacken kann. Er hat mich zwischen die Bäume geschickt, weil er es nicht riechen wollte. Und als ich zu meinem Kommando zurückkam, gingen sie gerade alle. Ich hatte Angst, wenn ich ihnen nachliefe, würde mich einer der anderen Wachleute erschießen, also bin ich einfach zurück in den Wald.«
»Und dann?«, fragt Lale.
»Tja, dann bin ich immer weitergelaufen. Und dann haben sie mich erwischt, als ich in ein Dorf kam. Ich wollte etwas Essen stehlen, ich war halb tot vor Hunger. Die Soldaten da haben meine Nummer gesehen und mich hergebracht.«
»Und morgen früh kommst du an den Galgen, ja?«
Der Junge lässt den Kopf hängen. Lale schießt durch den Kopf, dass er genau so auch morgen aussehen wird, wenn sein Leben abgeschnitten wurde.
»Können Sie uns irgendwie helfen, Tätowierer?«
Lale geht in seiner Stube auf und ab. Er zieht dem Jungen den Ärmel hoch und mustert seine Nummer. *Eine von mir.* Er stapft weiter. Die Jungen sitzen schweigend da.
»Bleibt hier«, erklärt er schließlich, schnappt sich seine Tasche und rennt nach draußen.
Scheinwerfer schweifen über die Lagerstraße wie böse Augen auf der Suche nach einem Opfer. Im Schatten der Gebäude schlängelt sich Lale zur Kom-

mandantur durch und betritt die Hauptschreibstube. Erleichtert erkennt er Bella hinter dem Tresen. Sie sieht zu ihm auf.

»Lale, was tust du hier? Ich habe keine Arbeit für dich.«

»Hallo, Bella. Kann ich dich etwas fragen?«

»Natürlich, immer. Das weißt du doch, Lale.«

»Heute Nachmittag habe ich hier aufgeschnappt, dass heute noch ein Transport abgeht?«

»Ja, um Mitternacht geht ein Transport in ein anderes Lager.«

»Wie viele sind da drauf?«

Bella greift nach einem Blatt Papier. »Hundert Namen. Warum?«

»Namen, nicht Nummern?«

»Nein, die haben keine Nummern. Sie sind heute erst angekommen und kommen in ein Jungenlager. Da haben sie keine Nummern.«

»Können wir noch jemand auf die Liste setzen?«

»Bestimmt. Wen? Dich?«

»Nein, du weißt doch, dass ich hier nicht ohne Gita weggehe. Es ist jemand anderes – je weniger du weißt, desto besser.«

»In Ordnung, ich mache das für dich. Wie heißt er?«

»Verdammt«, brummt Lale. »Ich komme gleich wieder.«

Wütend auf sich selbst schleicht Lale sich hastig zurück in seine Stube.

»Wie heißt du?«

»Mendel.«

»Mendel wie?«

»Entschuldigung, Mendel Bauer.«

Zurück in der Schreibstube setzt Bella den Namen unten auf die abgetippte Liste.

»Werden die Posten sich nicht wundern über einen einzelnen handgeschriebenen Namen?«

»Nein, dazu sind sie viel zu faul. Das würde ihnen nur Ärger machen, wenn sie was unternehmen müssten. Sag demjenigen bloß, er soll an der breiten Lagerstraße sein, wenn er sieht, dass der Lkw beladen wird.«

Lale greift in seine Tasche und holt einen mit Rubinen und Diamanten besetzten Ring heraus, den er Bella reicht. »Danke. Das hier ist für dich. Du kannst ihn behalten oder verkaufen. Ich sorge dafür, dass der Junge beim Transport ist.«

Zurück in seiner Stube, schiebt Lale Mendels Freunde vom Bett, nimmt seine Tasche und setzt sich neben ihn.

»Gib mir deinen Arm.«

Die Jungen sehen zu, wie Lale die Nummer in eine Schlange verwandelt. Perfekt wird sie nicht, aber die Zahlen sind immerhin verdeckt.

»Warum machst du das?«, fragt einer der Jungen.

»Wo Mendel hingeht, haben sie keine Nummern. Es würde nicht lange dauern, bis seine Nummer entdeckt wird, und dann wäre er im Nu wieder hier für sein Rendezvous mit dem Henker.«

Als er fertig ist, wendet er sich zu den beiden Jungen um.

»Ihr beide geht jetzt zurück in euren Block, und zwar

vorsichtig. Ich kann pro Nacht nur einen retten. Euer Freund ist morgen nicht mehr hier. Um Mitternacht fährt er mit einem Transport von hier weg. Ich weiß nicht, wohin, aber egal wo, immerhin hat er da eine Chance, am Leben zu bleiben. Versteht ihr?«

Die drei Jungen umarmen sich und versprechen einander, sich nach diesem Albtraum wiederzufinden. Als die Freunde weg sind, setzt Lale sich neben Mendel.

»Du bleibst hier, bis es Zeit ist zu gehen. Ich bringe dich zum Transport, und dann musst du alleine zurechtkommen.«

»Ich weiß nicht, wie ich Ihnen danken soll.«

»Wenn du es noch einmal rausschaffst, dann lass dich nicht wieder erwischen. Das reicht mir als Dank.«

Kurz darauf hört Lale, dass draußen etwas in Bewegung gerät.

»Komm, es ist Zeit.«

Sie schleichen sich nach draußen und an den Mauern entlang, bis sie zwei Lkws sehen, die mit Männern beladen werden.

»Mach schnell und versuch, in die Mitte einer Schlange zu kommen. Drängel dich rein und sag ihnen deinen Namen, wenn sie fragen.«

Mendel läuft los und reiht sich verstohlen in einer Schlange ein. Zum Schutz vor der Kälte schlägt er die Arme um sich – auch um die Schlange zu verbergen, die er jetzt dort trägt. Lale sieht zu, bis der Wachmann Mendels Namen auf der Liste findet und ihn auf die Ladefläche treibt. Als der Motor anspringt und der Lkw davonfährt, schleicht Lale sich zurück in seine Stube.

KAPITEL 17

Die folgenden Monate sind besonders hart. Die Gefangenen sterben aus den verschiedensten Gründen. Viele fallen Krankheiten zum Opfer, der Unterernährung und der Kälte. Ein paar schaffen es bis an einen Elektrozaun und bringen sich selbst um. Andere werden kurz davor aus einem Wachturm heraus erschossen. Auch die Gaskammern und Krematorien arbeiten rund um die Uhr, und Lales und Leons Tätowierungsstelle ist völlig überlaufen, weil unablässig Zehntausende nach Auschwitz und Birkenau transportiert werden.

Lale und Gita sehen sich, wenn möglich, sonntags. Dann mischen sie sich unter andere Häftlinge, versuchen sich heimlich zu berühren. Hin und wieder können sie gemeinsame Zeit in Gitas Block erheischen. So erhalten sie ihr Versprechen aufrecht, am Leben zu bleiben, und Lale zumindest plant auch eine gemeinsame Zukunft. Gitas Blockälteste wird von dem Essen, das Lale ihr bringt, geradezu mollig. Wenn es Lale längere Zeit nicht möglich ist, Gita zu sehen, fragt sie schon manchmal ganz unverblümt: »Wann kommt dein Freund mal wieder?«

Eines Sonntags erzählt Gita nach wiederholtem Fragen endlich, was mit Cilka los ist. »Sie ist Schwarzhubers Spielzeug.«

»Oh Gott. Wie lange schon?«

»Ich weiß es nicht genau. Ein Jahr, oder länger.«

»Er ist nichts als ein betrunkenes, sadistisches Schwein«, knurrt Lale mit geballten Fäusten. »Ich kann mir vorstellen, wie er sie behandelt.«

»Sag das nicht! Ich will nicht darüber nachdenken.«

»Was erzählt sie davon?«

»Nichts. Wir fragen auch nicht. Ich weiß nicht, wie ich ihr helfen soll.«

»Er wird sie umbringen, wenn sie ihn irgendwie zurückweist. Ich vermute, das hat Cilka bereits verstanden, sonst wäre sie schon lange tot. Die größte Gefahr ist, dass sie schwanger wird.«

»Das ist nicht das Problem, hier wird keine schwanger. Dazu braucht man, wie du sicher weißt, eine Periode. Wusstest du das nicht?«

Betreten erwidert Lale: »Doch, klar wusste ich das. Wir haben bloß eben nie darüber geredet. Ich habe einfach nicht richtig nachgedacht.«

»Weder du noch dieses sadistische Schwein müssen sich Sorgen machen, dass Cilka oder ich ein Kind bekommen. Verstanden?«

»Bitte vergleich mich nicht mit ihm. Sag ihr, dass sie für mich eine Heldin ist und dass ich stolz bin, sie zu kennen.«

»Was meinst du damit, eine Heldin? Sie ist keine Heldin.« Gita runzelt die Stirn. »Sie will einfach nur überleben.«

»Und genau das macht sie zur Heldin. Du bist auch eine Heldin, Liebling. Dass ihr beide euch entschieden habt, zu überleben, ist eine Art Widerstand gegen diese Nazischweine. Die Entscheidung für das Leben ist eine Kampfansage, eine Form des Heldentums.«

»Und was bist dann du?«

»Ich hatte die Wahl, an der Zerstörung unseres Volks mitzuwirken, und ich habe mich dafür entschieden, weil ich überleben will. Ich kann nur hoffen, dass ich nicht eines Tages als Täter oder Kollaborateur verurteilt werde.«

Gita beugt sich herüber und küsst ihn. »Für mich bist du ein Held.«

Die Zeit vergeht wie im Fluge, und sie erschrecken, als mit einem Mal andere Mädchen in den Block zurückkehren. Glücklicherweise sind sie vollständig angezogen, sodass Lales Abgang nicht ganz so peinlich wird.

»Hallo. Dana, schön dich zu sehen. Mädels, die Damen«, grüßt er beim Gehen.

Die Blockälteste lehnt wie gewöhnlich am Eingang und schüttelt missbilligend den Kopf.

»Du musst da raus sein, wenn die anderen kommen. Verstanden, Tätowierer?«

»Tut mir leid, wird nicht wieder vorkommen.«

Fast hüpft Lale über die breite Lagerstraße, als er seinen Namen rufen hört. Überrascht blickt er sich um. Es ist Victor. Gemeinsam mit den anderen polnischen

Arbeitern ist er auf dem Heimweg. Victor winkt ihn heran.

»Hallo, Victor. Yuri. Wie geht es euch?«

»Nicht so gut wie dir, wie es aussieht. Was ist los?«

Lale winkt ab. »Nichts, nichts.«

»Wir haben Nachschub für dich und dachten schon, wir könnten ihn dir nicht übergeben. Hast du Platz in der Tasche?«

»Natürlich. Tut mir leid, ich hätte schon früher zu euch kommen sollen, aber ich war, äh, beschäftigt.«

Lale öffnet die Tasche, und Victor und Yuri füllen sie. Es passt nicht alles hinein.

»Soll ich den Rest morgen noch mal mitbringen?«, fragt Victor.

»Nein, ich nehme es mit, danke. Zum Bezahlen komme ich morgen.«

Außer Cilka gibt es unter den Zehntausenden in Birkenau noch ein Mädchen, dem die SS seine langen Haare gelassen hat. Sie ist etwa in Gitas Alter. Lale hat nie mit ihr gesprochen, sie aber hin und wieder gesehen. Mit ihrer blonden Mähne fällt sie auf. Alle anderen versuchen, ihre geschorenen Köpfe so gut wie möglich unter Kopftüchern zu verbergen, die sie häufig aus ihren Hemden zurechtreißen. Eines Tages hatte Lale Baretzki gefragt, was es mit ihr auf sich hat. Wie kommt es, dass sie ihre Haare behalten darf?

»Als sie ankam«, hatte Baretzki erwidert, »war Kommandant Höß bei der Selektion. Er hat sie gesehen, fand sie ziemlich hübsch und hat erklärt, ihre Haare soll keiner anfassen.«

Schon oft hat Lale gestaunt über Dinge, die er in den beiden Lagern erlebt; aber dass Höß unter den Hunderttausenden, die hier durchgegangen sind, nur ein einziges Mädchen schön findet, verblüfft ihn wirklich.

Als Lale mit einer Wurst im Hosenbein zurück in seine Stube eilt, kommt er um eine Hausecke – und da steht sie vor ihm: das einzige »hübsche« Mädchen im Lager starrt ihn an. In Rekordzeit verschwindet er in seiner Stube.

KAPITEL 18

Der Frühling hat die schlimmsten Qualen des Winters vertrieben. Das wärmere Wetter ist ein Hoffnungsschimmer für alle, die das Wüten der Elemente und obendrein die Launen ihrer Unterdrücker bis hierher überlebt haben. Selbst Baretzki verhält sich weniger herzlos.

»Ich weiß, dass du Sachen besorgen kannst, Tätowierer«, raunt er ihm ungewöhnlich leise zu.

»Ich weiß nicht, was Sie meinen«, antwortet Lale.

»Sachen. Sachen organisieren. Ich weiß, dass du Kontakte nach draußen hast.«

»Wie kommen Sie darauf?«

»Schau, ich mag dich, ja? Schließlich habe ich dich noch nicht erschossen, oder?«

»Sie haben jede Menge andere erschossen.«

»Aber nicht dich. Du und ich, wir sind wie Brüder. Und ich habe dir ja auch meine Geheimnisse erzählt.«

Lale beschließt, diesen Anspruch auf Verbrüderung nicht infrage zu stellen.

»Sie reden. Ich höre zu«, erklärt er.

»Manchmal hast du mich beraten, und ich habe zugehört. Ich habe sogar versucht, hübsche Sachen für meine Freundin zu schreiben.«

»Das wusste ich nicht.«

»Jetzt weißt du es«, stellt Baretzki ernsthaft fest. »Und jetzt hör zu – ich will, dass du versuchst, etwas für mich zu organisieren.«

Lale ist nervös, hoffentlich belauscht keiner dieses Gespräch.

»Ich habe Ihnen schon gesagt...«

»Meine Freundin hat bald Geburtstag, und ich möchte, dass du mir ein Paar Nylonstrümpfe besorgst, die ich ihr schicken kann.«

Ungläubig starrt Lale Baretzki an.

Baretzki grinst nur. »Organisier sie einfach für mich, dann erschieße ich dich nicht.« Er lacht.

»Ich werde es versuchen. Vielleicht dauert es ein paar Tage.«

»Lass es bloß nicht zu lange dauern.«

»Kann ich sonst noch etwas für Sie tun?«, fragt Lale.

»Nein, du hast heute frei. Du kannst deine Zeit mit *Gita* verbringen.«

Lale zuckt zusammen. Schlimm genug, dass Baretzki weiß, dass sie Zeit miteinander verbringen, aber wie hasst er es, wenn dieses Schwein ihren Namen sagt!

Bevor Lale macht, was Baretzki ihm vorgeschlagen hat, sieht er sich nach Victor um. Endlich findet er Yuri, der ihm berichtet, dass Victor krank ist und heute nicht arbeitet. Lale spricht sein Bedauern darüber aus und wendet sich zum Gehen.

»Kann ich etwas für dich tun?«, fragt Yuri.

Lale hält inne. »Ich weiß nicht. Ich habe eine besondere Anfrage.«

Yuri hebt eine Augenbraue. »Vielleicht kann ich ja helfen.«

»Nylonstrümpfe. Weißt du, was die Mädchen an den Beinen tragen.«

»Ich bin kein Kind mehr, Lale. Ich weiß, was Nylonstrümpfe sind.«

»Könntest du mir ein Paar besorgen?« Lale lässt in seiner Hand zwei Diamanten aufblitzen.

Yuri nimmt sie. »Lass mir zwei Tage. Ich glaube, ich kriege das hin.«

»Danke, Yuri. Beste Grüße an deinen Vater. Ich hoffe, es geht ihm bald besser.«

Lale überquert die breite Lagerstraße bis zum Frauenlager, als er das Dröhnen eines Flugzeugs hört. Er blickt auf: Eine kleine Maschine fliegt niedrig über das Lager und schlägt einen Bogen. So niedrig, dass Lale das Emblem der US-Luftwaffe erkennen kann.

Ein Häftling schreit auf: »Das sind die Amerikaner! Die Amerikaner sind hier!«

Alle blicken hoch. Ein paar Gefangene beginnen auf und ab zu springen, rudern mit den Armen. Lale sieht hinüber zu den Türmen am Lagertor. Die Wachen sind in höchster Alarmbereitschaft und richten ihre Gewehre auf die aufgeregte Menge. Einige Männer und Frauen winken nur, um den Piloten auf sich aufmerksam zu machen, viele andere zeigen auf die Krematorien und schreien: »Werft die Bomben ab! Werft die Bomben ab!« Lale überlegt, ob er mit in die Rufe einstimmen soll, als das Flugzeug sie ein zweites Mal überfliegt und für ein drittes Mal wendet. Mehrere Gefangene laufen auf die Krematorien zu, zeigen darauf, wollen unbedingt ihre Botschaft übermitteln. »Bomben abwerfen!«

Beim dritten Flug über Birkenau steigt das Flugzeug auf und fliegt davon. Die Gefangenen rufen ihm nach. Viele fallen auf die Knie, verzweifelt, dass ihre Rufe kein Gehör gefunden haben. Lale zieht sich an ein nahes Gebäude zurück. Und das gerade rechtzeitig. Von den Wachtürmen hagelt es Kugeln auf die Menschen auf der breiten Lagerstraße, und Dutzende, die zu langsam sind, um sich in Sicherheit zu bringen, werden getroffen.

Angesichts der schießwütigen Wachen entscheidet sich Lale gegen seinen Plan, Gita zu treffen. Stattdessen geht er zurück zu seinem Block, wo er von Klagen und Wehgeschrei empfangen wird. Die Frauen wiegen kleine Jungen und Mädchen, die im Kugelhagel angeschossen wurden.

»Sie haben das Flugzeug gesehen und sind mit den anderen Gefangenen auf der breiten Lagerstraße herumgerannt«, sagt einer der Männer.

»Wie kann ich helfen?«

»Bring die anderen Kinder rein. Sie müssen das hier nicht sehen.«

»Natürlich.«

»Danke, Lale. Ich schicke dir die alten Frauen dazu. Ich weiß nicht, was ich mit den Toten machen soll. Ich kann sie doch nicht hierlassen.«

»Die Wache wird schon kommen und die Toten holen.« Das klingt so kaltherzig, sachlich. In Lales Augen brennen Tränen. Er tritt von einem Fuß auf den anderen. »Es tut mir so leid.«

»Was haben sie mit uns vor?«, fragt der Mann.

»Ich weiß nicht, welches Schicksal irgendwem von uns bevorsteht.«

»Hier zu sterben?«

»Nicht, wenn ich etwas dagegen tun kann, aber ich weiß es nicht.«

Lale macht sich daran, die Jungen und Mädchen einzusammeln und in die Baracke zu bringen. Manche weinen, manche sind zu verstört, um zu weinen. Mehrere alte Frauen helfen ihm. Sie nehmen die überlebenden Kinder mit in den Rückteil des Blocks und fangen an, ihnen Geschichten zu erzählen, aber diesmal dringen sie nicht damit durch. Die Kinder lassen sich nicht trösten. Die meisten verharren still in einem Schockzustand.

Aus seiner Stube holt Lale Schokolade, die er gemeinsam mit Nadya in kleine Stücke bricht und verteilt. Ein paar Kinder nehmen sie, andere starren sie an, als könnte auch sie ihnen Leid zufügen.

Mehr kann er jetzt nicht tun. Nadya fasst ihn bei der Hand und zieht ihn hoch.

»Danke. Du hast alles getan, was du konntest.« Sie streicht ihm mit dem Handrücken über die Wange. »Jetzt lass uns.«

»Ich gehe raus und helfe den Männern«, erwidert Lale zögerlich.

Er tastet sich nach draußen. Dort hilft er den Männern, die kleinen Leichen aufeinanderzuschichten, damit die SS sie mitnimmt. Auf der Lagerstraße sind sie schon dabei, die herumliegenden Toten einzusammeln. Mehrere Mütter weigern sich, ihre Kinder loszulassen, und es bricht Lale das Herz, mit anzusehen, wie den Müttern leblose Gestalten aus den Armen gewunden werden.

»*Jitgadal we-jitkadasch schme raba* – Erhoben und geheiligt sei Sein großer Name ...« Flüsternd spricht Lale das Kaddisch. Er weiß nicht, wie oder mit welchen Worten die Roma ihre Toten ehren, aber es ist ihm ein Bedürfnis, diese Toten so zu ehren, wie er es von klein auf kennt. Er sitzt lange draußen, sieht in den Himmel, fragt sich, was die Amerikaner gesehen haben und was sie davon halten. Mehrere der Männer setzen sich schweigend zu ihm – ein Schweigen, das keine Ruhe mehr in sich trägt. Rund um sie ragt eine Mauer der Trauer empor.

Lale denkt über das Datum nach: den 4. April 1944. Als er diese Woche das Wort »April« auf seinen Anweisungen hatte stehen sehen, hatte er aufgemerkt. April, was hatte es mit dem April auf sich? Plötzlich wusste er es. Noch drei Wochen, dann ist er seit zwei Jahren hier. *Zwei Jahre.* Wie hat er das ausgehalten? Wie kann er immer noch atmen, wo so viele nicht mehr atmen? Er erinnert sich an den Schwur, den er sich zu Beginn geleistet hat. Zu überleben und die Verantwortlichen zur Rechenschaft zu ziehen. Vielleicht, ganz vielleicht, haben die im Flugzeug begriffen, was hier los ist, und Hilfe ist unterwegs. Für die, die heute gestorben sind, wäre es zu spät, aber vielleicht wäre ihr Tod dann nicht völlig sinnlos. *Halt dich an diesem Gedanken fest. Nutze ihn, um morgen früh aus dem Bett zu kommen, und am Tag danach, und dem danach.*

Das Funkeln der Sterne ist kein Trost mehr. Sie erinnern ihn nur an den Abgrund zwischen dem, was ein Leben sein kann, und dem, was es jetzt ist. An warme Sommernächte, in denen er sich als Junge nach draußen schlich, wenn alle schon schliefen, sich die Nachtluft über das Gesicht streichen und sich davon einlullen ließ; an die Abende in Gesellschaft junger Damen, mit denen er Arm in Arm durch einen Park spazierte, an einem See entlang, über einen Weg, der von Tausenden Sternen erleuchtet war. Früher war ihm das nächtliche Himmelszelt immer ein Trost gewesen. *Irgendwo sieht meine Familie zu denselben Sternen auf und fragt sich, wo ich wohl bin. Ich hoffe, ihnen sind sie ein besserer Trost als mir.*

Anfang März 1942 hatte sich Lale zu Hause in Krompach von seinen Eltern, seinem Bruder und seiner Schwester verabschiedet. Seine Arbeit und seine Anstellung in Pressburg hatte er schon im Oktober davor aufgegeben. Das hatte er entschieden, nachdem er sich mit einem alten Freund unterhalten hatte, einem Nicht-Juden, der für die Regierung arbeitete. Der Freund hatte ihn gewarnt, es stehe ein politischer Wandel bevor, der alle jüdischen Bürger betreffe, und Lales Charme würde ihn davor nicht bewahren. Sein Freund bot ihm eine Arbeit an, die ihn, so sagte er, vor der Verfolgung schützen würde. Nach einem Treffen mit dem Vorgesetzten des Freundes bot man ihm eine Stelle als Assistent des Parteiführers der Slowakischen Volkspartei an, und er nahm sie an. In der Partei ging es nicht um Religion. Es ging darum, das Land in der Hand der Slowaken zu halten. In der offiziellen Parteiuniform, die für Lales Geschmack viel zu sehr nach einer Soldatenuniform aussah, reiste er mehrere Wochen lang durch das Land, verteilte Broschüren und redete auf Versammlungen und Kundgebungen. Die Partei versuchte vor allem die Jugend von der Notwendigkeit zu überzeugen, zusammenzustehen und die Regierung zu hinterfragen, die gegenüber Hitler völlig einbrach und längst nicht mehr allen Slowaken Schutz bot.

Lale wusste, dass alle Juden in der Slowakei in der Öffentlichkeit den gelben Davidstern tragen mussten. Er hatte sich geweigert. Nicht etwa aus Angst. Sondern weil er sich als Slowake verstand: stolz, stur und sogar, das gestand er sich ein, anmaßend bezüglich seines Platzes in der Welt. Dass er Jude war, war nur ein Zufall und hatte sich noch nie darauf ausgewirkt, was er tat und mit wem er Freundschaften schloss. Falls es in einem Gespräch zur Sprache kam, bestätigte er, dass er Jude war, und ging zur Tagesordnung über. Für ihn war sein Judentum kein charakteristisches Merkmal. Über dieses Thema diskutierte man öfter im Schlafzimmer als in einem Restaurant oder in einem Club.

Im Februar 1942 war er vorab gewarnt worden, das deutsche Außenministerium fordere die slowakische Regierung auf, Juden zum Arbeitsdienst außer Landes zu transportieren. Er bat um Urlaub, um seine Familie zu besuchen, der ihm mit der Zusage gewährt wurde, er könne jederzeit an seinen Platz in der Partei zurückkehren – seine Arbeit dort sei sicher.

Nie hatte er sich für naiv gehalten. Wie so viele Europäer machte er sich Sorgen über den Aufstieg Hitlers und die Gräuel, die der Führer anderen kleinen Ländern zufügte, aber dass die Nationalsozialisten die Slowakei besetzen würden, wollte er nicht glauben. Das brauchten sie auch gar nicht. Die Regierung gab ihnen ja, was sie wollten, sobald sie es wollten, und stellte daher keine Bedrohung dar. Die Slowakei wollte einfach nur ihre Ruhe haben. Bei Familientreffen und Abendveranstaltungen mit Freunden diskutierten sie manchmal die Berichte über die Judenverfolgung in anderen Ländern, aber sie waren nicht der Meinung, dass die slowakischen Juden als Gesamtheit einem besonderen Risiko ausgesetzt waren.

Und da ist er nun. Seit zwei Jahren. Er lebt in einer grob zweigeteilten Gemeinschaft – Juden und Roma –, die über ihre Rasse definiert wird, nicht über ihre Nationalität, und das kann Lale noch immer nicht begreifen. Nationen bedrohen andere Nationen. Sie haben die Macht, sie haben das Militär. *Wie kann eine Rasse, die über mehrere Länder verteilt lebt, als Bedrohung empfunden werden?* Solange er lebt, egal wie lang oder kurz das auch sein mag, wird er, das weiß er, diese Frage niemals beantworten können.

KAPITEL 19

»Hast du deinen Glauben verloren?«, fragt Gita, mit dem Rücken an seine Brust gelehnt an ihrem Platz hinter der Hauptwache. Sie hat diesen Moment gewählt, um die Frage zu stellen, denn sie will seine Antwort hören, nicht sehen.

»Warum fragst du?« Er streichelt ihr den Hinterkopf.

»Weil ich es glaube«, erwidert sie, »und das macht mich traurig.«

»Dann hast du ihn also nicht verloren?«

»Ich habe zuerst gefragt.«

»Ja, ich glaube, ich habe ihn verloren.«

»Wann?«

»An meinem ersten Tag hier. Ich habe dir erzählt, was da passiert ist, was ich gesehen habe. Ich weiß nicht, wie irgendein gnädiger Gott das zulassen könnte. Und seitdem ist nichts passiert, was mich umgestimmt hat. Eher im Gegenteil.«

»An irgendetwas musst du glauben.«

»Tu ich auch. Ich glaube an dich und mich und daran,

dass wir hier herauskommen und zusammen ein Leben führen, in dem wir …«

»Ich weiß, wo und wann wir wollen.« Sie seufzt. »Ach Lale, wenn es nur so käme.«

Lale dreht sie zu sich, sieht ihr in die Augen.

»Ich lasse mich nicht darüber definieren, dass ich Jude bin«, sagt er. »Ich werde es nicht leugnen, aber zuerst bin ich ein Mann, ein Mann, der dich liebt.«

»Und wenn ich meinen Glauben behalten will? Wenn er mir immer noch wichtig ist?«

»Dazu habe ich nichts zu sagen.«

»Doch, hast du.«

Sie verfallen in ein unbehagliches Schweigen. Er sieht sie an, sie schlägt die Augen nieder.

»Es macht mir nichts aus, wenn du deinen Glauben behältst«, sagt Lale sanft. »Ich werde dich sogar in deinem Glauben bestärken, wenn er dir viel bedeutet und dich an meiner Seite hält. Wenn wir hier herauskommen, werde ich dich darin unterstützen, deinen Glauben zu leben, und wenn unsere Kinder zur Welt kommen, können sie den Glauben ihrer Mutter annehmen. Ist das genug für dich?«

»Kinder? Ich weiß nicht, ob ich je Kinder bekommen kann. Ich glaube, ich bin innerlich zugeschraubt.«

»Wenn wir erst hier heraus sind und ich dich ein bisschen aufpäppeln kann, bekommen wir Kinder, und es werden sehr hübsche Kinder sein, sie werden ihrer Mutter ähneln.«

»Danke, Liebster. Du schaffst es, dass ich an eine Zukunft glauben möchte.«

»Gut. Heißt das, du sagst mir deinen Nachnamen und woher du kommst?«

»Noch nicht. Du weißt doch: an dem Tag, an dem wir hier weggehen. Bitte frag mich nicht wieder.«

Nachdem Lale sich von Gita verabschiedet hat, sucht er nach Leon und ein paar anderen aus Block 7. Es ist ein schöner Sommertag, und er hat vor, die Sonne und die Gesellschaft seiner Freunde zu genießen, solange er kann. Zusammen sitzen sie an der Mauer einer der Baracken. Sie führen eine einfache Unterhaltung. Als die Sirene schrillt, verabschiedet sich Lale und geht zurück zu seinem Block. Beim Näherkommen spürt er, dass etwas nicht stimmt. Da stehen die Roma-Kinder, aber sie hüpfen ihm nicht wie sonst entgegen, sondern treten zur Seite, als er vorbeikommt. Auf seinen Gruß erhält er keine Antwort. Er versteht warum, sobald er die Tür zu seiner Stube öffnet. Auf seinem Bett liegen ausgebreitet die Juwelen und das Geld, das unter seiner Matratze versteckt war. Zwei SS-Leute warten.

»Magst du uns das erklären, Tätowierer?«

Lale findet keine Worte.

Einer der beiden reißt Lale die Tasche aus der Hand und leert seine Instrumente und die Tintenfläschchen auf den Boden. Dann verstauen sie die Beute in der Tasche. Mit gezogenen Pistolen treten sie vor Lale und bedeuten ihm, sich in Bewegung zu setzen. Die Kinder stehen wortlos daneben, als Lale aus dem Zigeunerlager geführt wird – zum letzten Mal, wie er glaubt.

Lale steht vor Houstek, der Inhalt seiner Tasche ist auf dem Tisch des Oberscharführers ausgelegt.

Einen nach dem anderen nimmt Houstek jeden Edelstein und jedes Schmuckstück in die Hand. »Woher hast du das alles?«, fragt er, ohne aufzublicken.

»Das haben mir Häftlinge gegeben.«

»Welche Häftlinge?«

»Ich kenne ihre Namen nicht.«

Houstek blickt zu Lale auf und fragt schneidend: »Du weißt nicht, wer dir das alles gegeben hat?«

»Nein.«

»Und das soll ich glauben?«

»Jawohl, Herr Oberscharführer. Sie bringen es mir, aber ich frage sie nicht nach ihren Namen.«

Houstek schlägt mit der Faust auf den Tisch, die Juwelen hüpfen.

»Das macht mich sehr wütend, Tätowierer. Du machst deine Arbeit sehr gut. Jetzt muss ich mir jemand anderen suchen.« Er wendet sich an die SS-Leute. »Bringen Sie ihn in Block 11. Da wird er sich ganz schnell an die Namen erinnern.«

Lale wird abgeführt und auf einen Lkw verfrachtet. Rechts und links von ihm sitzen zwei SS-Wachen, jeder rammt ihm seine Pistole in die Rippen. Auf den vier Kilometern nach Auschwitz nimmt Lale im Stillen Abschied von Gita und der Zukunft, die sie sich gerade ausgemalt haben. Er schließt die Augen, nennt im Kopf jedes Mitglied seiner Familie beim Namen. Seine Geschwister sieht er nicht so klar vor sich wie früher. Seine Mutter dagegen bis ins Detail. Aber wie verabschiedet man sich von seiner Mutter? Von dem Menschen, der einem den Atem geschenkt hat, einen zu leben gelehrt hat? Er kann sich nicht von ihr verabschieden. Er seufzt, als ihm das Bild seines Vaters vor Augen tritt, und einer der Wachleute drückt ihm die Pistole fester in die Rippen. Als er seinen Vater zum letzten Mal gesehen hat, hat dieser geweint. Doch so will er sich nicht an ihn erinnern, sucht nach einem anderen Bild und endet bei seinem Vater, wie er mit seinen geliebten Pferden arbeitet. So herzlich sprach er immer mit ihnen, ganz anders als mit seinen Kindern. Lales Bruder Max, älter und klüger. Er hofft, sagt er ihm, dass er ihn nicht enttäuscht hat, er hat versucht, sich so zu verhalten, wie Max es an seiner Stelle getan hätte. Der Gedanke an seine kleine Schwester Goldie schmerzt ihn zu sehr.

Mit einem Ruck kommt der Lkw zum Stehen, Lale wird auf den SS-Mann neben ihm geschleudert.

Er kommt in einen kleinen Raum in Block 11. Was in Block 10 und 11 passiert, ist weithin bekannt. Strafbunker. Im Hof dieser hochgesicherten Folterkammern steht die Schwarze Wand, die Hinrichtungsmauer. Lale erwartet, dass er nach der Folter dorthin gebracht wird.

Zwei Tage lang sitzt er in seiner Zelle, das einzige Licht kommt durch einen Spalt unter der Tür. Während er auf die Rufe und Schreie anderer horcht, durchlebt er noch einmal jeden Moment, den er mit Gita verbracht hat.

Am dritten Tag blendet ihn Sonnenlicht, das plötzlich den Raum durchflutet. Ein großer Mann steht in der Tür und reicht ihm einen Napf mit einer Flüssigkeit. Lale nimmt ihn, und als seine Augen sich an das Licht gewöhnen, erkennt er den Mann.

»Jakob, bist du das?«

Jakob tritt ein, unter der niedrigen Decke muss er sich bücken.

»Tätowierer. Was tust du denn hier?« Jakob ist sichtlich geschockt.

Lale rappelt sich auf die Füße, die Hände vorgestreckt. »Ich habe mich oft gefragt, was wohl aus dir geworden ist«, sagt er.

»Wie du vorausgesagt hast, sie haben einen Job für mich gefunden.«

»Du bist also Wachmann?«

»Nicht nur Wachmann, mein Freund.« Jakobs Stimme klingt grimmig. »Setz dich und iss, derweil erzähle ich dir, was ich hier tue und was dir bevorsteht.«

Besorgt setzt sich Lale auf den Boden und besieht das Essen, das Jakob ihm gebracht hat. Eine dünne, dreckige Brühe mit einem einzigen Stück Kartoffel. War er eben noch sterbenshungrig, so ist ihm der Appetit jetzt vergangen.

»Ich habe nie vergessen, wie gut du zu mir warst«, erklärt Jakob. »Ich war überzeugt, ich würde verhungern an dem Tag, als ich hier ankam, und da kamst du und hast mir zu essen gegeben.«

»Tja, du brauchst eben mehr als die meisten anderen.«

»Ich habe Geschichten gehört, du würdest Essen schmuggeln. Stimmt das?«

»Deshalb bin ich hier. Die Gefangenen aus Kanada

schmuggeln mir Geld und Schmuck heraus, und damit kaufe ich bei den Leuten aus dem Dorf Essen und Medikamente, und das verteile ich dann. Ich nehme an, dass irgendwer zu kurz gekommen ist und mich verraten hat.«

»Weißt du nicht, wer?«

»Du etwa?«

»Nein, das gehört nicht zu meinem Job. Mein Job ist es, Namen aus dir herauszubekommen – Namen von Häftlingen, die möglicherweise die Flucht oder einen Aufstand planen, und natürlich die Namen der Häftlinge, die dir das Geld und den Schmuck bringen.«

Lale sieht zur Seite. Ganz allmählich beginnt er zu begreifen, was Jakob ihm da Grausames eröffnet.

»Ich mache es wie du, Tätowierer, ich tue, was ich tun muss, um zu überleben.«

Lale nickt.

»Ich soll dich schlagen, bis du mir Namen gibst. Ich bin ein Mörder, Lale.«

Lale schüttelt den hängenden Kopf, murmelt jeden Fluch, den er kennt.

»Ich habe keine Wahl.«

Alle möglichen Gefühle rasen durch Lale. Namen toter Häftlinge schwirren ihm durch den Kopf. Könnte er Jakob die nennen? *Nein. Das finden sie irgendwann heraus, und dann bin ich wieder hier.*

»Die Sache ist nur«, sagt Jakob, »dass ich dich keine Namen nennen lassen kann.«

Verwirrt starrt Lale ihn an.

»Du warst gut zu mir, und ich werde es so anstellen,

dass meine Schläge schlimmer aussehen, als sie sind, aber ich werde dich umbringen, bevor du mir einen Namen nennen kannst. Ich will so wenig unschuldiges Blut an meinen Händen wie möglich«, erklärt Jakob.

»Ach, Jakob. Ich hätte nie gedacht, dass *das* der Job ist, den sie für dich finden. Es tut mir so leid.«

»Wenn ich einen Juden töten muss, um zehn andere zu retten, dann tue ich das.«

Lale fasst hoch an die Schulter des Riesen. »Tu, was du tun musst.«

»Sprich nur Jiddisch«, sagt Jakob und wendet sich ab. »Ich glaube nicht, dass die SS hier weiß, dass du Deutsch kannst.«

»In Ordnung, also Jiddisch.«

»Ich komme später wieder.«

Zurück im Dunkeln, überdenkt Lale sein Schicksal. Er beschließt, keine Namen zu nennen. Die Frage ist jetzt nur noch, wer ihn umbringen wird: ein gelangweilter SS-Offizier, dem das Essen kalt wird, oder Jakob, der einen gerechten Mord begeht, um andere zu retten. Eine Ruhe überkommt ihn, als er sich mit dem Tod abfindet.

Wird jemand Gita sagen, was mit ihm passiert ist, fragt er sich, oder wird sie keine Gewissheit haben für den Rest ihres Lebens?

Lale fällt in einen tiefen, erschöpften Schlaf.

»Wo ist er?«, brüllt sein Vater, während er ins Haus stürmt.

Wieder einmal ist Lale nicht bei der Arbeit erschienen. Sein Vater kommt zu spät zum Essen nach Hause, weil er Lales Arbeit mit erledigen musste. Lale läuft davon, versucht sich hinter seiner Mutter zu verstecken, zieht sie weg von der Bank, an der sie steht, bringt einen Schutzwall zwischen sich und seinen Vater. Sie greift hinter sich und packt irgendeinen Teil von Lale oder seiner Kleidung, schützt ihn vor dem, was sonst zumindest eine Kopfnuss werden würde. Sein Vater schiebt sie nicht weg, versucht nicht weiter, an Lale heranzukommen.

»Ich kümmere mich um ihn«, sagt seine Mutter. »Nach dem Essen bestrafe ich ihn. Jetzt setz dich.«

Lales Bruder und Schwester verdrehen die Augen. Sie kennen das Ganze schon in- und auswendig.

Später an diesem Abend verspricht Lale seiner Mutter, zu versuchen, seinem Vater mehr zur Hand zu gehen. Aber es ist so schwer, seinem Vater zu helfen. Lale fürchtet, so zu enden wie er, vorzeitig gealtert, zu müde, um seiner Frau ein einfaches Kompliment zu machen für ihr Aussehen oder für das Essen, das sie stundenlang für ihn kocht. So will Lale nicht werden.

»Ich bin dein Liebling, Mama, oder?«, fragt Lale wieder und wieder. Wenn sie beide allein zu Hause sind, nimmt seine Mutter ihn dann in die Arme. »Ja, mein Liebling, das bist du.« Wenn sein Bruder oder seine Schwester da sind: »Ihr seid alle meine Lieblinge.« Nie hört Lale seinen Bruder oder seine Schwester diese Frage stellen, aber vielleicht tun sie es ja, wenn er nicht da ist. Als kleiner Junge hat er häufig seiner Familie erklärt, wenn er groß ist, werde er seine Mutter heiraten.

Sein Vater tat dann, als hörte er ihn nicht. Seine Geschwister hänselten ihn und sagten ihm ins Gesicht, schließlich sei ihre Mutter ja schon verheiratet. Seine Mutter schlichtete den Streit, nahm ihn zur Seite und erklärte ihm, er werde eines Tages eine andere finden, die ihm lieb und teuer werde. Das wollte er ihr nie glauben.

Als junger Mann lief er jeden Tag nach Hause zu seiner Mutter, um von ihr umarmt zu werden, ihren tröstlichen Körper zu spüren, ihre weiche Haut, die Küsse auf seine Stirn.

»Womit kann ich dir helfen?«, fragte er.

»Du bist so ein guter Junge. Irgendwann wirst du ein wundervoller Ehemann.«

»Sag mir, was ich tun muss, um ein guter Ehemann zu sein. Ich will nicht werden wie Papa. Er bringt dich nicht zum Lächeln. Er hilft dir nicht.«

»Dein Papa arbeitet sehr schwer, um das Geld zu verdienen, von dem wir leben.«

»Ich weiß, aber kann er nicht beides tun? Geld verdienen und dich zum Lächeln bringen?«

»Du musst noch eine Menge lernen, bis du groß bist, junger Mann.«

»Dann bring es mir bei. Ich möchte, dass das Mädchen, das ich heirate, mich mag, dass sie mit mir glücklich ist.«

Lales Mutter setzte sich, und er setzte sich ihr gegenüber. »Als Erstes musst du lernen, ihr zuzuhören. Auch wenn du müde bist, sei nie zu müde, um dir anzuhören, was sie zu sagen hat. Finde heraus, was sie mag, und vor allem, was sie nicht mag. Wenn du kannst, bring ihr kleine Aufmerksamkeiten – Blumen, Schokolade –, so was mögen Frauen.«

»Wann hat Papa dir zum letzten Mal eine kleine Aufmerksamkeit mitgebracht?«

»Das ist doch ganz gleich. Du willst wissen, was Mädchen wollen, nicht, was ich bekomme.«

»Wenn ich Geld habe, bringe ich dir Blumen und Schokolade, versprochen.«

»Du solltest dein Geld für das Mädchen sparen, das dein Herz erobert.«

»Und woher weiß ich, wer sie ist?«

»Oh, das weißt du dann schon.«

Sie zog ihn in ihre Arme und strich ihm über die Haare: ihr Junge, ihr junger Mann.

Ihr Bild zerrinnt – Tränen, das Bild verschwimmt, er blinzelt – er stellt sich Gita in seinen Armen vor, und er streichelt ihr Haar.

»Du hattest recht, Mama. Ich weiß es.«

Jakob kommt ihn holen. Er schleppt ihn durch einen Flur bis zu einem kleinen, fensterlosen Raum. Eine einzelne Glühbirne hängt von der Decke. An einer Kette an der Rückwand hängen Handschellen. Auf dem Boden liegt eine Birkenrute. Zwei SS-Offiziere unterhalten sich, Lale beachten sie gar nicht. Er taumelt rückwärts, die Augen fest auf den Boden geheftet. Ohne Vorwarnung schlägt Jakob Lale mit der Faust ins Gesicht, sodass er gegen die Wand geschleudert wird. Jetzt merken die SS-Offiziere auf. Lale versucht aufzustehen. Jakob setzt langsam den rechten Fuß zurück. Lale erwartet den Tritt. Er rutscht weg, gerade als Jakobs Fuß ihn an den Rippen trifft, dann übertreibt er den Aufprall, indem er sich rückwärtswälzt, keucht und seine Brust umklammert. Als er sich langsam aufrichtet, versetzt ihm Jakob einen weiteren Faustschlag ins Gesicht. Diesmal erwischt der Hieb ihn mit voller Wucht, obwohl Jakob ihn vorher angedeutet hatte. Ungehindert rinnt Lale das Blut aus der zertrümmerten Nase. Grob reißt Jakob ihn auf die Füße und fesselt ihn an die baumelnde Kette.

Jakob nimmt die Birkenrute, zieht Lale das Hemd vom Rücken und prügelt fünf Mal auf ihn ein. Dann zieht er Lales Hose und Unterhose herunter und versetzt ihm noch einmal fünf Hiebe auf das Hinterteil. Diesmal sind Lales Schreie nicht vorgetäuscht. Mit einem Ruck biegt Jakob Lales Kopf nach hinten.

»Sag uns die Namen der Häftlinge, die für dich stehlen!«, fährt er ihn drohend an.

Entspannt stehen die Offiziere daneben und sehen zu.

Lale schüttelt den Kopf, wimmert: »Ich weiß nicht.« Jakob versetzt ihm zehn weitere Hiebe. Das Blut rinnt ihm die Beine hinab. Die beiden Offiziere werden aufmerksamer, treten näher. Jakob reißt Lales Kopf nach hinten und bellt: »Rede!« Er flüstert ihm ins Ohr: »Sag, du weißt nicht, dann fall in Ohnmacht.« Und wieder lauter: »Rück raus mit den Namen!«

»Ich frage nie danach! Ich weiß nicht. Sie müssen mir glauben...«

Jakob schlägt Lale in den Bauch. Er geht in die Knie, verdreht die Augen und tut so, als würde er ohnmächtig. Jakob wendet sich an die Offiziere.

»Das ist ein schlapper Jude. Wenn er die Namen wüsste, hätte er sie jetzt schon rausgelassen.« Er tritt gegen Lales Beine, während der schlaff von der Kette hängt.

Nickend verlassen die Offiziere den Raum.

Sobald die Tür geschlossen ist, löst Jakob Lales Fesseln und legt ihn vorsichtig auf den Boden. Mit einem Stofflappen, den er in seinem Hemd versteckt hat, wischt er das Blut von Lales Körper und zieht ihm sachte die Hosen hoch.

»Es tut mir so leid, Lale.«

Er hilft ihm auf die Füße, befördert ihn zurück in seine Zelle und legt ihn auf den Bauch.

»Das hast du gut gemacht. Du wirst jetzt eine Zeit lang so schlafen müssen. Ich komme nachher mit ein bisschen Wasser und einem sauberen Hemd. Jetzt ruh dich ein bisschen aus.«

Die nächsten paar Tage kommt Jakob jeden Tag mit Essen und Wasser vorbei, gelegentlich auch mit einem frischen Hemd. Er berichtet Lale vom Ausmaß seiner Verletzungen und dass sie heilen. Lale weiß, dass er sein Leben lang die Narben tragen wird. *Vielleicht hat der Tätowierer das auch verdient.*

»Wie oft hast du mich geschlagen?«, fragt Lale.

»Ich weiß nicht.«

»Doch, du weißt es.«

»Es ist vorbei, Lale, jetzt verheilt alles wieder. Lass es gut sein.«

»Hast du mir die Nase gebrochen? Ich bekomme schwer Luft.«

»Wahrscheinlich, ja, aber nicht so schlimm. Sie ist schon abgeschwollen und kaum verformt. Du siehst immer noch gut aus. Die Mädchen werden dir immer noch nachlaufen.«

»Ich will nicht, dass mir die Mädchen nachlaufen.«

»Warum nicht?«

»Ich habe die Eine gefunden.«

Als am nächsten Tag die Tür aufgeht, blickt Lale hoch, um Jakob zu begrüßen, aber stattdessen stehen da zwei SS-Leute. Sie bedeuten Lale, aufzustehen und mitzukommen. Lale bleibt sitzen und versucht, klar zu denken. *Kann das das Ende sein? Geht es jetzt an die Schwarze Wand?* Im Stillen verabschiedet er sich von seiner Familie und zuletzt von Gita. Die Wachleute werden ungeduldig, betreten die Zelle und richten die Gewehre auf ihn. Auf zitternden Beinen folgt er ihnen nach draußen. Zum ersten Mal seit einer Woche spürt er die Sonne im Gesicht, als er zwischen den beiden Wachleuten vorwärtstaumelt. Als er in Erwartung des Todesschusses aufblickt, sieht er, wie mehrere andere Häftlinge auf einen Lkw geladen werden. *Vielleicht ist es doch nicht das Ende.* Seine Beine geben nach, die Wachleute schleppen ihn das letzte kurze Stück. Sie werfen ihn auf die Ladefläche, er schafft keinen Blick zurück. Den ganzen Weg bis Birkenau hängt er an der Planke des Lkws.

KAPITEL 20

Die beiden SS-Leute helfen Lale vom Lkw und schleifen ihn ins Büro von Oberscharführer Houstek, wo sie ihn jeweils an einem Arm aufrecht halten.

»Wir haben nichts aus ihm herausbekommen, auch nicht, als der Riesenjude ihn in der Mache hatte«, erklärt einer von ihnen.

Houstek wendet sich zu Lale, der den Kopf hebt.

»Dann wusstest du also wirklich keine Namen? Und sie haben dich nicht exekutiert?«

»Nein, Herr Oberscharführer.«

»Zurück zum Absender, was? Jetzt bist du wieder mein Problem.«

»Jawohl, Herr Oberscharführer.«

Houstek befiehlt den beiden Wachleuten: »Bringt ihn in Block 31.«

Er wendet sich an Lale. »Wir werden ein bisschen harte Arbeit aus dir rausholen, bis deine Nummer vorbei ist, lass dir das gesagt sein!«

Lale wird aus dem Büro geschleppt. Er versucht, mit den SS-Leuten Schritt zu halten. Doch als sie das

Gelände halb überquert haben, gibt er auf und opfert die Haut auf den Fußrücken dem Kiesboden. Die Wachleute öffnen die Tür von Block 31 und stoßen ihn hinein, dann machen sie kehrt und sind weg. Lale liegt auf dem Boden, völlig zermürbt an Körper und Seele. Vorsichtig nähern sich mehrere Barackenbewohner. Zwei versuchen ihm aufzuhelfen, aber angesichts von Lales Schmerzensschreien lassen sie es. Einer der Männer hebt Lales Hemd an und legt die breiten Striemen auf seinem Rücken und Hintern frei. Diesmal fassen sie vorsichtiger an, heben ihn auf und legen ihn auf eine Pritsche. Schnell ist er eingeschlafen.

»Ich weiß, wer das ist«, sagt ein Gefangener.

»Wer denn?«, fragt ein anderer.

»Der Tätowierer. Erkennst du ihn nicht wieder? Wahrscheinlich hat er auch deine Nummer gestochen.«

»Ja, stimmt. Ich frage mich, wen er vergrätzt hat.«

»Als ich in Block 6 war, habe ich Zulagen von ihm bekommen. Er hat immer Essen verteilt.«

»Davon weiß ich nichts. Ich war immer nur in diesem Block. Ich habe irgendwen vergrätzt, als ich hier ankam.« Leise glucksen die Männer.

»Er schafft es nicht zur Essensausgabe. Ich bring ihm was von meinem. Morgen wird er's brauchen.«

Kurz darauf wecken Lale zwei Männer, jeder mit einem kleinen Stück Brot. Sie reichen es ihm, und er nimmt es dankbar an.

»Ich muss raus hier.«

Die Männer lachen.

»Klar, Freundchen. Da hast du zwei Möglichkeiten: eine geht schnell, die andere braucht vielleicht ein bisschen länger.«

»Und zwar?«

»Tja, du kannst morgen früh rausgehen und dich auf den Leichenwagen werfen, wenn er seine Runde macht. Oder du kannst mit auf den Feldern arbeiten kommen, bis du umfällst oder sie anflehst, dich zu erschießen.«

»Von den beiden gefällt mir keine. Ich werde wohl was anderes finden müssen.«

»Viel Glück, mein Freund. Jetzt ruh dich erst mal aus. Du hast einen langen Tag vor dir, vor allem in deiner Verfassung.«

In dieser Nacht träumt Lale von seinen Abschieden von zu Hause.

Als er zum ersten Mal von zu Hause wegging, war er ein hoffnungsvoller junger Mann auf der Suche nach einer Zukunft. Er würde eine Arbeit finden, die ihm gefiel und in der er Karriere machen konnte. Er würde großartige Erlebnisse haben und in die romantischen Städte Europas reisen, von denen er in Büchern gelesen hatte: Paris, Rom, Wien. Und vor allem wollte er die Eine finden, in die er sich verlieben würde, die er mit Zuneigung überschütten würde und mit den Dingen, die seine Mutter ihm genannt hatte: Blumen, Schokolade, seiner Zeit und seiner Aufmerksamkeit.

Sein zweiter Abschied, voller Ungewissheit vor dem Unbekannten, verstörte ihn. Was lag vor ihm?

Er erreichte Prag nach einer langen, von schmerzlichen Gefühlen begleiteten Reise weg von seiner Familie. Entsprechend den Anweisungen meldete er sich bei der zuständigen Behörde, wo ihm gesagt wurde, er solle in der Nähe unterkommen und sich wöchentlich melden, bis über ihn entschieden wäre. Am 16. April – einen Monat später – sollte er sich mit seinem Gepäck in einer Schule melden. Dort wurde er mit zahlreichen jungen Juden aus der ganzen Slowakei untergebracht.

Lale war stolz auf sein Äußeres, und trotz seiner Lebensumstände blieb er wie aus dem Ei gepellt. Tag für Tag wusch er sich und seine Kleider am Waschbecken der Schultoiletten. Er wusste nicht, wohin es gehen sollte, aber wollte dafür sorgen, dass er bei seiner Ankunft tadellos aussah.

Nach fünf Tagen Herumsitzen, Langeweile, Angst, vor allem aber Langeweile, wurden Lale und die anderen angewiesen, ihr Gepäck einzusammeln, dann wurden sie zum Bahnhof eskortiert. Über den Bestimmungsort erfuhren sie nichts. Da fuhr ein Güterzug ein, und man sagte den Männern, sie sollten in die Viehwaggons steigen. Einige widersetzten sich mit dem Argument, die dreckigen Waggons seien unter ihrer Würde. Lale beobachtete die Reaktion: Zum ersten Mal sah er, wie seine Mitbürger gegen Juden die Waffen erhoben und auf die einschlugen, die weiter protestierten. Gemeinsam mit allen anderen stieg er ein. Als niemand mehr hineinpasste, sah Lale, wie die Türen zugeschoben und verriegelt wurden, slowakische Soldaten taten das, Männer also, die ihn eigentlich hätten beschützen sollen.

Wieder und wieder hört er das Rumpeln und Krachen der Türen und Riegel, das Rumpeln und Krachen.

Am nächsten Morgen helfen die beiden hilfsbereiten Gefangenen Lale aus der Baracke und stehen mit ihm beim Appell. *Wie lange habe ich nicht mehr so gestanden und gewartet?* Nummern, Nummern. Das Überleben hängt immer von der Nummer ab. Wenn man auf der Liste des Kapos einen Haken bekommt, weiß man, dass man immer noch am Leben ist. Lales Nummer steht ganz unten auf der Liste, er ist ja auch der neueste Bewohner von Block 31. Beim ersten Aufruf reagiert er nicht, muss angestoßen werden. Nach einem Becher abgestandenem, dünnem Kaffee und einer mageren Scheibe hartem Brot werden sie zum Arbeitseinsatz geführt.

Auf einem Feld zwischen den Lagern Auschwitz und Birkenau sollen sie dicke Steinblöcke von einer Seite auf die andere schleppen. Als sie fertig sind, müssen sie sie wieder zurückschleppen. So geht der Tag dahin. Lale denkt an die Hunderte Male, die er vorbeigefahren ist und bei dieser Arbeit zugeschaut hat. *Nein, ich habe nur flüchtig hingesehen. Zuschauen konnte ich nicht, was diese Männer durchmachten.* Schnell stellt er fest, dass die SS-Wachen den Letzten, der mit seinem Stein ankommt, erschießen.

Lale braucht all seine Kräfte. Seine Muskeln schmerzen, aber im Kopf bleibt er stark. Einmal kommt er als Vorletzter. Als der Tag zu Ende ist, sammeln die Überlebenden die Toten auf und tragen sie zurück ins Lager.

Lale wird von dieser Arbeit befreit, aber, wie er hört, hat er nur einen Tag Aufschub. Morgen wird auch er seinen Beitrag leisten müssen, vorausgesetzt, er lebt noch.

Als sie wieder ins Lager kommen, sieht Lale am Tor Baretzki stehen. Er kommt herüber und läuft neben Lale her.

»Ich habe gehört, was mit dir passiert ist.«

Lale sieht ihn an. »Baretzki, können Sie mir bei etwas helfen?« Mit dieser Bitte um Hilfe gibt er vor den anderen zu, dass er anders ist als sie. Er kennt den Namen des Postens und kann ihn um Hilfe bitten. Sofort schämt er sich für seine Nähe zum Feind, aber er braucht sie.

»Vielleicht... Worum geht's?« Baretzki windet sich.

»Können Sie Gita etwas ausrichten?«

»Willst du wirklich, dass sie weiß, wo du bist? Soll sie nicht besser denken, du wärst schon tot?«

»Sagen Sie ihr einfach genau, wo ich bin – Block 31 –, und richten Sie ihr aus, sie soll es Cilka erzählen.«

»Du willst, dass ihre Freundin es weiß?«

»Ja, das ist ganz wichtig. Sie versteht dann schon.«

»Hmm. Ich mache das, wenn mir danach ist. Stimmt es, dass du ein Vermögen an Diamanten unter der Matratze hattest?«

»Haben Sie auch die ganze Geschichte gehört: von den Rubinen, den Smaragden, den Yankee-Dollars, den britischen und südafrikanischen Pfund?«

Kopfschüttelnd lacht Baretzki auf und schlägt Lale schmerzhaft auf die Schulter, als er davongeht.

»Cilka. Gita muss es Cilka ausrichten«, ruft er ihm nach.

Mit einem Winken über die Schulter lässt Baretzki Lale zurück.

Baretzki betritt das Frauenlager während der Aufstellung zur Essensausgabe. Cilka sieht ihn zur Blockältesten treten und dann auf Gita zeigen. Die Blockälteste winkt Gita mit dem Finger heran. Cilka drängt sich an Dana, während Gita langsam zu Baretzki hinübergeht. Sie können nicht hören, was er sagt, aber als Reaktion bedeckt Gita ihr Gesicht mit den Händen. Dann wendet sie sich zu ihren Freundinnen um und läuft in ihre offenen Arme.

»Er lebt! Lale lebt!«, sagt sie. »Er hat gesagt, ich soll dir, Cilka, ausrichten, dass er in Block 31 ist.«

»Warum mir?«

»Ich weiß nicht, aber er meinte, Lale hat darauf bestanden, dass ich es dir ausrichte.«

»Was kann sie denn Besonderes tun?«, fragt Dana.

Cilka blickt zur Seite, in ihr arbeitet es.

»Ich weiß nicht«, sagt Gita – ihr ist nicht nach Grübeln zumute. »Ich weiß nur, dass er lebt.«

»Cilka, was kannst du tun? Wie kannst du helfen?«, fleht Dana.

»Ich denke darüber nach«, erwidert Cilka.

»Er lebt. Mein Liebster lebt«, wiederholt Gita.

In derselben Nacht liegt Cilka in Schwarzhubers Armen. Sie weiß, dass er nicht schläft. Sie öffnet den Mund, um etwas zu sagen, aber sie verstummt, als er seinen Arm unter ihr wegzieht.

»Ist alles in Ordnung?«, fragt sie versuchsweise; sie befürchtet, dass er bei einer so persönlichen Frage misstrauisch wird.

»Ja.«

Es liegt eine Sanftheit in seiner Stimme, die sie noch nie gehört hat, und mutiger fährt sie fort. »Ich habe Ihnen noch nie etwas abgeschlagen, oder? Und ich habe Sie noch nie um einen Gefallen gebeten?«, fragt sie zögerlich.

»Stimmt«, gibt er zurück.

»Kann ich Sie um eines bitten?«

Lale überlebt den nächsten Tag. Er tut das Seine, hilft, einen der ermordeten Männer zurückzutragen. Er hasst sich dafür, dass er nur an die Schmerzen denken kann, die ihm das bereitet, und er kein Mitgefühl für den Toten hat. *Was ist mit mir los?* Bei jedem Schritt scheint der Schmerz in seinen Schultern ihn weiter zu Boden zu drücken. *Halt durch, halt durch.*

Als sie ins Lager kommen, fallen Lale zwei Gestalten auf, gleich hinter dem Zaun, der die Gefangenen von den SS-Kasernen trennt. Die winzige Cilka steht neben Lagerführer Schwarzhuber. Ein Wachmann auf Lales Seite des Zauns spricht mit ihnen. Lale bleibt stehen, lockert den Griff an der Leiche, sodass der Gefangene, mit dem er sie trägt, stolpert und fällt. Lale blickt zu Cilka, die zurückspäht und etwas zu Schwarzhuber sagt. Nickend zeigt der auf Lale. Cilka und Schwarzhuber gehen weg, während der Wachmann zu Lale tritt.

»Komm mit.«

Lale lässt die Beine, die er bis eben getragen hat, auf den Boden sinken und sieht dem Toten zum ersten Mal ins Gesicht. Sein Mitgefühl kehrt wieder, er beugt den Kopf vor diesem furchtbaren Ende eines weiteren Lebens. Er streift seinen Mitträger mit einem entschuldigenden Blick und eilt dem Wachmann hinterher. Alle anderen Bewohner von Block 31 starren ihm nach.

Der Wachmann erklärt Lale: »Ich soll dich in deine alte Stube im Zigeunerlager bringen.«

»Ich kenne den Weg.«

»Wie du willst.« Der Wachmann lässt ihn allein.

Vor dem Zigeunerlager bleibt Lale stehen und sieht den herumrennenden Kindern zu. Mehrere von ihnen sehen ihn an, versuchen zu begreifen, dass er zurück ist. Eigentlich hatte man ihnen gesagt, der Tätowierer sei tot. Eines der Kinder rennt auf Lale zu, schlingt die Arme um seine Taille, drückt ihn und heißt ihn willkommen »zu Hause«. Die anderen laufen dazu, und schon bald treten die Erwachsenen aus der Baracke und begrüßen ihn. »Wo warst du?«, fragen sie. »Bist du verletzt?« Er wehrt alle ihre Fragen ab.

Hinten in der Gruppe steht Nadya. Lale blickt sie an. Er drängt sich durch die Männer, Frauen und Kinder und bleibt vor ihr stehen. Mit einem Finger wischt er ihr eine Träne von der Wange. »Schön, dich zu sehen, Nadya.«

»Du hast uns gefehlt. Du hast mir gefehlt.«

Lale kann nur nicken. Er muss schnell weg hier, bevor er vor aller Augen zusammenbricht. Eilig betritt er seine Stube, schließt die Tür und legt sich auf sein altes Bett.

KAPITEL 21

»Bist du ganz sicher, dass du keine Katze bist?«

Lale hört die Worte und versucht angestrengt, herauszufinden, wo er ist. Als er die Augen aufschlägt, blickt er in das grinsende Gesicht Baretzkis, der sich über ihn beugt.

»Was?«

»Du musst eine Katze sein, jedenfalls hast du mehr Leben als sonst jemand hier.«

Lale rappelt sich zum Sitzen hoch.

»Es war …«

»Cilka, ja, ich weiß. Muss schön sein, hochgestellte Freunde zu haben.«

»Ich wäre gerne bereit, mein Leben dafür zu geben, damit sie solche Freunde nicht braucht.«

»Fast hast du dein Leben ja gegeben. Obwohl ihr das auch nicht geholfen hätte.«

»Tja, daran kann ich leider nichts ändern.«

Baretzki lacht laut auf. »Du meinst wirklich, du beherrscht diese Lager, oder? Verdammt, vielleicht stimmt das ja sogar. Immerhin lebst du, obwohl du längst tot sein müsstest. Wie hast du es bloß aus Block 11 herausgeschafft?«

»Keine Ahnung. Als sie mich rausgebracht haben, war ich überzeugt, dass es an die Schwarze Wand geht, aber dann haben sie mich auf einen Lkw geworfen und hierher zurückgebracht.«

»Ich habe noch nie gehört, dass jemand wieder aus dem Strafbunker rausgekommen ist, also bravo«, kommentiert Baretzki.

»Auf dieses Stück Geschichte hätte ich auch gut verzichten können. Wie kommt es, dass ich meine alte Stube zurückhabe?«

»Ganz einfach. Die gehört zum Job.«

»Wie bitte?«

»Du bist der Tätowierer, und ich kann nur sagen, Gott sei Dank. Der Eunuche, der dich ersetzt hat, hat das nicht gepackt.«

»Houstek gibt mir meinen alten Job zurück?«

»Ich würde ihm lieber aus dem Weg gehen. Er wollte dich nicht zurück; er wollte dich erschießen lassen. Aber Schwarzhuber hatte andere Pläne mit dir.«

»Ich muss zumindest an ein bisschen Schokolade für Cilka kommen.«

»Tätowierer, lass es. Du wirst sehr genau überwacht. Jetzt komm, ich bringe dich zur Arbeit.«

Als sie die Stube verlassen, sagt Lale: »Es tut mir leid, dass ich die Nylonstrümpfe nicht besorgen konnte, die Sie haben wollten. Ich hatte schon etwas eingefädelt, aber dann wurde mir ein Strich durch die Rechnung gemacht.«

»Hm, na ja, immerhin hast du es versucht. Sie ist sowieso nicht mehr meine Freundin. Sie hat mir den Laufpass gegeben.«

»Das tut mir leid. Ich hoffe, es lag nicht an etwas, das ich Ihnen vorgeschlagen habe.«

»Ich glaube nicht. Sie hat nur jemanden kennengelernt, der aus derselben Stadt – verdammt, demselben Land – kommt wie sie.«

Lale überlegt, ob er noch etwas sagen soll, dann lässt er es bleiben. Baretzki führt ihn aus der Baracke an die Rampe, wo eine Lkw-Ladung Männer eingetroffen ist und selektiert wird. Innerlich lächelt er, als er Leon bei der Arbeit sieht, wie er die Nadel fallen lässt, Tinte verschüttet. Baretzki verzieht sich, und Lale tritt von hinten an Leon heran.

»Brauchst du Hilfe?«

Leon dreht sich um, stößt ein Tintenfläschchen um, als er Lales Hand ergreift und sie überglücklich lange schüttelt.

»Wie gut es ist, dich zu sehen!«, ruft er.

»Glaub mir, es ist auch gut, wieder hier zu sein. Wie geht es dir?«

»Muss immer noch im Sitzen pissen. Sonst geht es. Viel besser, jetzt, wo du hier bist.«

»Dann lass uns weitermachen. Sieht so aus, als würden sie ziemlich viele zu uns rüberschicken.«

»Weiß Gita, dass du wieder da bist?«, fragt Leon.

»Ich glaube ja. Ihre Freundin, Cilka, hat mich rausgeholt.«

»Die, die …?«

»Ja. Ich will morgen versuchen, sie zu sehen. Gib mir mal eine Nadel. Ich will ihnen lieber keinen Vorwand bieten, mich wieder dahin zu bringen, wo ich herkomme.«

Leon reicht ihm seine Tätowiernadel und wühlt in Lales Tasche nach einer weiteren. Gemeinsam machen sie sich an die Arbeit und tätowieren die neuesten Häftlinge von Birkenau.

Am nächsten Nachmittag wartet Lale an der Rampe in der Nähe des Lagertors, als die Mädchen von der Arbeit kommen. Dana und Gita sehen ihn nicht, bis er ihnen in den Weg tritt. Es dauert einen Moment, bis sie reagieren. Dann werfen ihm beide Mädchen die Arme um den Hals und drücken ihn. Dana weint. Nicht eine Träne bei Gita. Lale löst sich aus der Umarmung und nimmt jede bei einer Hand.

»Beide immer noch so hübsch«, erklärt er.

Gita gibt ihm mit der freien Hand einen Klaps auf den Arm.

»Ich dachte, du bist tot. Schon wieder. Ich dachte, ich würde dich nie wiedersehen.«

»Ich auch«, nickt Dana.

»Aber das bin ich nicht. Und das verdanke ich euch und Cilka. Ich bin hier bei euch beiden, wo ich sein soll.«

»Aber ...«, ruft Gita.

Lale zieht sie an sich und drückt sie fest.

Dana küsst ihn auf die Wange. »Ich lasse euch allein. Es tut so gut, dich zu sehen, Lale. Ich war sicher, Gita würde an Liebeskummer sterben, wenn du nicht bald gekommen wärst.«

»Danke, Dana«, sagt Lale. »Du bist so eine gute Freundin, für uns beide!«

Mit einem Lächeln auf dem Gesicht geht sie.

Hunderte Gefangene strömen noch über die Rampe, und mittendrin stehen Lale und Gita und wissen nicht, was sie jetzt tun sollen.

»Mach die Augen zu«, sagt Lale.

»Was?«

»Mach die Augen zu und zähl bis zehn.«

»Aber...«

»Tu's einfach.«

Ein Auge nach dem anderen schließt Gita, wie er gesagt hat. Sie zählt bis zehn, dann macht sie sie wieder auf. »Ich verstehe nicht.«

»Ich bin immer noch da. Ich werde dich nie wieder alleinlassen.«

»Komm, wir müssen weitergehen«, ermahnt sie ihn.

Sie gehen in Richtung Frauenlager. Ohne ein Geschenk für die Blockälteste kann Lale nicht das Risiko eingehen, dass Gita zu spät kommt. Behutsam lehnen sie sich aneinander.

»Ich weiß nicht, wie lange ich das hier noch aushalte.«

»Ewig kann es nicht dauern, mein Liebling. Jetzt halt bitte einfach durch. Den Rest unseres Lebens werden wir dann zusammen verbringen.«

»Aber...«

»Kein aber. Ich habe dir versprochen, dass wir hier weggehen und ein gemeinsames Leben führen.«

»Wie können wir das? Wir wissen nicht, was morgen kommt. Schau doch, was dir passiert ist.«
»Jetzt bin ich hier bei dir, oder?«
»Lale ...«
»Lass es, Gita.«
»Erzählst du mir, was dir passiert ist? Wo du warst?«
Lale schüttelt den Kopf. »Nein. Jetzt bin ich zurück, hier bei dir. Wichtig ist nur, was ich dir schon so oft gesagt habe: hier rauszukommen und zusammen frei zu leben. Vertrau mir, Gita.«
»Ja.«
Lale ist glücklich, das zu hören.
»Eines Tages wirst du dieses Wort in einer ganz anderen Situation zu mir sagen. Vor einem Rabbi, im Kreis unserer Familie und unserer Freunde.«
Gita kichert und legt für einen Moment den Kopf an seine Schulter, bis sie am Eingang zum Frauenlager sind.

Auf dem Rückweg in seinen Block tauchen zwei junge Männer auf und gehen neben ihm her.
»Sind Sie der Tätowierer?«
»Wer seid ihr?«, fragt Lale zurück.
»Wir haben gehört, dass Sie uns vielleicht Essen organisieren können.«
»Ich weiß nicht, wer euch das erzählt hat, aber er irrt sich.«
»Wir können bezahlen«, erklärt der eine, öffnet die Faust und lässt einen kleinen, aber perfekten Diamanten aufblitzen.
Lale beißt die Zähne zusammen.

»Na los, nehmen Sie ihn. Wenn Sie uns irgendwas besorgen können, wären wir sehr glücklich.«

»In welchem Block seid ihr?«

»Neun.«

Wie viele Leben hat eine Katze?

Am nächsten Morgen drückt Lale sich am Haupttor herum, die Tasche fest in der Hand. Zweimal nähern sich SS-Posten.

»Politische Abteilung«, sagt er beide Male, und sie lassen ihn in Ruhe. Trotzdem ist er ängstlicher als früher. Victor und Yuri lösen sich aus der Gruppe Männer, die das Lager betreten, und begrüßen Lale herzlich.

»Dürfen wir fragen, wo du warst?«, fragt Victor.

»Lieber nicht«, erwidert Lale.

»Bist du wieder im Geschäft?«

»Nicht wie vorher. In viel kleinerem Maßstab, ja? Nur ein bisschen Essen, wenn ihr könnt, keine Nylonstrümpfe mehr.«

»Alles klar. Schön, dass du wieder da bist.« Victor klingt begeistert.

Lale streckt die Hand aus, Victor schüttelt sie, und der Diamant wechselt die Hand.

»Eine Anzahlung. Dann bis morgen?«

»Bis morgen.«

Yuri sieht ihn an. »Ich freue mich, dich wiederzusehen«, sagt er ruhig.

»Ich auch, Yuri. Bist du erwachsen geworden?«

»Ja, ich denke mal.«

»Sag mal«, fragt Lale, »du hast nicht zufällig ein bisschen Schokolade bei dir? Ich brauche dringend ein bisschen Zeit mit meinem Mädchen.«

Yuri holt einen Riegel aus der Tasche und reicht ihn Lale mit einem Zwinkern.

Auf direktem Weg geht Lale ins Frauenlager zu Block 29. Die Blockälteste lehnt wie immer genießerisch in der Sonne. Sie sieht Lale näher kommen.

»Tätowierer, schön, dich zu sehen.«

»Hast du abgenommen? Du siehst gut aus«, witzelt er.

»Du warst ziemlich lange weg.«

»Da bin ich wieder.« Er reicht ihr die Schokolade.

»Ich hole sie dir.«

Er sieht ihr nach, wie sie zur Kommandantur geht und mit der SS-Aufseherin spricht. Dann geht er in die Baracke und setzt sich, bis Gita kommt. Er braucht nicht lange zu warten. Sie schließt die Tür und geht auf ihn zu. Er steht auf, lehnt sich an den Pfosten der Pritsche. Er hat Angst vor dem, was er jetzt sagen muss. Angestrengt bemüht er sich um einen beherrschten Gesichtsausdruck.

»Uns lieben, wo und wann wir wollen. Wir sind zwar nicht frei, aber ich habe mich jetzt und hier dafür entschieden. Was sagst du dazu?«

Sie wirft sich in seine Arme, bedeckt sein Gesicht mit Küssen. Als sie anfangen, sich auszuziehen, hält Lale inne und fasst Gitas Hände.

»Du wolltest wissen, wo ich war, aber ich habe es nicht gesagt, weißt du noch?«

»Ja.«

»Ich will immer noch nicht darüber reden, aber eines kann ich dir nicht verheimlichen. Also, du darfst nicht erschrecken, und es geht mir gut, aber ich habe ein bisschen Prügel abbekommen.«

»Zeig's mir.«

Lale schlüpft aus dem Hemd und wendet ihr langsam den Rücken zu. Wortlos lässt sie die Finger über die Striemen gleiten, so sanft es nur geht. Danach kommen ihre Lippen, und er weiß, dass sie keine Worte mehr brauchen. Ihr Liebesspiel ist langsam und vorsichtig. Er spürt, dass ihm die Tränen kommen, schluckt sie hinunter. Eine so tiefe Liebe hat er noch nie empfunden.

KAPITEL 22

Lange, heiße Sommertage verbringt Lale mit Gita oder mit Gedanken an sie. Ihre Arbeitslast ist nicht weniger geworden, ganz im Gegenteil: Jede Woche kommen jetzt Tausende ungarische Juden nach Auschwitz und Birkenau. In der Folge kommt es sowohl im Männer- als auch im Frauenlager zu Spannungen. Lale weiß, warum. Je höher die Nummer auf einem Arm, desto weniger Respekt wird dem Gefangenen entgegengebracht. Jedes Mal, wenn große Transporte aus einem neuen Land eintreffen, kommt es zu Revierkämpfen. Gita hat ihm aus dem Frauenlager erzählt. Die slowakischen Mädchen, die schon am längsten dort sind, ärgern sich über die Ungarinnen, die nicht hinnehmen wollen, dass sie nicht dieselben kleinen Vergünstigungen erhalten, die die Slowakinnen sich mühsam herausgehandelt haben. Dass sie schon so lange überlebt haben, finden ihre Freundinnen und sie, muss sich irgendwie auch auszahlen. So haben sie zum Beispiel aus Kanada Zivilkleidung bekommen. Keine blau-weiß gestreiften Anzüge mehr. Und zum Teilen sind sie nicht bereit. Wenn es zu Handgreiflichkeiten kommt, stellt die SS sich auf keine Seite; alle Beteiligten werden mit derselben Gnadenlosigkeit bestraft: Entzug ihrer mageren Essensrationen, Prügel, manchmal nur ein Hieb mit einem Gewehrkolben oder einem Schlagstock, manchmal auch brutale Prügelstrafen, bei denen die Mitgefangenen zusehen müssen.

Gita und Dana halten sich aus allen Kämpfen heraus. Gita hat genug mit den Eifersüchteleien zu tun, die ihr ihre Arbeit in der Kommandantur, ihre Freundschaft mit der offenbar unter höherem Schutz stehenden Cilka und natürlich die Besuche ihres Freundes, des Tätowierers, einbringen.

Lale ist gegen die Lagerkämpfe weitgehend immun. Er arbeitet mit Leon und nur einer Handvoll anderer Gefangener an der Seite der SS, hat also kaum Kontakt mit den Tausenden hungernden Männern, die zusammengepfercht schuften und kämpfen und leben und sterben müssen. Auch seine Unterkunft bei den Roma gibt ihm ein Gefühl von Sicherheit und Zugehörigkeit. Er merkt, dass er sich an ein Leben gewöhnt hat, das im Vergleich zu den Bedingungen, die die allermeisten anderen aushalten müssen, geradezu bequem ist. Er arbeitet, wenn es Arbeit gibt, verbringt jede freie Minute mit Gita, spielt mit den Roma-Kindern, redet mit ihren Eltern – vor allem mit den jüngeren Männern, aber auch mit den älteren Frauen. Er bewundert, wie sie füreinander da sind, nicht nur für ihre engste Familie. Keinen so guten Draht hat er zu den älteren Männern, die vor allem herumsitzen und sich nicht um die Kinder oder um die jungen Männer scheren, nicht einmal um die älteren Frauen. Ihr Anblick lässt ihn oft an seinen eigenen Vater denken.

Eines Nachts erwacht Lale vom Brüllen der SS-Leute, von Hundegebell, schreienden Frauen und Kindern. Er öffnet die Tür und sieht, wie die Männer, Frauen und Kinder aus seinem Block ins Freie getrieben werden. Er bleibt stehen, bis die letzte Frau, ein Baby im Arm, brutal in die dunkle Nacht gestoßen wird. Er folgt ihnen nach draußen und steht wie betäubt daneben, als rundum auch die anderen Zigeunerblöcke geleert werden. Tausende Menschen werden auf wartende Lkws verladen. Die Rampe ist hell erleuchtet, Dutzende SS-Leute mit Hunden pferchen die Menge ein, schießen auf jeden, der nicht umgehend den Befehl befolgt: »Rauf auf die Lastwagen!«

Lale hält einen Wachmann am Ärmel fest, den er erkennt. »Wohin bringt ihr sie?«, fragt er.

»Willst du mit, Tätowierer?«, erwidert der Mann, ohne stehen zu bleiben.

Lale zieht sich in den Schatten zurück, mustert die Menge. Da ist Nadya, er läuft zu ihr. »Nadya«, fleht er sie an, »geh nicht.«

Sie zwingt sich zu einem tapferen Lächeln. »Ich habe keine Wahl, Lale. Ich gehe, wohin mein Volk geht. Leb wohl, mein Freund, es war ...« Ein Wachmann stößt sie weiter, bevor sie ausreden kann.

Wie gelähmt steht Lale da, schaut zu, bis der Letzte auf den Lkw geladen wurde. Die Wagen fahren an, und langsam geht er zurück in die unheimlich stille Baracke. Zurück ins Bett. Doch der Schlaf bleibt aus.

Als Lale am nächsten Morgen bei Leon eintrifft, stürzt er sich verzweifelt in die Arbeit; neue Transporte kommen herein.

Mengele mustert die schweigenden Reihen, schiebt sich langsam immer näher an den Tisch der Tätowierer. Leons Hände zittern. Lale versucht, ihm aufmunternd zuzuzwinkern, doch das Schwein, das ihn verstümmelt hat, ist nur wenige Meter weit weg. Mengele bleibt stehen, sieht ihnen bei der Arbeit zu. Gelegentlich nimmt er eine Tätowierung unter die Lupe, was Lale und Leon noch nervöser macht. Sein tödliches Grinsen weicht ihm nie aus dem Gesicht. Er versucht, Lale in die Augen zu sehen, doch der hebt den Blick nie über den Arm, an dem er gerade arbeitet.

»Tätowierer«, sagt Mengele und beugt sich über den Tisch, »vielleicht nehme ich heute dich.« Er legt den Kopf schief, scheint sich an Lales Unbehagen zu weiden. Dann hat er genug von seinem Spaß und schlendert weiter.

Auf Lales Kopf landet etwas Leichtes, und er blickt auf. Das Krematorium speit Asche. Zitternd lässt Lale die Tätowiernadel fallen. Leon versucht ihn zu stützen.

»Lale, was ist? Was ist los?«

Lales Aufschrei erstickt in einem Schluchzen. »Ihr Schweine, ihr verdammten Schweine!«

Leon packt Lale am Arm, versucht ihn zu beschwichtigen, während Mengele sie aus der Ferne beobachtet und wieder auf sie zukommt. Lale sieht rot. Er kann sich nicht mehr beherrschen. *Nadya*. Verzweifelt versucht er, sich in den Griff zu bekommen, als Mengele vor ihnen steht. Ihm ist speiübel.

Mengeles Atem bläst ihm ins Gesicht. »Ist hier alles in Ordnung?«

»Ja, Herr Doktor, alles in Ordnung«, gibt Leon zitternd zurück.

Leon beugt sich hinunter, hebt Lales Nadel auf.

»Es ist nur eine Nadel gebrochen. Wir reparieren sie, dann geht es weiter«, ergänzt Leon noch.

»Du siehst nicht gut aus, Tätowierer. Soll ich dich mal untersuchen?«, fragt Mengele.

»Es geht, es ist nur eine Nadel gebrochen«, stammelt Lale. Er hält den Kopf gesenkt, wendet sich ab und versucht, sich wieder an die Arbeit zu machen.

»Tätowierer!«, donnert Mengele.

Lale wendet sich um, beißt die Zähne zusammen, den Kopf immer noch gesenkt. Mengele hat die Pistole gezogen. Er hält sie am herunterhängenden Arm.

»Ich könnte dich erschießen lassen dafür, dass du mir ausweichst.« Er hebt die Waffe, richtet sie auf Lales Stirn. »Schau mich an. Ich könnte dich auf der Stelle abknallen. Was sagst du dazu?«

Lale hebt den Kopf, richtet den Blick jedoch auf Mengeles Stirn, weigert sich, ihm in die Augen zu sehen. »Jawohl, Herr Doktor. Es tut mir leid, wird nicht wieder vorkommen, Herr Doktor«, murmelt er.

»Los jetzt, zurück an die Arbeit. Wegen dir kommen wir in Verzug«, bellt Mengele und wendet sich erneut ab. Lale sieht Leon an und zeigt auf die Asche, die jetzt überall zu Boden schwebt.

»Gestern Nacht haben sie das Zigeunerlager geräumt.«

Leon reicht Lale seine Tätowiernadel, bevor er sich selbst schweigend wieder an die Arbeit macht. Lale blickt auf, sucht nach einer Stelle, an der die Sonne durchscheint. Doch Asche und Rauch verdecken sie.

Als er an diesem Abend in seinen Block zurückkommt, findet er Gefangene vor, die Leon und er kurz zuvor nummeriert haben. Er schließt sich in seiner Stube ein. Er will keine Freundschaften schließen. Nicht heute. Nie wieder. Er will nur Stille in seinem Block.

KAPITEL 23

Über Wochen verbringen Lale und Gita ihre gemeinsame Zeit vor allem schweigend, sie versucht vergeblich, ihn zu trösten. Er hat ihr erzählt, was passiert ist, und sie versteht zwar seinen Kummer, teilt ihn aber nicht ganz. Dass sie Lales »zweite Familie« nie kennengelernt hat, ist nicht ihre Schuld. Nur allzu gern hatte sie ihn erzählen hören von den Kindern und ihren Versuchen, ohne Spielzeug zu spielen, wie sie Bälle aus Schnee oder Müll herumkickten, wie sie um die Wette sprangen, wer es schaffte, die Stützbalken in ihrer Baracke zu berühren, oder meistens einfach Fangen spielten. Sie versucht ihm Dinge über seine eigene Familie zu entlocken, doch Lale weigert sich jetzt hartnäckig, noch irgendetwas zu erzählen, bevor er nicht auch aus ihrem Leben etwas erfährt. Gita weiß nicht, wie sie den Fluch von Lales Trauer brechen soll. Über zweieinhalb Jahre haben sie beide dem Schlimmsten standgehalten, was Menschen einander antun können. Doch erstmals muss sie jetzt mit ansehen, wie Lale in einer solchen Depression versinkt. »Was ist mit den Tausenden unserer Landsleute?«, schreit sie ihn eines Tages an. »Was ist mit dem, was du in Auschwitz gesehen hast, bei Mengele? Weißt du, wie viele Menschen durch diese beiden Lager gegangen sind? *Weißt du das?*« Lale antwortet nicht. »Ich sehe die Karteikarten mit Namen und Alter – Babys, Kleinkinder –, ich sehe ihre Namen und ihre Nummern. So weit kann ich nicht einmal zählen.«

Lale braucht Gita gar nicht, um sich an die Massen von Menschen zu erinnern, die durch die Lager gegangen sind. Schließlich hat er ihnen selbst die Haut gebrandmarkt. Er sieht sie an; sie starrt zu Boden. Ihm wird klar: Was für ihn nur Nummern sind, sind für Gita Namen. Durch ihre Arbeit weiß sie mehr von diesen Leuten als er. Sie kennt ihre Namen, ihr Alter, und ihm wird klar, dass dieses Wissen sie für immer verfolgen wird.

»Es tut mir leid, du hast recht«, sagt er. »Jeder Tod ist einer zu viel. Ich will versuchen, mich nicht so gehen zu lassen.«

»Ich will, dass du bei mir du selbst sein kannst, aber es geht jetzt schon zu lange so, Lale, und ein Tag ist für uns eine Ewigkeit.«

»Ein kluger Spruch. Ich werde die Roma nie vergessen, weißt du.«

»Ich könnte dich nicht lieben, wenn du sie vergessen würdest. Sie waren deine Familie, das weiß ich. Ich weiß, es klingt seltsam, aber du wirst sie dadurch ehren, dass du am Leben bleibst, dass du diesen Ort hier überlebst und der Welt erzählst, was hier geschehen ist.«

Lale beugt sich vor, will sie küssen, sein Herz ist schwer von Liebe und Schmerz.

Plötzlich ertönt eine heftige Explosion, sodass der Boden unter ihren Füßen zittert. Sie springen auf und laufen von ihrer Stelle hinter der Hauptwache an die Vorderseite des Gebäudes. Eine zweite Detonation, sie schauen hinüber zum Krematorium, wo Rauch aufsteigt und Chaos ausbricht. Angehörige des Sonderkommandos laufen von dem Gebäude weg, die meisten auf den Lagerzaun zu. Vom Dach des Krematoriums aus wird geschossen. Lale schaut hinauf, sieht weitere Angehörige des Sonderkommandos, die wild um sich schießen. Die SS-Leute feuern aus schweren Maschinengewehren zurück. Minuten später haben sie das Gefecht beendet.

»Was war das?«, fragt Gita.

»Ich weiß nicht. Wir müssen nach drinnen.«

Rund um sie hagelt es Kugeln, die Wachleute zielen auf jeden, den sie sehen. Lale drückt Gita fest an eine Mauer. Noch eine laute Detonation.

»Das ist Krematorium IV – irgendwer jagt es in die Luft. Wir müssen raus hier.«

Häftlinge, die aus der Kommandantur gelaufen kommen, werden niedergeschossen.

»Ich muss dich in deinen Block zurückbringen. Das ist der einzige Ort, an dem du sicher bist.«

Eine Ansage durch die Lautsprecher: »Alle Häftlinge auf die Blöcke. Auf die, die jetzt gehen, wird nicht geschossen.«

»Geh, schnell.«

»Ich habe Angst, nimm du mich mit«, heult sie.

»In deinem eigenen Block bist du heute sicherer.

Heute Abend gibt es garantiert einen großen Zählappell. Mein Liebling, du kannst dich nicht außerhalb deines Blocks erwischen lassen.«

Sie zögert.

»Geh jetzt. Bleib heute in deinem Block und geh morgen wie immer zur Arbeit. Du darfst ihnen keinen Grund geben, nach dir zu suchen. Du musst morgen wieder aufwachen.«

Sie holt tief Luft und fällt in den Laufschritt.

Beim Abschied sagt Lale: »Ich komme morgen zu dir. Ich liebe dich.«

An diesem Abend bricht Lale seine eigene Regel und schließt sich den Männern – hauptsächlich Ungarn – in seinem Block an, um möglichst viel über die Ereignisse des Nachmittags herauszufinden. Wie sich herausstellt, haben einige Frauen, die in einer nahe gelegenen Munitionsfabrik arbeiten, unter ihren Fingernägeln winzige Mengen Sprengstoff nach Birkenau geschmuggelt. Sie brachten es Angehörigen des Sonderkommandos, die aus Sardinendosen rudimentäre Granaten herstellten. Auch Waffenvorräte hatten sie angelegt, mit kleinen Schusswaffen, Messern und Äxten.

Die Männer aus Lales Block berichten auch von Gerüchten über einen allgemeinen Aufstand, an dem sie sich hatten beteiligen wollen, von dem sie aber nicht wussten, dass er heute hatte stattfinden sollen. Angeblich seien die Russen auf dem Vormarsch, und der Aufstand hätte mit ihrer Ankunft zusammenfallen sollen, um sie bei der Befreiung des Lagers zu unterstützen.

Lale schilt sich selbst, dass er sich nicht früher mit seinen Blockgefährten angefreundet hat. Dass er nicht über dieses Wissen verfügte, hatte Gita beinahe das Leben gekostet. Ausführlich fragt er die Männer, was sie von den Russen wissen und wann sie schätzungsweise hier sein werden. Die Antworten bleiben vage, machen aber doch etwas optimistisch.

Monate ist es her, dass das amerikanische Flugzeug über sie hinweggeflogen ist. Die Transporte gehen seitdem weiter. Lale hat nicht feststellen können, dass der Eifer, mit dem die Nazimaschinerie Juden und andere Gruppen vernichtet, nachgelassen hätte. Immerhin haben die Menschen, die zuletzt hier angekommen sind, eine aktuellere Verbindung zur Außenwelt. *Vielleicht steht die Befreiung bevor.* Er ist fest entschlossen, Gita zu berichten, was er erfahren hat, will sie bitten, in der Schreibstube aufmerksam zu bleiben und jede Information abzuschöpfen, die sie bekommen kann.

Endlich ein Funken Hoffnung.

KAPITEL 24

Der Herbst ist bitterkalt. Viele überleben ihn nicht. Lale und Gita klammern sich an ihren Funken Hoffnung. Gita erzählt ihren Blockgefährtinnen von den Gerüchten über die Russen und versucht den Glauben in ihnen zu stärken, dass sie Auschwitz überleben können. Anfang 1945 sinken die Temperaturen noch weiter. Gita kann sich nicht dagegen wehren, dass ihr Durchhaltewillen abflaut. Warme Mäntel aus Kanada können Zittern und Angst vor einem weiteren Jahr als Gefangene in der vergessenen Welt von Auschwitz-Birkenau nicht fernhalten. Die Transporte werden seltener. Für die Häftlinge, die für die SS arbeiten, hat das fatale Folgen, vor allem auch für die Angehörigen des Sonderkommandos. Wenn sie weniger zu tun haben, droht ihnen die Hinrichtung. Lale dagegen hat sich ein paar Reserven angelegt, doch sein Währungsnachschub hat stark nachgelassen. Und die Zivilarbeiter wie Victor und Yuri kommen nicht mehr zur Arbeit. Die Bauarbeiten wurden gestoppt. Lale hat erfreuliche Gerüchte gehört: Zwei der Krematorien, die beim Aufstand des

Sonderkommandos beschädigt wurden, würden nicht mehr instand gesetzt. Zum ersten Mal, seit Lale sich erinnern kann, gehen mehr Menschen von Birkenau weg als ankommen. Gita und ihre Kolleginnen kümmern sich schichtweise um die Gefangenen, die verlegt werden – angeblich in andere Konzentrationslager.

Dick liegt der Schnee an einem Tag Ende Januar, als Lale erfährt, dass Leon »gegangen« ist. Auf einem Fußmarsch mit Baretzki fragt er diesen, ob er weiß, wohin. Baretzki antwortet nicht, warnt Lale, auch er könnte aus Birkenau verlegt werden. Doch Lale kann sich immer noch weitgehend unbeobachtet bewegen, braucht nicht jeden Morgen und Abend zum Appell zu erscheinen. Er hofft, so im Lager zu verbleiben, aber dass auch Gita bleiben wird, erscheint ihm weniger wahrscheinlich. Baretzki lacht sein hinterhältiges Lachen. Die Nachricht von Leons wahrscheinlichem Tod zapft neue Schmerzreserven an, die Lale gar nicht mehr bei sich vermutet hatte.

»Sie sehen die Welt in Ihrem Spiegel, aber ich habe einen anderen Spiegel«, sagt Lale.

Baretzki bleibt stehen. Er sieht Lale an, und Lale hält seinem Blick stand.

»Ich schaue in meinen«, sagt Lale, »und darin sehe ich eine Welt, die Ihre Welt untergehen lässt.«

Baretzki lächelt. »Und meinst du, du wirst das noch erleben?«

»Ja, das meine ich.«

Baretzki legt seine Hand auf die Pistolentasche. »Ich könnte deinen Spiegel auf der Stelle in Scherben zerlegen.«

»Das werden Sie nicht tun.«

»Du warst zu lange draußen im Kalten, Tätowierer. Geh rein, wärm dich auf und komm wieder zu dir.« Baretzki lässt ihn stehen.

Lale sieht ihm nach. Er weiß: Würden sie einander je in einer dunklen Nacht gleichberechtigt begegnen, so wäre er derjenige, der davongehen würde. Lale hätte keine Bedenken, diesem Mann das Leben zu nehmen. Das letzte Wort hätte er.

Eines Morgens gegen Ende Januar stolpert Gita durch den Schnee auf Lale zu, sie rennt zu seinem Block, obwohl er ihr verboten hat, je dorthin zu kommen.

»Irgendetwas ist los«, ruft sie.

»Was meinst du?«

»Die SS, sie verhalten sich ganz merkwürdig. Als würde sich Panik breitmachen.«

»Wo ist Dana?«, fragt Lale besorgt.

»Ich weiß nicht.«

»Such sie, geh in deinen Block und bleib da, bis ich komme.«

»Ich will bei dir bleiben.«

Lale löst sie von sich und hält sie an den Armen fest.

»Beeil dich, Gita, such Dana und geh in deinen Block. Ich komme zu dir, sobald ich kann. Ich muss herausfinden, was los ist. Seit Wochen kommen keine Transporte mehr an. Vielleicht ist das der Anfang vom Ende.«

Sie wendet sich ab und entfernt sich widerstrebend von Lale.

Er erreicht die Kommandantur und betritt vorsichtig

die Schreibstube, die ihm durch das jahrelange Abholen von Material und Anweisungen so vertraut ist. Drinnen herrscht ein einziges Durcheinander. SS-Leute brüllen verängstigte Arbeiterinnen an, die an ihren Tischen kauern, während die Wachleute Bücher, Karteikarten und Akten herausziehen. Eine SS-Arbeiterin eilt an Lale vorbei, die Hände voller Papiere und Eingangsbücher. Er rempelt sie an, alles fällt ihr aus den Händen.

»Entschuldigung. Ich helfe Ihnen, das aufzuheben.«

Beide gehen in die Hocke, um die Papiere aufzusammeln.

»Alles in Ordnung?«, fragt er so freundlich wie möglich.

»Ich glaube, du dürftest deinen Job los sein, Tätowierer.«

»Warum? Was ist denn los?«

Sie beugt sich zu Lale, flüstert.

»Ab morgen räumen wir das Lager.«

Lales Herz macht einen Satz. »Was kannst du mir dazu sagen? Bitte.«

»Die Russen sind fast da.«

Lale rennt von der Kommandantur zum Frauenlager. Die Tür zu Block 29 ist geschlossen. Niemand hält draußen Wache. Als Lale eintritt, findet er die Frauen zusammengedrängt am hinteren Ende der Baracke. Auch Cilka ist da. Sie drängen sich um ihn, verängstigt und mit lauter Fragen.

»Alles, was ich euch sagen kann, ist, dass die SS offenbar Beweise vernichtet«, erklärt Lale. »Eine von den SS-Arbeiterinnen hat mir gesagt, die Russen sind nah.«

Er verschweigt, dass das Lager am nächsten Tag geräumt wird, weil er nicht noch mehr Sorge aufkommen lassen will, wenn er zugeben muss, dass er nicht weiß, wohin es geht.

»Was meinst du, was die SS mit uns vorhat?«, fragt Dana.

»Ich weiß nicht. Hoffen wir, dass sie weglaufen und die Russen das Lager befreien lassen. Ich versuche, noch mehr herauszufinden. Ich komme wieder und sage euch alles. Bleibt hier in der Baracke. Da draußen treiben sich ein paar schießwütige Wachleute herum.«

Er fasst Dana an beiden Händen. »Dana, ich weiß nicht, was passieren wird, aber solange ich die Möglichkeit habe, will ich dir sagen, wie dankbar ich dir mein Leben lang sein werde, dass du Gitas Freundin bist. Ich weiß, dass du sie mehr als einmal zum Durchhalten gebracht hast, als sie schon aufgeben wollte.«

Sie umarmen sich. Lale küsst sie auf die Stirn, dann gibt er sie in Gitas Hände. Er wendet sich Cilka und Ivana zu und schließt sie beide in die Arme.

Zu Cilka sagt er: »Du bist der tapferste Mensch, dem ich je begegnet bin. Du darfst keine Schuldgefühle haben für irgendetwas, was hier passiert ist. Du bist unschuldig – merk dir das.«

Schluchzend antwortet sie: »Ich habe getan, was ich tun musste, um zu überleben. Sonst hätte eben eine andere in den Händen dieses Schweins gelitten.«

»Ich verdanke dir mein Leben, Cilka, und das werde ich nie vergessen.«

Er wendet sich an Gita.

»Kein Wort«, sagt sie. »Sag bloß kein Wort.«
»Gita ...«
»Nein. Du sagst mir nichts anderes als ›bis morgen‹. Sonst will ich nichts von dir hören.«

Lale sieht diese jungen Frauen an und merkt, dass es nichts mehr zu sagen gibt. Als Mädchen wurden sie in dieses Lager gebracht, und jetzt – obwohl noch keine von ihnen einundzwanzig ist – sind sie gebrochene, verletzte junge Frauen. Er weiß, dass sie nie zu den Frauen heranreifen werden, die sie eigentlich hätten werden sollen. Ihre Zukunft wurde aus der Bahn geworfen, und kein Weg würde auf dieselbe Spur zurückführen. Ihre Pläne, die sie einst für sich selbst hatten, als Töchter, Schwestern, Ehefrauen und Mütter, als Arbeiterinnen, Reisende und Liebende, werden für immer geprägt sein von dem, was sie gesehen und durchgemacht haben.

Er lässt sie stehen, geht Baretzki suchen, von dem er sich Informationen über den nächsten Tag erhofft. Er kann ihn nirgends finden. Lale trottet zurück in seinen Block, wo er die Ungarn in Wut und Sorge antrifft. Er erzählt ihnen, was er weiß, doch das ist nur ein geringer Trost.

In der Nacht kommen in jeden Block des Frauenlagers SS-Männer und malen allen Mädchen einen hellroten Strich auf die Rückseite ihrer Mäntel. Wieder werden die Frauen gezeichnet für irgendein Schicksal, das sie erwartet. Gita, Dana, Cilka und Ivana trösten sich damit, dass sie alle gleich markiert werden. Was immer morgen passiert, passiert ihnen gemeinsam – sie werden gemeinsam leben oder sterben.

Irgendwann in der Nacht schläft Lale endlich ein. Er erwacht von großem Aufruhr. Er braucht eine Zeit lang, bis die Geräusche in sein angeschlagenes Gehirn vordringen. Erinnerungen an die Nacht, in der die Roma abgeholt wurden, werden wach. *Was ist das schon wieder für ein Grauen?* Gewehrschüsse lassen ihn endgültig wach werden. Er zieht seine Schuhe an, legt sich eine Decke um die Schultern und tritt vorsichtig nach draußen. Tausende weibliche Gefangene werden in Reihen aufgestellt. Es herrscht offensichtliche Verwirrung, als wüssten weder die Posten noch die Gefangenen, was eigentlich von ihnen erwartet wird. Die Wachen beachten Lale gar nicht, als er schnell an den Reihen von Frauen entlanghuscht, die sich wegen der Kälte aneinanderdrängen und aus Angst vor dem, was ihnen bevorsteht. Unaufhörlich schneit es. Er kann unmöglich rennen. Lale sieht, wie ein Hund nach den Beinen einer Frau schnappt und sie zu Fall bringt. Eine Freundin reicht ihr die Hände, um ihr wieder hochzuhelfen, aber der Hundeführer zieht seine Waffe und schießt die gestürzte Frau nieder.

Lale eilt weiter, späht die Kolonnen entlang, sucht verzweifelt. Endlich sieht er sie. Gita und ihre Freundinnen werden auf das Haupttor zugetrieben, sie klammern sich aneinander, nur Cilka kann er nicht sehen, auch sonst nirgends in dem Gesichtermeer. Er blickt wieder auf Gita. Sie lässt den Kopf hängen, und am Zucken ihrer Schultern erkennt Lale, dass sie schluchzt. *Endlich weint sie, aber ich kann sie nicht trösten.* Dana sieht ihn. Sie zieht Gita aus der Reihe heraus und zeigt auf ihn. Endlich blickt Gita auf und sieht ihn. Ihre Augen begegnen sich, ihre sind nass, flehend, seine voller Sorge. In seiner Konzentration auf Gita sieht Lale den SS-Mann nicht. Unmöglich kann er dem Gewehr ausweichen, das auf ihn zuschwingt, sein Gesicht trifft und ihn in die Knie zwingt. Gita und Dana schreien auf und versuchen, sich durch die Schlange von Frauen nach hinten zu kämpfen. Vergeblich. Sie werden aufgenommen von dem Strom wirbelnder Körper. Lale rappelt sich hoch, Blut strömt aus einer klaffenden Wunde über dem rechten Auge. Panisch stürzt er sich in die wogende Menge, sucht in jeder Reihe verzweifelter Frauen. Als er ganz nah beim Tor ist, sieht er sie wieder – auf Armeslänge. Da tritt ein Posten vor ihn und stößt ihm den Gewehrlauf in die Brust.

»*Gita!*«, schreit er.

Lales Welt dreht sich. Er sieht auf in den Himmel, der mit dem Morgengrauen nur immer dunkler zu werden scheint. Über den Lärm der brüllenden Wachen und der bellenden Hunde hinweg hört er sie.

»Fuhrmann. Ich heiße Gita Fuhrmann!«

Während er vor dem reglosen SS-Mann in die Knie sinkt, schreit er: »Ich liebe dich!«

Keine Antwort. Lale bleibt auf den Knien. Der SS-Mann geht. Die Schreie der Frauen verklingen. Die Hunde hören auf zu bellen.

Die Tore von Birkenau sind geschlossen.

Lale kniet im Schnee, der immer weiter fällt. Das

Blut aus seiner Stirnwunde rinnt ihm über das Gesicht. Er ist wie angewachsen, allein. Er hat verloren. Ein Wachmann kommt auf ihn zu. »Du frierst dich noch zu Tode. Los, geh in deinen Block.«

Er reicht Lale die Hand und zieht ihn hoch. Eine freundschaftliche Geste des Feindes, in letzter Minute.

Artilleriefeuer und Detonationen wecken Lale am nächsten Morgen. Mit den Ungarn stürzt er nach draußen, wo ihn panische SS-Leute erwarten und ein Chaos von umherwirbelnden Gefangenen und Wachen, die einander offenbar vergessen haben.

Das Haupttor steht weit offen.

Hunderte Häftlinge passieren es unangefochten. Wie betäubt, schwach vor Hunger stolpern manche umher, entscheiden sich dann, umzukehren in ihre Baracke, um der Kälte zu entkommen. Lale tritt vor das Tor, das er auf dem Weg nach Auschwitz Hunderte Male passiert hat. In der Nähe steht ein Zug, speit Rauch in den Himmel, zur Abfahrt bereit. Wachmänner mit Hunden fangen an, Männer zusammenzutreiben und zum Zug zu drängen. Lale gerät in den Strom und klettert an Bord. Die Türen seines Waggons werden zugeschmettert. Er drängelt sich an die Seite und späht nach draußen. Hunderte Gefangene ziehen immer noch ziellos umher. Als der Zug anfährt, sieht er, wie die SS-Leute auf die Übriggebliebenen das Feuer eröffnen.

Da steht er und starrt durch die Ritzen in der Wagenwand, durch den Schnee, der stetig, gnadenlos fällt, während Birkenau in der Ferne verschwindet.

KAPITEL 25

Gita und ihre Freundinnen sind mit Tausenden anderen Frauen aus Birkenau und Auschwitz auf dem Todesmarsch, durch knöcheltiefen Schnee stapfen sie über einen schmalen Pfad. So vorsichtig sie können, durchkämmen Gita und Dana die Kolonne, sie wissen genau, dass jeder, der aus der Reihe tritt, mit einer Kugel abgehandelt wird. Hundert Mal fragen sie: »Habt ihr Cilka gesehen? Habt ihr Ivana gesehen?« Die Antwort ist immer dieselbe. Die Frauen versuchen einander zu stützen, indem sie die Arme verschränken. Willkürlich werden sie gestoppt, sollen rasten. Trotz der Kälte setzen sie sich in den Schnee, um nur ihre Füße etwas zu entlasten. Viele bleiben dort, als der Befehl zum Weitergehen kommt, tot oder sterbend, unfähig zu jedem weiteren Schritt.

Der Tag wird zur Nacht, sie marschieren immer weiter. Sie werden weniger, und damit wird es immer schwerer, den aufmerksamen Blicken der SS zu entgehen. In der Nacht stürzt Dana auf die Knie. Sie kann nicht mehr weiter. Gita bleibt bei ihr, eine Zeit lang sieht sie keiner, weil die anderen Frauen sie abschirmen. Dana fordert Gita wieder und wieder auf, weiterzugehen, sie liegen zu lassen. Gita weigert sich. Lieber stirbt sie hier mit ihrer Freundin, auf einem Feld irgendwo in Polen. Vier junge Mädchen bieten an, Dana tragen zu helfen. Dana will davon nichts wissen. Sie sollen Gita mit sich nehmen und gehen. Als ein SS-Mann auf sie zukommt, ziehen die vier Mädchen Gita auf die Füße und schleppen sie mit. Gita sieht zurück zu dem SS-Mann, der neben Dana stehen geblieben ist, aber weitergeht, ohne die Waffe zu ziehen. Kein Schuss dringt durch die Nacht. Sicher denkt er, sie wäre schon tot. Die Mädchen schleifen Gita weiter. Sie lassen sie nicht gehen, als sie sich aus ihrem Griff befreien und zu Dana zurückkehren will.

Durch die Dunkelheit stolpern die Frauen weiter, die vereinzelten Schüsse nehmen sie kaum mehr wahr. Sie drehen sich nicht mehr um, um zu sehen, wer gefallen ist.

Bei Tagesanbruch machen sie an einem Bahngleis halt. Dort stehen eine Lok und mehrere Viehwaggons. *Hierher haben sie mich gebracht. Und jetzt bringen sie mich weg*, denkt Gita.

Sie hat erfahren, dass die vier Mädchen, mit denen sie jetzt zusammen geht, Polinnen und keine Jüdinnen sind. Polnische Mädchen, die aus ihren Familien gerissen wurden, ohne zu wissen, warum. Sie stammen aus vier verschiedenen Städten und kannten sich vor Birkenau nicht.

Am Ende des Felds steht ein einsames Haus, dahinter

ein dichter Wald. SS-Leute brüllen Befehle, während die Lok mit Kohle beheizt wird. Die polnischen Mädchen wenden sich an Gita. Eine von ihnen sagt: »Wir laufen da rüber zu dem Haus. Wenn wir erschossen werden, sterben wir hier, aber weiter gehen wir nicht mehr mit. Willst du mitkommen?«

Gita steht auf.

Als die Mädchen erst rennen, werfen sie keinen Blick mehr zurück. Die Bewacher sind voll und ganz damit beschäftigt, Tausende erschöpfte Frauen in den Zug zu laden. Die Tür zu dem Haus geht auf, bevor sie dort sind. Drinnen brechen sie vor einem prasselnden Feuer zusammen, das Blut heiß von Adrenalin und Erleichterung. Sie bekommen etwas Warmes zu trinken, Brot. Die polnischen Mädchen reden hektisch auf die Hausbewohner ein, die ungläubig die Köpfe schütteln. Gita sagt nichts, sie will nicht durch ihren Akzent verraten, dass sie keine Polin ist. Lieber sollen die Retter denken, sie ist eine von ihnen – die Stille eben. Der Hausherr erklärt, sie könnten nicht bei ihnen bleiben, weil die Deutschen die Gegend häufig durchsuchen. Er lässt sie die Mäntel ausziehen, nimmt sie mit hinter das Haus. Als er zurückkommt, sind die roten Striche weg, die Mäntel riechen nach Benzin.

Draußen hören sie wiederholte Schüsse, und als sie durch die Vorhänge spähen, sehen sie, wie schließlich alle überlebenden Frauen in den Zug gestoßen werden. Neben den Gleisen liegen Leichen verstreut im Schnee. Der Mann gibt den Mädchen die Adresse einer Verwandten in einem Nachbardorf, dazu einen Brotvorrat und eine Decke. Sie verlassen das Haus und betreten den Wald, wo sie die Nacht auf dem gefrorenen Boden verbringen, ineinander verschlungen in dem vergeblichen Versuch, warm zu bleiben. Die kahlen Bäume geben kaum Schutz, weder vor Blicken noch vor der Kälte.

Erst am frühen Abend erreichen sie das nächste Dorf. Die Sonne ist untergegangen, die schwachen Straßenlaternen leuchten matt. Sie müssen eine Passantin nach dem Weg fragen. Die freundliche Frau zeigt ihnen den Weg zu dem Haus, das sie suchen, und bleibt bei ihnen stehen, während sie klopfen.
»Kümmert euch um sie«, sagt sie, als die Tür aufgeht, und verschwindet.
Eine Frau lässt die Mädchen in ihr Haus. Als die Tür wieder zu ist, erklären sie, wer sie schickt.
»Wisst ihr, wer das eben war?«, stammelt die Frau.
»Nein«, erwidert eines der Mädchen.
»Die ist bei der SS. Eine hochrangige SS-Helferin!«
»Meinst du, sie weiß, wer wir sind?«
»Sie ist ja nicht blöd. Angeblich war sie im KZ eine von den brutalsten.«
Aus der Küche tritt eine ältere Frau.
»Mutter, wir haben Gäste. Diese armen Dinger waren in einem der Lager. Sie brauchen etwas Warmes zu essen.«
Die alte Frau ist rührend bemüht um die Mädchen, sie bringt sie in die Küche, lässt sie am Tisch Platz nehmen. Gita kann sich nicht erinnern, wann sie zum letz-

ten Mal auf einem Stuhl an einem Küchentisch saß. Vom Ofen aus verteilt die Frau warme Suppe, dann überschüttet sie sie mit Fragen. Die beiden Frauen entscheiden, dass sie bei ihnen nicht sicher sind. Sie fürchten, die SS-Helferin könnte sie verraten.

Die alte Frau entschuldigt sich und geht nach draußen. Kurz darauf kommt sie mit einer Nachbarin wieder. Ihr Haus hat sowohl einen Dachboden als auch einen Keller. Sie ist bereit, die fünf Mädchen auf ihrem Dachboden schlafen zu lassen; dort ist es von der aufsteigenden Wärme des Ofens wärmer als im Keller. Tagsüber können sie nicht im Haus bleiben, weil die Häuser jederzeit von den Deutschen durchsucht werden können, obwohl die sich jetzt offenbar auf dem Rückzug befinden.

Gita und ihre vier polnischen Freundinnen schlafen nachts auf dem Dachboden und verstecken sich tagsüber in den Wäldern. In dem kleinen Dorf spricht sich das herum, und der Pfarrer lässt einige seiner Gemeindemitglieder täglich Essen bringen. Nach wenigen Wochen werden die letzten Deutschen von den vordringenden Russen vertrieben, von denen sich einige in dem Haus direkt gegenüber von Gitas Schlafplatz einnisten. Eines Morgens, als die Mädchen etwas später in den Wald aufbrechen, werden sie von einem Russen, der vor dem Gebäude Wache steht, angehalten. Sie zeigen ihm ihre Tätowierungen und versuchen zu erklären, wo sie waren und warum sie jetzt hier sind. Er versteht ihre Not und bietet an, vor dem Haus eine Wache aufzustellen. Damit brauchen sie nicht mehr die Tage im Wald zu verbringen. Ihr Aufenthaltsort ist nicht mehr geheim, und wenn sie kommen und gehen, lächeln oder winken die Soldaten ihnen zu.

Eines Tages stellt einer der Soldaten Gita eine direkte Frage, und an ihrer Antwort erkennt er sofort, dass sie keine Polin ist. Sie erzählt ihm, dass sie aus der Slowakei stammt. Am selben Abend klopft er an der Haustür und stellt ihr einen jungen Mann in russischer Uniform vor, der ebenfalls Slowake ist. Die beiden unterhalten sich bis in die Nacht.

Die Mädchen nehmen es sich heraus, abends länger am Feuer sitzen zu bleiben. Eine gewisse Zufriedenheit hat sich eingestellt. An einem solchen sorglosen Abend überrascht sie ein betrunkener Russe, der die Tür aufstößt und hereinwankt. Die Mädchen sehen ihren »Bewacher« bewusstlos draußen liegen. Mit gezückter Pistole sucht sich der Eindringling eines der Mädchen aus und versucht, ihr die Kleider herunterzureißen. Gleichzeitig lässt er seine Hosen fallen. Gita und die anderen schreien auf. Kurz darauf dringen mehrere russische Soldaten in den Raum ein. Als sie ihren Kameraden über einem der Mädchen sehen, zieht einer seine Waffe und schießt ihm in den Kopf. Unter überschwänglichen Entschuldigungen schleppen sie den Beinahe-Vergewaltiger aus dem Haus.

Geschockt entscheiden die Mädchen, dass sie weiterziehen müssen. Eine von ihnen hat eine Schwester in Krakau. Vielleicht ist sie noch dort. Als weitere Entschuldigung für den Angriff in der vorigen Nacht besorgt ein hochrangiger Russe einen Fahrer und einen kleinen Lkw, der sie nach Krakau bringt.

Tatsächlich wohnt die Schwester immer noch in ihrer kleinen Wohnung über einem Laden. Die Wohnung ist voller Leute, lauter Freunde, die aus der Stadt geflohen waren und jetzt heimkehren, aber kein Dach mehr über dem Kopf haben. Niemand hat Geld. Um über die Runden zu kommen, gehen sie jeden Tag auf einen Markt und stehlen jeder eine Kleinigkeit. Aus dieser Beute bereiten sie abends eine Mahlzeit.

Eines Tages spitzt Gita die Ohren, als sie einen Lkw-Fahrer beim Entladen seiner Waren ihre Muttersprache sprechen hört. Von ihm erfährt sie, dass mehrmals pro Woche Lkws von Pressburg nach Krakau fahren und Obst und Gemüse liefern. Er willigt ein, sie auf der Rückfahrt mitzunehmen. Eilig läuft sie in die Wohnung und verabschiedet sich von all jenen, mit denen sie eine Zeit lang dort gelebt hat. Der Abschied von den vier Freundinnen, mit denen sie geflohen ist, fällt ihr sehr schwer. Sie begleiten sie zum Markt und winken ihr nach, als der Lkw mit ihr und zwei Landsleuten ins Ungewisse aufbricht. Längst hat sie sich damit abgefunden, dass ihre Eltern und ihre beiden kleinen Schwestern tot sind, doch sie betet, dass wenigstens einer ihrer Brüder überlebt hat. Vielleicht hat sie ihr Partisanenkampf für die Russen gerettet.

In Pressburg trifft Gita andere Lagerüberlebende in überfüllten Wohnungen. Sie lässt sich mit Name und

Adresse beim Roten Kreuz registrieren, nachdem sie gehört hat, dass alle heimkehrenden Gefangenen das tun, in der Hoffnung, auf diese Weise vermisste Verwandte und Freunde zu finden.

Eines Nachmittags sieht sie durch das Wohnungsfenster zwei junge russische Soldaten über den Zaun in den Hinterhof der Wohnung springen, in der sie lebt. Sie erschrickt zu Tode, aber als sie näher kommen, erkennt sie ihre beiden Brüder, Doddo und László. Sie rennt die Treppe hinunter, reißt die Tür auf und fällt ihnen um den Hals. Doch sie können nicht bleiben, erklären die Brüder. Zwar haben die Russen die Stadt von den Deutschen befreit, aber die Einwohner misstrauen jedem, der eine russische Uniform trägt. Weil sie das kurze Glück ihres Wiedersehens nicht trüben will, behält Gita für sich, was sie über den Rest der Familie weiß. Sie werden es früh genug erfahren, in ein paar hart erkämpften Minuten lässt sich darüber nicht sprechen.

Bevor sie sich trennen, erzählt Gita, dass auch sie eine Zeit lang eine russische Uniform getragen hat: Es war die erste Kleidung, die man ihr bei ihrer Ankunft in Auschwitz gegeben hat. Sie erklärt, ihr hätte sie besser gestanden als ihnen, und gemeinsam lachen sie darüber.

KAPITEL 26

Lales Zug rattert über das Land. Er lehnt an der Wagenwand, spielt mit zwei kleinen Bündeln in seinen Hosentaschen; darin liegen die Edelsteine, die er riskiert hat mitzunehmen. Die allermeisten hat er unter seiner Matratze zurückgelassen. Egal, wer seine Stube durchwühlt, er kann sie nehmen.

Später am Abend kommt der Zug quietschend zum Stehen, und bewaffnete SS-Leute befehlen allen auszusteigen, genau wie vor fast drei Jahren in Birkenau. Wieder ein Konzentrationslager. Lale springt gleichzeitig mit einem anderen Mann aus dem Waggon.

»Ich kenne das hier. Ich war da schon mal.«

»Wirklich?«, fragt Lale.

»Mauthausen, Österreich. Nicht ganz so schlimm wie Birkenau, aber fast.«

»Ich bin Lale.«

»Joseph, freut mich.«

Als alle Männer ausgestiegen sind, winken die Wachleute sie durch; sie sollen sich selbst einen Schlafplatz suchen. Lale folgt Joseph in eine Baracke. Die Männer hier hungern – sie sind nur noch Haut und Knochen –, aber für den Revierkampf haben sie noch genug Leben in sich.

»Haut ab, hier ist kein Platz.«

Ein Mann pro Pritsche, und jeder offenbar bereit, zur Verteidigung seines Privatraums zu kämpfen. In zwei weiteren Baracken bekommen sie dieselbe Reaktion. Endlich finden sie eine weniger überfüllte und beziehen ihr Lager. Als in der Baracke die Nächsten nach einem Schlafplatz suchen, rufen auch sie schon zur Begrüßung: »Haut ab, hier ist alles voll.«

Am nächsten Morgen sieht Lale, wie die Männer der Nachbarbaracken sich in Reihen aufstellen. Ihm wird klar, dass sie ihn gleich filzen werden und ausfragen, wer er ist und woher er kommt. Schon wieder. Aus seinen Bündeln nimmt er die drei größten Diamanten und steckt sie sich in den Mund. Er huscht auf die Rückseite der Baracke, während die anderen Männer sich vorne versammeln, und versteckt dort die übrigen Steine. Die Durchsuchung der nackten Männer beginnt. Er sieht, wie die Wachleute den Gefangenen vor ihm die Münder aufreißen, und schiebt sich die Diamanten unter die Zunge. Sein Mund steht offen, bevor die Wachleute bei ihm sind. Nach einem schnellen Blick gehen sie weiter.

Mehrere Wochen lang sitzt Lale gemeinsam mit allen anderen Gefangenen herum und tut buchstäblich nichts. Praktisch die einzig mögliche Beschäftigung ist zu beobachten, insbesondere die SS-Posten, die sie bewachen, und er versucht auszumachen, wer zugänglich wirkt und wem er besser aus dem Weg gehen sollte. Einen von ihnen spricht er gelegentlich an. Der Mann ist beeindruckt von Lales fließendem Deutsch. Er hat von Auschwitz und Birkenau gehört, war selbst nie dort, lässt sich berichten. Lale zeichnet ein eher realitätsfernes Bild. Es bringt nichts, diesem Deutschen zu berichten, wie die Gefangenen dort wirklich behandelt wurden. Er sagt, was dort seine Aufgabe war und dass er sehr viel lieber arbeiten würde, als nur herumzusitzen. Wenige Tage später fragt ihn der Wachmann, ob er in ein Außenlager von Mauthausen gehen möchte, zu den Saurer-Werken in Wien. Schlimmer als hier kann es nicht werden, denkt Lale, und da der Wachmann ihm versichert, die Bedingungen dort seien etwas besser und der Kommandant zu alt, um sich zu kümmern, stimmt er zu. Der Wachmann erklärt, dass es in diesem Lager keine Juden gibt, er soll also seine Religion für sich behalten.

Am nächsten Tag erklärt der Wachmann: »Hol deine Sachen. Du bist raus hier.«

Lale blickt sich um. »Sachen geholt.«

»In ungefähr einer Stunde geht dein Lkw. Stell dich am Tor auf. Dein Name steht auf der Liste«, grinst er.

»Mein Name?«

»Ja. Du musst den Arm mit der Nummer verstecken, verstanden?«

»Ich soll auf meinen Namen antworten?«

»Ja – vergiss das nicht. Viel Glück.«

»Bevor Sie gehen, möchte ich Ihnen etwas geben.«

Verdutzt runzelt der Wachmann die Stirn.

Lale holt einen Diamanten aus dem Mund, wischt ihn an seinem Hemd ab und reicht ihn dem Mann. »Jetzt können Sie nicht sagen, kein Jude hätte Ihnen je etwas geschenkt.«

Wien. Wer wollte nicht Wien sehen? In seinen Dandy-Tagen träumte Lale davon. Schon der Name verspricht Romantik, Stil und unendliche Möglichkeiten. Doch er weiß, diesem Ruf wird die Stadt jetzt nicht gerecht werden.

Die Wachleute empfangen Lale und die anderen völlig gleichgültig. Sie suchen sich eine Baracke und erfahren, wann und wo sie ihre Essensration bekommen. Lale denkt vor allem an Gita und wie er sie finden kann. Dieses Verschieben von Lager zu Lager kann er nicht mehr viel länger aushalten.

Mehrere Tage lang beobachtet er sein Umfeld. Er sieht den Lagerkommandanten herumtapsen und fragt sich, wie dieser überhaupt noch weiterleben kann. Er unterhält sich mit zugänglichen Wachleuten und versucht, die Dynamik unter den Gefangenen zu begreifen. Nachdem er festgestellt hat, dass er hier wahrscheinlich der einzige slowakische Gefangene ist, beschließt er, für sich zu bleiben. Polen, Russen und ein paar Italiener sitzen den ganzen Tag herum und diskutieren mit ihren Landsleuten, sodass Lale weitgehend isoliert bleibt.

Eines Tages kommen zwei junge Männer auf ihn zu.
»Angeblich warst du der Tätowierer von Auschwitz.«
»Was heißt ›angeblich‹?«

»Jemand hat gesagt, er kannte dich dort, du hättest die Gefangenen tätowiert.«

Lale nimmt die Hand des jungen Mannes und schiebt seinen Ärmel hoch. Keine Nummer. Er wendet sich an den zweiten.

»Und du, warst du dort?«

»Nein, aber stimmt das?«

»Ich war der Tätowierer, ja – na und?«

»Nichts. War bloß eine Frage.«

Die Jungen trollen sich. Lale verfällt wieder in seine Träumereien. Er sieht die SS-Männer nicht kommen, bis sie ihn auf die Füße reißen und ihn in ein Gebäude abführen. Lale findet sich vor dem alternden Lagerkommandanten wieder, der einem der SS-Männer zunickt. Der zieht Lales Ärmel hoch und legt seine Nummer frei.

»Du warst also in Auschwitz?«, fragt der Kommandant.

»Jawohl, Herr Hauptsturmführer.«

»Warst du dort der Tätowierer?«

»Jawohl.«

»Dann bist du also Jude?«

»Nein, ich bin Katholik.«

Der Kommandant hebt eine Braue. »Wirklich? Ich wusste nicht, dass sie in Auschwitz Katholiken hatten.«

»Es gab da alle möglichen Religionen, Herr Hauptsturmführer, außerdem Kriminelle und Politische.«

»Bist du Krimineller?«

»Nein.«

»Und du bist kein Jude?«

»Nein, Herr Hauptsturmführer. Ich bin Katholik.«

»Du hast jetzt zweimal ›Nein‹ gesagt. Ich frage dich nur noch einmal. Bist du Jude?«

»Nein, ich bin kein Jude. Hier – ich beweise es Ihnen.«

Lale löst den Strick, der seine Hose hält, und sie fällt zu Boden. Er steckt die Finger in den Bund seiner Unterhosen und macht sich daran, sie hinunterzuziehen.

»Halt. Ich brauche das nicht zu sehen. In Ordnung, du kannst gehen.«

Lale zieht seine Hose hoch, versucht seinen Atem zu bändigen, der außer Kontrolle zu kommen droht, und rennt aus dem Büro. In einem Vorraum bleibt er stehen und lässt sich auf einen Stuhl fallen. Der Offizier, der hinter dem Tisch sitzt, sieht ihn an.

»Alles in Ordnung?«

»Ja, es geht, mir ist nur ein bisschen schwindelig. Wissen Sie, welches Datum heute ist?«

»Der 22., nein, Moment, der 23. April. Warum?«

»Nichts. Danke. Auf Wiedersehen.«

Draußen sieht Lale überall auf dem Gelände die Gefangenen träge herumsitzen, und die Wachen wirken besonders träge. *Drei Jahre. Ihr habt mir drei Jahre meines Lebens genommen. Ihr bekommt nicht einen Tag mehr.* Hinter den Baracken geht Lale am Zaun entlang, rüttelt daran, sucht eine Schwachstelle. Er braucht nicht lange, bis er eine findet. Am Boden ist der Zaun lose, er kann ihn zu sich herziehen. Ihm ist völlig egal, ob jemand hersieht – er krabbelt darunter hindurch und spaziert in aller Ruhe davon.

Der Wald gibt ihm Deckung vor patrouillierenden

Deutschen. Als er tiefer hineindringt, hört er Artillerie- und Gewehrfeuer. Er weiß nicht, ob er darauf zugehen oder in die andere Richtung rennen soll. In einer kurzen Feuerpause hört er einen Fluss rauschen. Um ihn zu erreichen, muss er näher an die Schießerei heran, aber er hatte schon immer ein gutes Orientierungsgefühl, und diese Richtung scheint ihm zu stimmen. Wenn auf dem anderen Flussufer die Russen sind, oder gar die Amerikaner, wird er sich ihnen gerne stellen. Als es zu dämmern beginnt, sieht er in der Ferne das Aufblitzen der Kanonen und Geschützfeuer. Doch er will immer noch zum Wasser, wo er auf eine Brücke hofft und vielleicht auf eine Ausfallstraße. Schließlich steht er vor einem breiten Fluss. Er späht nach drüben, lauscht dem Artilleriefeuer. *Das müssen die Russen sein. Ich komme euch entgegen.* Er lässt sich ins Wasser hinunter, zuckt in der Eiseskälte zusammen. Langsam schwimmt er in den Fluss hinaus, achtet darauf, das Wasser nicht zu stark aufzuwühlen, falls er beobachtet wird. Er hält inne, hebt den Kopf, horcht. Der Gefechtslärm kommt näher. »Mist«, murmelt er. Er schwimmt nicht weiter, lässt sich von der Strömung direkt in die Schusslinie treiben, ein weiteres Stück Treibholz oder ein Ertrunkener, den sie hoffentlich ignorieren. Als er vermutet, die Kampfzone sicher durchquert zu haben, schwimmt er eilig ans andere Ufer. Er zieht sich heraus und schleppt seine durchnässten Glieder zwischen die Bäume, wo er zitternd zusammenbricht und in Ohnmacht fällt.

KAPITEL 27

Lale erwacht von der Sonne, die ihm ins Gesicht scheint. Seine Kleider sind etwas getrocknet, unten hört er das Rauschen des Flusses. Auf dem Bauch kriecht er durch die Bäume, die ihn in der Nacht verborgen haben, und erreicht eine Straße. Russische Soldaten marschieren darauf entlang. Eine Zeit lang sieht er zu, befürchtet, sie könnten schießen. Doch die Soldaten sind ganz arglos. Er beschließt, seine Heimkehrpläne zu beschleunigen.

Mit erhobenen Händen tritt Lale auf die Straße, wo er eine Gruppe Soldaten überrascht. Sofort legen sie die Gewehre an.

»Ich bin Slowake. Ich war drei Jahre lang in einem Konzentrationslager.«

Die Soldaten wechseln Blicke untereinander.

»Verpiss dich«, sagt einer von ihnen, und sie marschieren weiter. Minutenlang steht er da und lässt die Soldaten an sich vorbeiziehen, alle ignorieren ihn. Er erträgt ihre Gleichgültigkeit, bleibt stehen, erntet nur vereinzelte Blicke. Er beschließt, in die Gegenrichtung weiterzugehen – wahrscheinlich marschieren die Russen ins Gefecht gegen die Deutschen, da ist es besser, möglichst weit auf Abstand zu gehen.

Irgendwann fährt ein Geländewagen vor und hält neben ihm. Aus dem Wagenfond beäugt ihn ein Offizier und fragt: »Wer zum Teufel bist du?«

»Ich bin Slowake. Ich war drei Jahre lang Gefangener in Auschwitz.« Er zieht den linken Ärmel hoch und legt seine Tätowierung frei.

»Nie davon gehört.«

Lale schluckt. Unvorstellbar, dass ein solcher Ort des Grauens unbekannt ist.

»Das ist in Polen. Mehr weiß ich auch nicht.«

»Du sprichst perfekt Russisch«, sagt der Soldat. »Andere Sprachen?«

»Tschechisch, Deutsch, Französisch, Ungarisch und Polnisch.«

Der Offizier mustert ihn immer neugieriger. »Und wohin willst du?«

»Nach Hause, in die Slowakei.«

»Nein, nicht nach Hause. Ich habe genau den richtigen Job für dich. Steig ein.«

Lale würde gerne wegrennen, aber er hätte keine Chance, daher klettert er auf den Beifahrersitz.

»Zurück zur Kommandostelle«, befiehlt der Offizier dem Fahrer.

Der Wagen rumpelt über Schlaglöcher und Gräben. Wenige Kilometer weiter durchqueren sie ein kleines Dorf und biegen in einen Feldweg zu einem großen Gutshaus ein, das oberhalb eines hübschen Tals auf einem Hügel steht. Sie kommen auf eine breite, geschwungene Auffahrt, wo mehrere teuer wirkende Autos parken. An einem imposanten Eingangstor stehen rechts und links Soldaten Wache. Der Wagen hält, der Fahrer klettert heraus und öffnet dem Offizier den Schlag.

»Komm mit«, erklärt dieser.

Lale folgt ihm beflissen in die Eingangshalle der Kommandostelle. Angesichts der Opulenz rundum bleibt er verblüfft stehen. Eine Paradetreppe, Gemälde und Gobelins an allen Wänden, Möbel von nie gesehenem Prunk. Lale hat eine Welt betreten, die über sein Verständnis geht. Nach allem, was er erlebt hat, tut es fast weh.

Der Offizier geht auf einen Raum neben der Haupthalle zu, winkt Lale, er solle ihm folgen. Sie betreten einen großen, prächtig möblierten Saal. In der Mitte thront ein Mahagonischreibtisch, dahinter ein Mann. Gemessen an seiner Uniform und der restlichen Ausstattung steht Lale vor einem sehr hochrangigen russischen Militär. Als sie eintreten, sieht der Mann auf.

»Wen haben wir denn da?«

»Er behauptet, er war drei Jahre Gefangener der Nazis. Ich vermute, er ist Jude, aber egal. Nicht egal ist, dass er sowohl Russisch als auch Deutsch spricht«, erklärt der Offizier.

»Und?«

»Ich dachte mir, er könnte uns nützlich sein. Wissen Sie, im Kontakt mit der Bevölkerung.«

Der General lehnt sich zurück, scheint nachzudenken. »Dann schicken Sie ihn an die Arbeit. Stellen Sie jemanden zur Bewachung ab und erschießen Sie ihn, wenn er versucht zu fliehen.« Als Lale aus dem Raum geführt wird, ergänzt der General noch: »Und verschaffen Sie ihm ein Bad und ordentliche Kleider.«

»Jawohl. Ich glaube, er wird sich gut anstellen.«

Lale folgt dem Offizier. *Ich weiß nicht, was sie von mir wollen, aber wenn ich dafür ein Bad und saubere Kleider bekomme...* Sie durchqueren die Halle und steigen in den ersten Stock; Lale fällt auf, dass es noch zwei weitere Etagen gibt. Sie betreten ein Schlafzimmer, wo der Russe an den Schrank tritt und ihn öffnet. Frauenkleider. Wortlos betritt er das nächste Schlafzimmer. Diesmal findet er Männerkleider.

»Suchen Sie sich was raus, was Ihnen passt und gut aussieht. Da hinten müsste ein Bad sein. Machen Sie sich sauber, ich komme gleich wieder.«

Er schließt die Tür. Lale blickt sich um. Ein breites Himmelbett mit schweren Decken und Bergen von Kissen in allen Größen und Formen; eine Kommode, vielleicht aus massivem Elfenbein; ein kleiner Tisch mit Tiffanylampe; und ein kostbar besticktes Sofa. Wäre doch nur Gita hier. Er unterdrückt den Gedanken an sie. Er kann ihn sich nicht erlauben. Noch nicht.

Lale streicht mit der Hand über die Anzüge und Hemden im Schrank, in allen Ausführungen hängen sie da, locker und elegant, dazu alle nötigen Accessoires, um den alten Lale auferstehen zu lassen. Er wählt einen Anzug, hält ihn bewundernd vor den Spiegel: Er wird ihm nahezu perfekt passen. Er wirft ihn aufs Bett. Dazu ein weißes Hemd. In einer Schublade wählt er weiche Unterhosen, frische Strümpfe und einen geschmeidigen braunen Ledergürtel. In einem anderen Schrank findet er ein Paar blank polierte Schuhe, passend zum Anzug. Mit nackten Füßen schlüpft er hinein – perfekt.

Eine Tür führt ins Bad. Goldene Armaturen blitzen vor den weißen Kacheln an Wänden und Boden; durch ein großes farbiges Glasfenster fällt von der Abendsonne gelbes und dunkelgrünes Licht herein. Er tritt ein, bleibt in Vorfreude reglos stehen. Dann lässt er ein Vollbad ein und legt sich hinein, genießt es, bis das Wasser kalt ist. Er lässt noch mehr dampfend heißes Wasser ein, hat es alles andere als eilig, sein erstes Bad seit drei Jahren zu beenden. Endlich steigt er heraus, trocknet sich mit einem weichen Handtuch ab, das neben mehreren anderen an einer Stange hängt. Er geht zurück in das Schlafzimmer und kleidet sich langsam an, genießt das Gefühl von Baumwolle und Leinen, von wollenen Strümpfen. Nichts kratzt, scheuert oder hängt schlaff von seinem zusammengesunkenen Körper. Der Besitzer dieser Kleider war ausgesprochen schlank.

Eine Zeit lang sitzt er auf dem Bett, wartet, dass sein Aufpasser zurückkommt. Dann beschließt er, den Raum weiter zu erkunden. Hinter breiten Vorhängen entdeckt er Glastüren, die auf einen Balkon hinausführen. Mit einem Schwung öffnet er sie und tritt nach draußen. *Wahnsinn. Wo bin ich?* Vor ihm erstreckt sich ein tadellos gepflegter Garten, der Rasen reicht bis an einen Wald. Ungehindert überblickt er die Auffahrt und sieht mehrere Autos vorfahren und weitere russische Amtsträger aussteigen. Er hört, wie seine Zimmertür aufgeht, und wendet sich um: Da kommt sein Aufpasser mit einem anderen Soldaten von niedrigerem Rang. Er bleibt auf dem Balkon stehen. Die beiden Männer treten neben ihn und lassen den Blick über das Gelände schweifen.

»Wirklich hübsch, finden Sie nicht?«, meint der Aufpasser.

»Da haben Sie sich ja was gegönnt. Gute Wahl.«

Der Aufpasser lacht. »Ja, stimmt. Diese Kommandostelle ist ein bisschen bequemer als die an der Front.«

»Sagen Sie mir jetzt, was ich zu tun habe?«

»Das hier ist Fjodor. Ihr Bewacher. Er wird Sie erschießen, wenn Sie versuchen zu fliehen.«

Lale mustert den Mann. Unter den Hemdsärmeln zeichnen sich seine Armmuskeln ab, und seine Brust droht die Uniformknöpfe abzusprengen. Seine dünnen Lippen zeigen keinerlei Regung. Lales Nicken zur Begrüßung bleibt unerwidert.

»Er bewacht Sie nicht nur, sondern bringt Sie auch jeden Tag ins Dorf, um unsere Besorgungen zu machen. Verstehen Sie?«

»Und was besorge ich da?«

»Jedenfalls keinen Wein; davon haben wir einen ganzen Keller voll. Essen kaufen die Köche. Die wissen am besten, was sie brauchen ...«

»Dann bleibt also ...«

»Die Unterhaltung.«

Lale verzieht keine Miene.

»Sie gehen jeden Morgen ins Dorf und suchen dort hübsche junge Damen, die daran interessiert sind, abends ein bisschen Zeit mit uns zu verbringen. Verstanden?«

»Ich soll Ihren Zuhälter geben?«

»Ganz richtig.«

»Und womit kann ich sie überzeugen? Soll ich ihnen sagen, Sie sind alle gut aussehende Burschen, die sie gut behandeln werden?«

»Wir geben Ihnen verlockende Angebote mit.«

»Was für Angebote sind das?«

»Kommen Sie.«

Die drei Männer gehen wieder nach unten in einen weiteren prächtig ausgestatteten Raum, wo ein Offizier eine Tapetentür zu einem großen Tresorraum öffnet. Der Aufpasser tritt ein und kommt mit zwei metallenen Kassetten zurück, die er auf den Tisch stellt. Eine ist mit Geld gefüllt, die andere mit Schmuck. Im Tresor erkennt Lale noch eine ganze Reihe ähnlicher Kassetten.

»Fjodor bringt Sie jeden Morgen hierher, und Sie holen Geld und Schmuck für die Mädchen. Wir brauchen jeden Abend acht bis zehn. Zeigen Sie ihnen einfach die Bezahlung; wenn nötig, können Sie ihnen auch eine kleine Anzahlung machen. Die volle Bezahlung erhalten sie dann bei ihrer Ankunft hier, und wenn der Abend vorüber ist, werden sie sicher und wohlbehalten nach Hause gebracht.«

Lale versucht in die Schmuckkiste zu greifen, die umgehend zugeschlagen wird.

»Haben Sie schon einen Tarif vereinbart?«, fragt er.

»Das überlasse ich Ihnen. Schlagen Sie einfach das Beste heraus, verstanden?«

»Sehr wohl, Sie wollen Rinderfilet für den Preis von Schweinswurst.« Lale weiß, was gefällt.

Der Offizier lacht. »Gehen Sie mit Fjodor; er zeigt Ihnen alles. Sie können Ihre Mahlzeiten in der Küche einnehmen oder in Ihrem Zimmer – einfach in der Küche Bescheid sagen.«

Fjodor nimmt Lale mit nach unten und stellt ihn zwei Köchen vor. Er erklärt, er möchte lieber in seinem Zimmer essen. Fjodor untersagt Lale, weiter als in den ersten Stock zu gehen, und auch dort darf er ausschließlich sein eigenes Zimmer betreten. Die Botschaft ist unmissverständlich.

Wenige Stunden später wird Lale ein Teller Lammfleisch in dicker, sämiger Soße gebracht. Die Karotten sind bissfest gegart und schwimmen in Butter. Das ganze Gericht ist mit Salz, Pfeffer und frischer Petersilie garniert. Er hatte sich gefragt, ob sein Geschmackssinn gelitten hat – aber nein. Gelitten hat dagegen ganz einfach sein Appetit. Wie kann er essen, wenn Gita nicht mit ihm teilt? Wenn er keine Ahnung hat, ob sie überhaupt etwas zu essen hat? Wenn er keine Ahnung hat... doch diesen Gedanken verdrängt er. Er ist jetzt hier, und er muss tun, was er zu tun hat, bevor er sie suchen kann. Er isst nur den halben Teller. Immer etwas zur Seite legen – so hat er in den letzten drei Jahren gelebt. Zum Essen trinkt Lale fast eine ganze Flasche Wein. Unter einigen Mühen zieht er sich aus und lässt sich auf das Bett fallen, wo er in den Schlaf der Berauschten fällt.

Am nächsten Morgen erwacht er vom Klirren eines Frühstückstabletts, das auf den Tisch gestellt wird. Er weiß nicht mehr, ob er abgesperrt hatte oder nicht. Vielleicht hat der Küchenchef auch einen Schlüssel. Das leere Tablett und die Flasche vom Abend werden abgeräumt. Alles ohne ein Wort.

Nach dem Frühstück geht er kurz duschen. Er schlüpft gerade in die Schuhe, als Fjodor hereinkommt. »Fertig?«

Lale nickt. »Gehen wir.«

Erster Halt: das Büro mit dem Tresor. Fjodor und ein weiterer Soldat sehen zu, wie Lale sich eine Geldsumme geben lässt, die gezählt und in einem Register festgehalten wird, dann mehrere kleine Schmuckstücke und ein paar lose Edelsteine, die ebenfalls eingetragen werden.

»Ich nehme mehr, als ich brauchen werde, weil es das erste Mal ist und ich keine Ahnung von den geltenden Tarifen habe, einverstanden?«, erklärt er den beiden Männern.

Sie nicken.

»Aber bringen Sie auf jeden Fall zurück, was Sie nicht ausgeben«, mahnt der Buchhalter.

Lale steckt das Geld in eine Jackentasche und die Juwelen in die andere, dann folgt er Fjodor zu einer großen Garage neben dem Gutshaus. Fjodor setzt sich ans Steuer eines Geländewagens, Lale steigt ein, und sie fahren die paar Kilometer bis in das Dorf, durch das Lale gestern hergekommen ist. *War das erst gestern? Wie kann es mir jetzt schon so anders gehen?* Auf der Fahrt erklärt Fjodor, dass sie abends mit einem kleinen Lkw kommen werden, um die Mädchen abzuholen. Bequem ist das nicht, aber es ist das einzige Fahrzeug in ihrem Wagenpark, in dem zwölf Personen Platz haben. Am Dorfeingang fragt Lale: »Und wo soll ich jetzt nach passenden Mädchen suchen?«

»Ich lasse Sie oben an der Straße heraus. Gehen Sie in alle Läden. Verkäuferinnen oder Kundinnen, ganz egal, solange sie nur jung und möglichst hübsch sind. Fragen Sie sie nach ihrem Preis, zeigen Sie ihnen die Bezahlung – wenn sie eine Anzahlung wollen, nur Bargeld. Wir holen sie um sechs Uhr vor der Bäckerei ab. Ein paar waren schon mal da.«

»Woher soll ich wissen, ob sie schon gebunden sind?«

»Dann werden sie ja wohl ablehnen. Vielleicht bewerfen sie Sie auch mit etwas, darauf sollten Sie gefasst sein.« Als Lale aussteigt, sagt er: »Ich warte hier und sehe zu. Lassen Sie sich Zeit. Und machen Sie keine Dummheiten.«

Lale betritt einen nahe gelegenen Laden, in der Hoffnung, dass heute keine Ehemänner oder Verlobten mit ihren Frauen einkaufen gehen. Als er eintritt, blicken ihn alle an. Er grüßt auf Russisch, bevor ihm einfällt, dass er in Österreich ist, und er auf Deutsch umschaltet.

»Guten Morgen, die Damen, wie geht es heute?«

Die Frauen wechseln belustigte Blicke. Ein paar kichern, bis eine Verkäuferin fragt: »Was darf's denn sein? Brauchen Sie etwas für Ihre Frau?«

»Eigentlich nicht. Ich möchte mit Ihnen allen reden.«

»Sind Sie Russe?«, fragt eine Kundin.

»Nein, ich bin Slowake. Aber ich komme im Auftrag des russischen Heeres.«

»Wohnen Sie oben im Gutshaus?«, fragt eine andere Kundin.

»Ja.«

Zu Lales Erleichterung meldet sich eine der Verkäuferinnen zu Wort. »Kommen Sie, um zu fragen, ob wir heute Abend feiern kommen wollen?«

»Ja, ganz richtig. Waren Sie schon einmal dort?«

»Ja. Schauen Sie nicht so ängstlich. Wir wissen alle, was Sie wollen.«

Lale blickt sich um. Zwei Verkäuferinnen und vier Kundinnen.

»Und?«, fragt er vorsichtig.

»Zeigen Sie uns, was Sie haben«, sagt eine Kundin.

Lale leert seine Taschen auf den Tresen, während die Mädchen sich um ihn versammeln.

»Wie viel bekommen wir?«

Lale sieht das Mädchen an, das schon einmal dort war.

»Wie viel haben Sie letztes Mal bekommen?«

Sie wedelt mit einem mit Diamant und Perlen besetzten Ring vor seiner Nase. »Und außerdem zehn Mark.«

»In Ordnung. Wie wäre es mit fünf Mark sofort, fünf Mark heute Abend und dazu ein Schmuckstück Ihrer Wahl?«

Das Mädchen drängt sich nach vorn und greift nach einer Perlenkette. »Ich nehme das hier.«

Lale nimmt sie ihr vorsichtig aus der Hand. »Noch nicht«, sagt er. »Heute Abend um sechs an der Bäckerei. Abgemacht?«

»Abgemacht«, erwidert sie.

Lale reicht ihr fünf Mark, die sie sich in den Ausschnitt steckt.

Die übrigen Mädchen mustern den Schmuck und

wählen aus, was sie möchten. Lale gibt jeder fünf Mark. Keine beginnt zu feilschen.

»Danke, die Damen. Ehe ich gehe: Können Sie mir sagen, wo ich noch ein paar so freundliche Schönheiten finde?«

»Probieren Sie es im Kaffeehaus ein paar Häuser weiter, oder in der Bücherei«, schlägt eine von ihnen vor.

»Seien Sie vorsichtig mit den Mütterchen im Kaffeehaus«, kichert eine der Frauen.

»Was meinen Sie mit ›Mütterchen‹?«, fragt Lale.

»Sie wissen schon, die alten Frauen – manche sind schon über dreißig!«

Lale lächelt.

»Wissen Sie«, erklärt die erste Freiwillige, »Sie können jede Frau auf der Straße ansprechen. Wir wissen alle, was Sie wollen, und ganz viele von uns haben gutes Essen und Trinken nötig, selbst wenn wir es mit diesen hässlichen Russenschweinen teilen müssen. Es gibt hier keine Männer mehr, die uns helfen könnten. Wir tun, was wir tun müssen.«

»So wie ich«, erklärt Lale. »Danke Ihnen allen. Ich freue mich auf heute Abend.«

Lale verlässt den Laden, lehnt sich an eine Mauer und atmet tief durch. Ein Laden, die Hälfte der Mädchen gefunden. Auf der anderen Straßenseite steht Fjodor und beobachtet ihn. Er hebt anerkennend die Daumen.

So, wo ist dieses Kaffeehaus? Auf dem Weg spricht Lale drei junge Frauen an, von denen zwei einwilligen, feiern zu kommen. Im Kaffeehaus findet er drei weitere. Er schätzt sie auf Anfang bis Mitte dreißig, aber sie sind immer noch schöne Frauen, mit denen sich jeder gerne sehen ließe.

Am Abend holen Lale und Fjodor die Frauen ab, die alle wie vereinbart vor der Bäckerei warten. Sie sind elegant aufgeputzt und geschminkt. Die vereinbarte Übergabe von Schmuck und Geld findet statt, ohne dass Fjodor sie besonders kontrollieren würde.

Er sieht zu, wie sie das Gutshaus betreten. Sie halten sich an den Händen, blicken entschlossen drein und lachen hin und wieder.

»Ich nehme, was übrig bleibt«, sagt Fjodor, der gleich neben Lale steht.

Lale holt mehrere Geldscheine und ein paar Schmuckstücke aus den Taschen und reicht sie Fjodor, der befriedigt scheint. Er steckt die Sachen ein, dann tastet er Lale ab und vergräbt dabei seine Hände tief in dessen Hosentaschen.

»He, Achtung«, warnt Lale. »So gut kenne ich Sie noch nicht!«

»Du bist nicht mein Typ.«

Offenbar wurde die Küche über seine Ankunft informiert, denn kurz nachdem er sein Zimmer betreten hat, kommt sein Essen. Er isst, dann tritt er auf den Balkon. Auf das Geländer gelehnt, betrachtet er das Kommen und Gehen der Wagen. Gelegentlich dringen die Klänge der Feier zu ihm hinauf, und er ist froh, nur Lachen und Unterhaltungen zu hören. Zurück in seinem Zimmer, fischt er aus seinem Hosenaufschlag den kleinen Diamanten, den er dort versteckt hat. Er nimmt einen einzelnen Strumpf aus der Schublade und schiebt den Diamanten hinein, bevor er sich für die Nacht zurückzieht.

Wenige Stunden später erwacht er vom Lachen und Geschnatter, das durch seine Balkontür hereindringt. Er tritt nach draußen und sieht die Mädchen für die Heimfahrt auf den Lkw steigen. Die meisten wirken betrunken, aber keine sieht verstört aus. Er schlüpft wieder ins Bett.

In den nächsten Wochen unternehmen Lale und Fjodor ihre täglichen zwei Fahrten ins Dorf. Bald ist er bekannt wie ein bunter Hund; selbst Frauen, die nie ins Gutshaus kommen, kennen ihn und grüßen ihn auf der Straße. Der Laden und das Kaffeehaus werden seine Lieblingsstellen, und schon bald versammeln sich dort die Mädchen zu der Zeit, zu der er gewöhnlich vorbeikommt. Häufig wird er von den Stammbesucherinnen mit einem Kuss auf die Wange begrüßt und gebeten, am Abend mit auf die Feier zu kommen. Sie wirken ehrlich enttäuscht, dass er nie dabei ist.

Eines Tages fragt ihn Serena, eine Kellnerin, lautstark: »Lale, heiratest du mich, wenn der Krieg vorüber ist?« Die anderen Mädchen kichern, die älteren Frauen schütteln missbilligend den Kopf.

»Sie ist dir verfallen, Lale. Sie will keines dieser Russenschweine, egal, wie viel Geld sie haben«, fügt eine der Kundinnen hinzu.

»Du bist ein sehr hübsches Mädchen, Serena, aber leider gehört mein Herz schon einer anderen.«

»Wem denn? Wie heißt sie?«, fragt Serena entrüstet.

»Sie heißt Gita, und ich bin ihr Verlobter. Ich liebe sie.«

»Wartet sie auf dich? Wo ist sie?«

»Ich weiß nicht, wo sie jetzt ist, aber ich werde sie finden.«

»Woher weißt du, dass sie überhaupt noch lebt?«

»Oh, sie lebt. Hast du schon mal etwas einfach gewusst?«

»Ich weiß nicht recht.«

»Dann warst du noch nie verliebt. Bis nachher, Mädels. Um sechs. Seid pünktlich.«

Im Chor rufen sie ihm ihre Abschiedsgrüße nach.

Als Lale an diesem Abend einen großen Rubin zu seiner Beute legt, überfällt ihn entsetzliches Heimweh. Lange sitzt er reglos auf der Bettkante. Seine Erinnerungen an zu Hause sind von seinen Kriegserinnerungen getrübt. Alles, alle, die er liebt, sieht er jetzt nur durch die dunkle Brille von Leid und Verlust. Als er sich wieder im Griff hat, leert er den Strumpf auf sein Bett und zählt die Juwelen, die er über die Wochen beiseitegeschmuggelt hat. Dann geht er hinaus auf den Balkon. Die Abende werden wärmer, mehrere Pärchen stehen draußen auf dem Rasen, einige sitzen herum, andere machen eine Art Fangspiel. Plötzlich klopft es an seiner Tür. Seit dem ersten Abend hält Lale seine Tür verschlossen, egal, ob er da ist oder nicht. Auf dem Sprung zur Tür sieht Lale die Juwelen auf dem Bett liegen und schlägt schnell die Decke darüber. Er merkt nicht, dass der letzte Rubin auf den Boden fällt.

»Warum war deine Tür abgesperrt?«, fragt Fjodor.

»Ich will mein Bett nicht mit einem Ihrer Kameraden teilen müssen; ich habe beobachtet, dass mehrere von ihnen sich nicht so richtig für die Mädchen interessieren, die wir bringen.«

»Verstehe. Du siehst gut aus. Du weißt, dass sie dich ordentlich entlohnen würden, wenn du so freundlich wärst.«

»Bin ich aber nicht.«

»Möchtest du eines der Mädchen? Bezahlt sind sie ja schon.«

»Nein, danke.«

Fjodors Blick erfasst ein Funkeln auf dem Teppich. Er beugt sich herunter und hebt den Rubin auf. »Und was ist das hier?«

Überrascht betrachtet Lale den Edelstein.

»Kannst du mir erklären, warum du das hier hast, Lale?«

»Das muss sich im Futter meiner Hosentasche verfangen haben.«

»Wirklich?«

»Meinen Sie, wenn ich ihn gestohlen hätte, hätte ich ihn einfach so herumliegen lassen, damit Sie ihn finden?«

Fjodor mustert ihn. »Wohl eher nicht.« Er schiebt ihn sich in die Tasche. »Ich bringe ihn zurück in den Tresor.«

»Warum sind Sie gekommen?«, fragt Lale, um das Thema zu wechseln.

»Ich werde morgen versetzt, du machst deine Runde in Zukunft morgens und abends selbst.«

»Sie meinen, mit jemand anderem?«, fragt Lale.

»Nein. Du hast bewiesen, dass man dir vertrauen kann; der General ist sehr beeindruckt von dir. Mach einfach weiter wie bisher, und wenn hier alle aufbrechen, könnte sogar ein kleiner Bonus für dich rausspringen.«

»Schade, dass Sie weggehen. Ich mochte unsere Gespräche im Lkw. Passen Sie auf sich auf; da draußen ist immer noch Krieg.«

Sie schütteln sich die Hände.

Als Lale allein ist und er die Tür gut verschlossen hat, sammelt er die Juwelen von seinem Bett und steckt sie wieder in den Strumpf. Aus dem Schrank nimmt er den schönsten Anzug und legt ihn zur Seite. Auf den Tisch legt er ein Hemd und mehrere Unterhosen und Strümpfe, darunter schiebt er ein Paar Schuhe.

Am nächsten Morgen duscht Lale und zieht die herausgelegten Kleider an, mit vier Unterhosen und drei Paar Strümpfen. Den Strumpf mit den Juwelen schiebt er in die Innentasche seiner Jacke. Er lässt seinen Blick ein letztes Mal durch das Zimmer schweifen, dann geht er hinunter zum Tresor. Lale holt sich seine übliche Menge Geld und Schmuck, doch als er gerade gehen will, hält ihn der Buchhalter zurück.

»Warten Sie. Nehmen Sie heute etwas mehr. Heute Nachmittag kommen zwei hochrangige Herren aus Moskau. Besorgen Sie ihnen das Beste.«

Lale nimmt noch mehr Geld und Schmuck. »Ich bin heute eventuell etwas später zurück. Ich möchte noch in die Bücherei, vielleicht kann ich da ein Buch leihen.«

»Wir haben hier im Haus eine umfassende Bibliothek.«

»Danke, aber da halten sich immer Offiziere auf, und... nun ja, die schüchtern mich immer noch ein. Verstehen Sie?«

»Ach so, verstehe. Wie Sie wünschen.«

Lale geht in die Garage und nickt einem Chauffeur zu, der gerade einen Wagen wienert. »Schöner Tag, Lale. Der Schlüssel steckt im Jeep. Wie ich höre, fährst du heute alleine.«

»Ja, Fjodor wurde versetzt; hoffentlich nicht an die Front.«

Der Chauffeur lacht. »Er scheint ein echter Pechvogel zu sein.«

»Ach ja, ich habe die Erlaubnis, heute etwas später heimzukommen.«

»Willst wohl selbst ein bisschen aktiv werden, was?«

»So in der Art. Bis später.«

»In Ordnung, schönen Tag.«

Lale springt lässig in den Wagen und fährt ohne einen Blick zurück davon. Im Dorf parkt er oben an der Hauptstraße, lässt die Schlüssel stecken und geht. Vor einem Laden sieht er ein Fahrrad an der Mauer lehnen, das er gelassen davonschiebt. Dann springt er auf und fährt aus dem Ort hinaus.

Wenige Kilometer weiter stoppt ihn eine russische Patrouille. Ein junger Soldat herrscht ihn an: »Wohin wollen Sie?«

»Ich war drei Jahre von den Deutschen gefangen. Ich komme aus der Slowakei und will zurück nach Hause.«

Der Russe packt den Lenker und zwingt Lale, abzusteigen. Als er sich abwendet, erhält er einen Tritt in den Hintern.

»Der Fußmarsch wird dir guttun. Jetzt verpiss dich.«

Lale läuft los. *Lieber keinen Streit.*

Auch am Abend geht er immer weiter. Vor sich erkennt er die Lichter einer kleinen Stadt, auf die er zuhält. Dort wimmelt es von russischen Soldaten, und obwohl sie keinen Blick für ihn übrighaben, geht er lieber weiter. Außerhalb der Stadt kommt er an einen Bahnhof; vielleicht findet sich dort ja eine Bank, auf die er für ein paar Stunden seinen Kopf betten kann. An einem Bahnsteig steht ein Zug, aber es rührt sich nichts dort. Beim Anblick des Zuges ist ihm unbehaglich zumute, aber er unterdrückt die Angst, geht auf und ab, späht ins Innere. Abteile. Ein Personenwagen mit Sitzbänken für Menschen. Am Schalter da drüben ist Licht, er geht darauf zu. Drinnen schaukelt der Bahnhofsvorsteher auf einem Stuhl hin und her, sein Kopf kippt nach vorne, er kämpft gegen den Schlaf. Lale tritt etwas vom Fenster zurück und mimt einen Hustenanfall, bevor er mit aufgesetztem Selbstvertrauen wieder an den Schalter tritt. Der Bahnhofsvorsteher ist jetzt wach, er öffnet das Fenster gerade so weit, dass sie sich verstehen können.

»Kann ich Ihnen helfen?«

»Der Zug da, wohin geht der?«

»Pressburg.«

»Kann ich mitfahren?«

»Können Sie zahlen?«

Lale zieht den Strumpf aus der Jackentasche, holt

zwei Diamanten heraus und reicht sie dem Mann. Dabei rutscht ihm der linke Ärmel herauf und legt seine Tätowierung frei. Der Bahnhofsvorsteher nimmt die Steine.

»Im letzten Waggon, da sind Sie ungestört. Aber er fährt erst um sechs Uhr morgens.«

Lale blickt auf die Uhr in der Bahnhofshalle. *Noch acht Stunden.*

»Ich kann warten. Wie lange dauert die Fahrt?«

»Ungefähr eineinhalb Stunden.«

»Danke. Vielen Dank.«

Als Lale auf den letzten Wagen zugeht, wird er von einem Ruf des Bahnhofsvorstehers zurückgehalten, der ihn einholt und ihm ein Essenspaket und eine Thermosflasche reicht.

»Nur belegte Brote von meiner Frau, aber der Kaffee ist heiß und stark.«

Lales Schultern fallen herunter, als er die Gabe entgegennimmt, und er kann die Tränen nicht zurückhalten. Auch der Bahnhofsvorsteher hat Tränen in den Augen, als er sich abwendet und an seinen Schalter zurückkehrt.

»Danke.« Kaum geht ihm das Wort über die Lippen.

Es wird gerade hell, als sie die slowakische Grenze erreichen. Ein Beamter tritt zu Lale und fragt ihn nach seinen Papieren. Lale schiebt seinen Ärmel hoch, zeigt das Einzige, womit er sich ausweisen kann: 32407.

»Ich bin Slowake«, sagt er.

»Willkommen zu Hause.«

KAPITEL 28

Pressburg. Lale steigt aus dem Zug und betritt die Stadt, in der er gelebt hat und glücklich war, in der sein Leben auch in den letzten drei Jahren hätte weitergehen sollen. Er irrt durch Viertel, die er einst so gut gekannt hat. Viele sind jetzt wegen der Bombenschäden kaum wiederzuerkennen. Hier ist für ihn nichts zu holen. Er muss irgendwie zurück nach Krompach, das sind an die 400 Kilometer: eine lange Heimreise. Vier Tage lang ist er zu Fuß unterwegs, gelegentlich kann er auf Pferdewagen mitfahren, einmal sitzt er auf einem ungesattelten Pferd, einmal auf dem Anhänger eines Traktors. Wenn er muss, bezahlt er mit seiner einzigen Währung: einem Diamanten hier, einem Smaragd dort. Schließlich geht er durch die Straße, in der er aufgewachsen ist, und steht vor seinem Elternhaus. Die Latten des Gartenzauns sind fort, es stehen nur noch die krummen Pfosten. Die Blumen, einst Stolz und Freude seiner Mutter, sind unter Gras und Unkraut erstickt. Vor ein geborstenes Fenster sind rohe Bretter genagelt worden.

Aus dem Haus gegenüber tritt eine ältere Frau und stapft auf ihn zu.

»Was wollen Sie hier? Weg mit Ihnen!«, schreit sie und schwingt einen hölzernen Kochlöffel.

»Entschuldigen Sie. Aber ... ich habe früher hier gewohnt.«

Die alte Frau mustert ihn, allmählich dämmert es ihr. »Lale? Bist du das?«

»Ja. Ach, Frau Molnar, sind Sie das? Sie ... Sie sehen so ...«

»Alt aus. Ich weiß. Oh mein Gott, Lale, bist das wirklich du?«

Sie fallen sich in die Arme. Mit gebrochenen Stimmen fragen sie sich gegenseitig aus, ohne den anderen ausreden zu lassen. Endlich befreit sich die Nachbarin aus der Umarmung.

»Was stehst du denn hier draußen so herum? Geh rein, geh nach Hause.«

»Wohnt da jemand?«

»Na, deine Schwester natürlich. Himmel – weiß sie etwa gar nicht, dass du lebst?«

»Meine *Schwester*! Goldie lebt?«

Lale rennt über die Straße und hämmert an die Tür. Als nicht sofort geöffnet wird, pocht er erneut. Von innen hört er: »Ich komme ja.«

Goldie öffnet die Tür. Beim Anblick ihres Bruders fällt sie in Ohnmacht. Frau Molnar hilft ihm, seine Schwester aufzuheben und auf ein Sofa zu legen. Frau Molnar bringt ein Glas Wasser. Goldies Kopf liebevoll in seine Hände gebettet, wartet Lale, dass sie die Augen aufschlägt. Als sie zu sich kommt, reicht er ihr das Wasser. Schluchzend verschüttet sie das meiste. Frau Molnar zieht sich leise zurück, während Lale seine Schwester wiegt und auch seinen Tränen freien Lauf lässt. Es dauert lange, bis er sprechen kann und die Fragen stellt, auf die er so dringend Antworten braucht.

Die Nachrichten sind trostlos. Die Eltern wurden nur wenige Tage nach seiner Abreise abgeholt. Goldie hat keine Ahnung, wohin sie kamen und ob sie noch am Leben sind. Max ist zu den Partisanen gegangen und im Kampf gegen die Deutschen gefallen. Seine Frau und die beiden kleinen Jungen wurden abgeholt, auch da weiß sie nicht, wohin. Die einzige gute Nachricht, die Goldie zu bieten hat, ist sie selbst. Sie hat sich in einen Russen verliebt, sie haben geheiratet. Sie heißt jetzt Sokolov. Ihr Mann ist geschäftlich unterwegs und wird in wenigen Tagen nach Hause kommen.

Lale folgt ihr in die Küche, will sie nicht aus den Augen lassen, während sie ihnen zu essen macht. Nach dem Essen reden sie bis spät in die Nacht. Sosehr Goldie Lale auch drängt zu erzählen, wo er die vergangenen drei Jahre verbracht hat, er sagt nur, dass er in einem Arbeitslager in Polen war und jetzt zu Hause ist.

Am nächsten Tag schüttet er seiner Schwester und Frau Molnar sein Herz aus und erzählt von seiner Liebe zu Gita, seiner Überzeugung, dass sie noch immer am Leben ist.

»Du musst sie finden«, sagt Goldie. »Du musst sie suchen.«

»Ich weiß nicht, wo ich anfangen soll.«

»Woher kam sie denn?«, fragt Frau Molnar.

»Ich weiß nicht. Sie wollte es mir nicht sagen.«

»Das verstehe ich nicht. Du kanntest sie drei Jahre, und die ganze Zeit hat sie dir nicht erzählt, wo sie herkam?«

»Sie wollte nicht. Eigentlich sollte sie es mir an dem Tag sagen, an dem sie das Lager verlassen würde, aber dann ging alles so schnell. Ich weiß nur ihren Nachnamen: Fuhrmann.«

»Das ist ja schon etwas, aber nicht viel«, schimpft seine Schwester.

»Ich habe gehört, dass die Leute allmählich aus den Lagern nach Hause kommen«, sagt Frau Molnar. »Sie kommen alle in Pressburg an. Vielleicht ist sie ja dort.«

»Wenn ich wieder nach Pressburg muss, brauche ich einen fahrbaren Untersatz.«

Goldie lächelt. »Warum sitzen wir dann noch länger hier herum?«

In der Stadt fragt Lale jeden, den er mit einem Pferd, einem Fahrrad, Auto oder Laster sieht, ob er es ihm abkaufen kann. Alle lehnen ab.

Als er bereits am Verzweifeln ist, zuckelt ein alter Mann in einem kleinen Pferdewagen auf ihn zu. Lale tritt vor das Tier und zwingt den Mann, die Zügel zu ziehen.

»Ich möchte Ihnen Ihr Pferd und den Wagen abkaufen«, platzt er heraus.

»Wie viel?«

Lale zieht mehrere Edelsteine aus der Tasche. »Die sind echt. Und eine Menge Geld wert.«

Der Mann beäugt den Schatz und sagt: »Unter einer Bedingung.«

»Nämlich? Ich tue alles.«

»Sie müssen mich zuerst nach Hause bringen.«

Kurze Zeit später fährt Lale vor dem Haus seiner Schwester vor und präsentiert ihr stolz sein neues Gefährt.

»Ich habe ja gar kein Futter«, ruft sie.

Er zeigt auf das hohe Gras. »Dein Vorgarten muss gemäht werden.«

Noch an diesem Abend, während das Pferd im Vorgarten angebunden ist, bereiten Frau Molnar und Goldie Proviant für Lale vor. Nur sehr ungern verabschiedet er sich von ihnen, so kurz nachdem er nach Hause gekommen ist, aber sie lassen ihn nicht bleiben.

»Komm nicht ohne Gita wieder«, sind Goldies letzte Worte, als er auf den Wagen steigt und von dem antrabenden Pferd fast heruntergekatapultiert wird. Er blickt zurück zu den zwei Frauen vor seinem Elternhaus, Arm in Arm stehen sie da und winken ihm lächelnd nach.

Drei Tage und Nächte reisen Lale und sein neuer Gefährte über zerfurchte Straßen und durch ausgebombte Städte. Sie waten durch Flüsse, deren Brücken zerstört wurden. Unterwegs nehmen sie die verschiedensten Menschen mit. Sparsam isst Lale von seinem Proviant. Er betrauert zutiefst seine zersprengte Familie. Gleichzeitig sehnt er sich nach Gita, und nur mit diesem Ziel hält er weiter durch. Er muss sie finden. Er hat es ihr versprochen.

Als er endlich wieder in Pressburg ist, geht er direkt zum Bahnhof. »Stimmt es, dass hier Überlebende aus den Konzentrationslagern ankommen?«, fragt er. Richtig, sagen sie ihm und geben ihm einen Fahrplan. Da er keine Ahnung hat, wohin es Gita verschlagen hat – nicht einmal in welches Land –, beschließt er, einfach jeden Zug abzuwarten. Zunächst überlegt er, wo er wohl unterkommen könnte, aber ein merkwürdiger Mann mit Pferd und Wagen ist kein willkommener Mieter; daher schläft er in seinem Wagen auf dem erstbesten Stückchen Land, so lange wie sein Pferd das Gras abweidet oder bis sie beide verscheucht werden. Häufig denkt er zurück an seine Freunde im Zigeunerlager und an die Geschichten über ihre Lebensart. Das Ende des Sommers naht. Häufig regnet es, aber seine Entschlossenheit bleibt.

Zwei Wochen lang hängt Lale am Bahnhof herum, sobald ein neuer Zug einfährt. Er geht auf dem Bahnsteig auf und ab, spricht jede aussteigende Frau an. »Waren Sie in Birkenau?« Bei den wenigen positiven Antworten fragt er: »Kannten Sie Gita Fuhrmann? Sie war in Block 29.« Keine kennt sie.

Eines Tages fragt ihn der Bahnhofsvorsteher, ob er Gita beim Roten Kreuz registriert hat, wo die Namen der Vermissten gesammelt werden und die der Heimkehrer auf der Suche nach ihren Lieben. Er hat nichts zu verlieren und macht sich auf ins Stadtzentrum zu der Adresse, die ihm genannt wurde.

Gita schlendert mit zwei Freundinnen über die Hauptstraße, als sie ein merkwürdiges, von einem Pferd gezogenes Gefährt heranzuckeln sieht. Lässig steht ein junger Mann auf dem Wagen.

Sie tritt auf die Straße.

Die Zeit steht still, als das Pferd ganz von selbst vor der jungen Frau haltmacht.

Lale klettert aus dem Wagen.

Gita macht einen Schritt auf ihn zu. Er rührt sich nicht vom Fleck. Sie macht noch einen Schritt.

»Hallo«, sagt sie.

Lale fällt auf die Knie. Gita blickt sich nach ihren beiden Freundinnen um, die verblüfft zusehen.

»Ist er es?«, ruft eine von ihnen herüber.

»Ja«, sagt Gita, »er ist es.«

Lale kniet wie angewurzelt auf der Straße, er scheint sich nicht rühren zu können, daher geht Gita zu ihm. Sie kniet sich vor ihn hin und sagt: »Falls du es nicht gehört hast, als wir von Birkenau weggegangen sind, ich liebe dich.«

»Willst du mich heiraten?«, fragt er.

»Ja.«

»Willst du mich zum glücklichsten Mann der Welt machen?«

»Ja.«

Lale nimmt Gita in die Arme und küsst sie. Eine von Gitas Freundinnen kommt herüber und führt das Pferd weg. Dann legt Gita den Arm um Lales Taille, lehnt ihren Kopf an seine Schulter, und sie gehen davon, werden Teil der bevölkerten Straße, ein junges Paar unter vielen in der vom Krieg verwüsteten Stadt.

EPILOG

Lale nahm den Namen Sokolov an, den russischen Familiennamen seiner verheirateten Schwester – in der von den Sowjets kontrollierten Slowakei kam man mit diesem Namen besser durch als mit Eisenberg. Gita und er heirateten im Oktober 1945, sie zogen nach Bratislava (Pressburg). Lale begann mit dem Import von Stoffen – Leinen, Seide, Baumwolle aus ganz Europa und Asien. Die Ware verkaufte er an Hersteller, die ihr Land dringend neu aufbauen und einkleiden wollten. Nach dem Eintritt der Tschechoslowakei in die sowjetische Einflusssphäre war dies in Lales Augen das einzige Geschäft, das die Kommunisten nicht sofort verstaatlichen würden. Immerhin lieferte er genau das Material, das die Parteichefs für ihren persönlichen Gebrauch haben wollten.

Sein Geschäft florierte; er stellte einen Geschäftspartner an, der Gewinn nahm zu. Wieder begann Lale, sich sehr elegant zu kleiden. Mit Gita dinierte er in den besten Restaurants, ihren Urlaub verbrachten sie in den schönsten Badeorten der Sowjetunion. Sie unterstützten intensiv eine Bewegung, die die Gründung eines jüdischen Staats in Israel anstrebte. Besonders Gita zog hinter den Kulissen still die Fäden, indem sie von wohlhabenden Privatleuten Geld sammelte und es außer Landes schmuggeln ließ. Als die Ehe von Lales Geschäftspartner geschieden wurde, zeigte dessen Exfrau Lales und Gitas Aktivitäten bei den Behörden an. Am 20. April 1948 wurde Lale verhaftet und des »Exports von Schmuck und anderen Wertgegenständen aus der Tschechoslowakei« beschuldigt. Daher habe, so der Haftbefehl weiter, »die Tschechoslowakei unermesslichen ökonomischen Schaden erlitten, während Sokolov für seine gesetzeswidrigen Plünderungen erhebliche Geld- oder Sachwerte erhielt«. Ja, Lale hatte Schmuck und Geld außer Landes geschafft, aber ohne daran einen roten Heller zu verdienen. Das Geld hatte er verschenkt.

Zwei Tage später wurde sein Geschäft verstaatlicht und er zu zwei Jahren Haft in der Festung Ilava (Illau) verurteilt, wo nach dem Krieg viele politische und deutsche Verurteilte einsaßen. Lale und Gita waren so vorausschauend gewesen, einen Teil ihres Vermögens zu verstecken. Über Kontakte in den lokalen Behörden und in der Justiz konnte Gita einige Beamten bestechen. Eines Tages erhielt Lale im Gefängnis Besuch von einem katholischen Priester. Der bat nach einiger Zeit die Wärter, den Raum zu verlassen, damit er Lales Beichte entgegennehmen könne, ein Sakrament, das allein für seine Ohren bestimmt sei. Als sie allein waren, sagte er Lale, er solle so tun, als würde er verrückt werden. Wenn er sich gut anstellte, müssten sie ihn zu einem Psychiater vorlassen. Nicht viel später stand Lale vor einem Psychiater, der ihm versprach, ihm ein paar Tage Heimaturlaub zu verschaffen, bevor er »durchgedreht sei und nicht mehr zu retten wäre«.

Eine Woche später wurde er zu seiner und Gitas Wohnung gefahren. Zwei Tage später, so sagte man ihm, würden sie ihn wieder zum Vollzug abholen. In dieser Nacht schlichen sie sich mithilfe von Freunden durch den Hinterausgang ihres Wohnblocks nach draußen, jeder mit einem Koffer sowie mit einem Gemälde, das Gita auf keinen Fall zurücklassen wollte. Das Gemälde zeigt eine Zigeunerfrau. Außerdem hatte sie für einen Kontaktmann in Wien eine große Geldsumme dabei, die für Israel bestimmt war. Die beiden versteckten sich hinter der doppelten Rückwand eines Lkws, der Waren von Bratislava nach Österreich lieferte.

Zu einer festgelegten Uhrzeit an einem bestimmten Tag schlenderten sie am Wiener Hauptbahnhof über einen Bahnsteig auf der Suche nach einem Kontaktmann, den sie noch nie gesehen hatten. Lale beschrieb die Szene, als stammte sie aus einem Roman von John le Carré. Jedem allein reisenden Mann murmelten sie ein Passwort zu, bis schließlich einer die gewünschte Antwort gab. Lale steckte dem Mann eine kleine Brieftasche mit Geld zu, dann verschwand er.

Von Wien aus reisten sie nach Paris, wo sie eine Wohnung mieteten und ein paar Monate lang die Cafés und Bars der Stadt frequentierten, die allmählich zu ihrem Vorkriegszustand zurückkehrte. Der Auftritt der begnadeten amerikanischen Sängerin und Tänzerin Josephine Baker in einem Cabaret war eine Erinnerung, die Lale sein Leben lang behalten sollte. Sie hatte, so beschrieb er, »Beine bis hier«, und zeigte dabei auf seine Taille.

Da es für Ausländer in Frankreich keine Arbeit gab, beschlossen Lale und Gita, das Land zu verlassen. Sie wollten möglichst weit weg von Europa. Mit gefälschten Pässen schifften sie sich schließlich nach Sydney ein, wo sie am 29. Juli 1949 an Land gingen.

Auf dem Schiff freundeten sie sich mit einem Paar an, das ihnen von ihrer Familie in Melbourne erzählte, bei der sie leben wollten. Grund genug, dass auch Lale und Gita beschlossen, sich in Melbourne niederzulassen. Wieder trat Lale dort in den Textilhandel ein. Er erwarb ein kleines Kaufhaus und begann im In- und Ausland Stoffe einzukaufen und weiterzuvertreiben. Auch Gita wollte zu dem Geschäft beitragen und begann eine Ausbildung als Modedesignerin. Später entwarf sie Damenbekleidung und ergänzte ihr Geschäft damit durch eine weitere Sparte.

Ihr größter Wunsch war ein Kind, aber es wollte nicht dazu kommen. Als sie die Hoffnung schließlich aufgegeben hatten, wurde Gita zu ihrer großen Überraschung und Freude doch noch schwanger. Ihr Sohn Gary wurde 1961 geboren, als Gita 36 und Lale 44 Jahre alt war. Ihr Leben war erfüllt, ein Kind, Freunde, ein erfolgreiches Geschäft und Ferien an der Gold Coast, alles getragen von einer Liebe, die keine Not hatte brechen können.

Das Gemälde der Zigeunerfrau, das Gita aus der Slowakei mitgenommen hatte, hängt bis heute in Garys Haus.

NACHBEMERKUNG DER AUTORIN

Ich sitze im Wohnzimmer eines älteren Herrn. Ich kenne ihn noch nicht gut, aber seine Hunde Tootsie und Bam Bam habe ich schnell kennengelernt – einer von der Größe eines Ponys, der andere kleiner als meine Katze. Glücklicherweise konnte ich sie für mich einnehmen; jetzt schlafen sie.

Ich blicke für einen Moment zur Seite. Ich muss es ihm sagen.

»Wissen Sie, dass ich keine Jüdin bin?«

Wir kennen uns seit einer Stunde. Der ältere Mann auf dem Stuhl mir gegenüber schnaubt ungeduldig, aber nicht unfreundlich. Er schaut weg, faltet die Hände. Seine Beine sind übereinandergeschlagen, der freie Fuß schlägt einen stummen Rhythmus. Seine Augen sind auf das Fenster und in die Ferne gerichtet.

»Ja«, sagt er schließlich und wendet sich mir lächelnd zu. »Genau deshalb will ich Sie.«

Ich entspanne mich etwas. Vielleicht bin ich hier doch richtig.

»Also«, sagt er, als wollte er gleich einen Witz anbringen, »erzählen Sie mal, was Sie über Juden wissen.«

Siebenarmige Leuchter, denke ich, während ich verzweifelt nach einer Antwort suche.

»Kennen Sie Juden?«

Ich kenne eine. »Ich habe eine Kollegin, Bella. Ich glaube, sie ist Jüdin.«

Ich erwarte eine abfällige Bemerkung, ernte Begeisterung. »Gut!«, sagt er.

Wieder einen Test bestanden.

Als Nächstes kommen die ersten Anweisungen. »Sie haben keine festen Vorstellungen von dem, was ich Ihnen erzähle.« Er hält inne, als suchte er nach Worten. »Ich will nicht, dass meiner Geschichte persönlicher Ballast aufgeladen wird.«

Ich winde mich auf meinem Stuhl. »Etwas ist da vielleicht doch.«

Unsicher beugt er sich vor. Mit einer Hand fasst er nach dem Tisch. Der Tisch wackelt, sein wippendes Bein knallt laut auf den Boden. Vor Schreck erwachen die Hunde.

Ich schlucke. »Meine Mutter hieß mit Mädchennamen Schwartfeger. Ihre Familie kam aus Deutschland.«

Er entspannt sich. »Wir kommen alle irgendwoher«, meint er.

»Ja, aber ich bin Neuseeländerin. Die Familie meiner Mutter lebt dort seit über hundert Jahren.«

»Einwanderer.«

»Ja.«

Entspannt lehnt er sich zurück. »Wie schnell können Sie schreiben?«, fragt er.

Ich gerate aus dem Gleichgewicht. Was genau meint er damit? »Tja, kommt drauf an, was ich schreibe.«

»Sie müssen schnell arbeiten. Ich habe nicht mehr viel Zeit.«

Panik. Ich hatte zu diesem ersten Treffen absichtlich kein Diktiergerät und nichts zum Schreiben mitgebracht. Die Einladung lautete, ich sollte mir seine Geschichte anhören und überlegen, ob ich sie niederschreiben wollte. Zunächst einmal wollte ich nur zuhören. »Wie viel Zeit haben Sie?«, frage ich ihn.

»Nur ein kleines bisschen.«

Ich bin verwirrt. »Müssen Sie irgendwohin?«

»Ja«, sagt er, sein Blick schweift wieder zum offenen Fenster. »Ich muss zu Gita.«

Gita bin ich nie begegnet. Ihr Tod und Lales Bedürfnis, ihr zu folgen, brachte ihn dazu, seine Geschichte zu erzählen. Er wollte, dass sie aufgezeichnet wird, »damit es nie wieder passiert«, so seine Worte.

Nach diesem ersten Treffen besuchte ich Lale zwei oder drei Mal pro Woche. Drei Jahre dauerte es, bis die Geschichte ganz entwirrt war. Ich musste sein Vertrauen gewinnen, und es brauchte viel Zeit, bis er bereit war, sich ganz auf die Selbstprüfung einzulassen, die seine Geschichte zum Teil erforderte. Wir waren Freunde geworden – nein, mehr als Freunde; unsere beiden Leben verbanden sich, als er die Last der Schuld ablegte, die er über fünfzig Jahre mit sich herumgetragen hatte, die Angst, Gita und er könnten als Nazi-Kollaborateure dastehen. Ein Teil von Lales Last ging auf meine Schultern über, während ich mit ihm an seinem Küchentisch saß, dieser freundliche Mann mit den zitternden Händen, der bebenden Stimme und den Augen, die häufig feucht wurden, noch sechzig Jahre nachdem er die entsetzlichsten Taten der Menschheitsgeschichte miterlebt hatte.

Er erzählte seine Geschichte häppchenweise, manchmal langsam, manchmal im Laufschritt und ohne klare Zusammenhänge zwischen den vielen einzelnen Begebenheiten. Aber das machte nichts. Es war fesselnd, mit ihm und seinen beiden Hunden zusammenzusitzen und anzuhören, was einem unaufmerksamen Zuhörer wie das Gefasel eines Greises vorkommen konnte. War es sein wunderbarer osteuropäischer Akzent? Der Charme dieses kleinen Schlawiners? War es die verworrene Geschichte, die ich nach und nach begriff? Es war alles das, und noch mehr.

Als Erzählerin von Lales Geschichte wurde es mir wichtig zu klären, inwieweit Erinnerung und Geschichte manchmal Hand in Hand gehen und manchmal auseinanderdriften; ich wollte keine Geschichtslektion abliefern, davon gibt es schon genug, sondern eine einzigartige Lektion der Menschlichkeit. Lales Erinnerungen waren insgesamt bemerkenswert klar und präzise. Sie stimmten mit meinen Recherchen zu Personen, Daten und Orten überein. War das ein Trost? Einen Menschen kennenzulernen, für den solch schreckliche Fakten eine gelebte Realität gewesen waren, machte diese nur noch entsetzlicher. Für diesen schönen alten Herrn gab es keine Trennung von Erinnerung und Geschichte – sie gingen vollkommen Hand in Hand.

Der Tätowierer von Auschwitz ist die Geschichte zweier gewöhnlicher Menschen, die in einer außergewöhnlichen Zeit lebten, die nicht nur ihrer Freiheit beraubt wurden, sondern auch ihrer Würde, ihrer Namen und ihrer Identitäten; es ist Lales Bericht darüber, was sie tun mussten, um zu überleben. Lale lebte immer unter dem Motto: »Wenn du am Morgen aufwachst, ist es ein guter Tag.« Am Morgen seiner Beerdigung wachte ich in dem Wissen auf, dass es für mich kein guter Tag werden würde, wohl aber für ihn. Er war jetzt bei Gita.

WEITERE HINTERGRÜNDE

Lale wurde unter dem Namen Ludwig Eisenberg am 28. Oktober 1916 in Krompachy (Krompach), Slowakei, geboren. Am 23. April 1942 wurde er nach Auschwitz deportiert und erhielt dort die Häftlingsnummer 32407.

Gita kam am 11. März 1925 als Gisela Fuhrmannová in Vranov nad Topl'ou (Vronau an der Töpl), Slowakei, zur Welt. Sie wurde am 3. April 1942 nach Auschwitz deportiert und tätowiert. Gita wurde die Nummer 4562 zugeteilt, so gab sie es in ihrem Zeitzeugenbericht im Visual History Archive der USC Shoah Foundation an. In Lales Erinnerung lautete die Nummer 34902, und so wurde es in früheren Ausgaben des Buches wiedergegeben.

Lales Eltern, Jozef und Serena Eisenberg, wurden am 26. März 1942 nach Auschwitz deportiert (während Lale sich noch in Prag aufhielt). Recherchen zufolge wurden sie sofort nach ihrer Ankunft in Auschwitz getötet. Lale hat das nie erfahren; es wurde erst nach seinem Tod bekannt.

Lale war vom 16. Juni bis 10. Juli 1944 in Block 11

(Lagergefängnis) inhaftiert, wo er von Jakob gefoltert wurde.

Das Medikament, das Lale für Gita besorgt hat, war ein Vorläufer von Penicillin. In ihrem Bericht verwendet Gita den Namen Prontosil, ein antibakterielles Arzneimittel, das nicht antibiotisch wirkt. Es wurde 1932 entdeckt und war in der Mitte des 20. Jahrhunderts weit verbreitet.

Gitas Nachbarin, Hilda Goldsteinová, überlebte und kehrte nach Vranov nad Topľou zurück.

Cilka wurde als Nazi-Verschwörerin angeklagt und zu Strafarbeit verurteilt, die sie in Sibirien ableistete. Danach kehrte sie nach Bratislava zurück. Gita und sie trafen sich nur einmal, als Gita Mitte der 1970er-Jahre ihre beiden Brüder besuchte.

1965 wurde Stefan Baretzki im ersten Frankfurter Auschwitz-Prozess wegen Mordes in fünf Fällen und gemeinschaftlicher Beihilfe zum gemeinschaftlichen Mord zu lebenslänglicher Haft verurteilt. Er nahm sich am 21. Juni 1988 im Konitzky-Stift in Bad Nauheim das Leben.

Gita starb am 3. Oktober 2003.

Lale starb am 31. Oktober 2006.

NACHWORT VON GARY SOKOLOV

Als ich gebeten wurde, für dieses Buch ein Nachwort zu schreiben, war ich von der Aufgabe ziemlich eingeschüchtert. So viele verschiedene Erinnerungen überfluteten mich, dass ich schlicht keinen Anfang fand.

Soll ich vom Essen reden, das für meine beiden Eltern immer absolut im Vordergrund stand, besonders aber für meine Mutter, die stolz war auf einen Kühlschrank voller Hähnchenschnitzel, Aufschnitt und unendlich viel Kuchen und Obst? Ich erinnere mich an ihre Erschütterung, als ich in der 11. Klasse eine Diät anfing. Eines Freitagabends servierte sie mir meine üblichen drei Schnitzel, und ich werde nie ihren Blick vergessen, als ich zwei davon auf die Platte zurücklegte. »Was ist los? Schmeckt dir nicht mehr, was ich koche?«, fragte sie. Sie tat sich sehr schwer damit zu verdauen, dass ich einfach nicht mehr so viel essen konnte wie bisher. Zum Ausgleich sagte mein Freund, wenn er zu Besuch kam, nur Hallo und ging dann direkt an den Kühlschrank. Das machte sie sehr glücklich. Unser Haus hatte immer offene Türen für jedermann.

Mum und Dad unterstützten beide immer intensiv alle Hobbys und Aktivitäten, die ich ausprobieren wollte, und eifrig zeigten sie mir alles – Skifahren, Reisen, Reiten, Gleitsegeln und so weiter. Sie hatten das Gefühl, dass sie ihrer eigenen Jugend beraubt worden waren, und wollten, dass ich nichts verpasste.

Unser Familienleben war immer sehr liebevoll. Die Zuneigung meiner Eltern füreinander war absolut und uneingeschränkt. Als sich in ihrem Freundeskreis immer mehr Paare scheiden ließen, ging ich zu meiner Mutter und fragte sie, wie sie und mein Vater es geschafft hatten, so viele Jahre zusammenzubleiben. Ihre Antwort war ganz einfach: »Nobody is perfect. Dein Vater hat sich immer um mich gekümmert, vom ersten Tag in Birkenau an. Ich weiß, dass er nicht perfekt ist; aber ich weiß auch, dass ich bei ihm immer an erster Stelle stehen werde.« Bei uns herrschten immer Liebe und Zuneigung, besonders für mich, und dass ich die beiden nach fünfzig Jahren Ehe noch kuscheln, Händchen halten und sich küssen sah – ich glaube, das hat mir geholfen, selbst ein sehr aufmerksamer und fürsorglicher Ehemann und Vater zu werden.

Meine Eltern fanden beide, dass ich wissen sollte, was sie durchgemacht hatten. Als die Dokumentationsserie *Die Welt im Krieg* im Fernsehen lief, war ich dreizehn, und sie ließen mich sie jede Woche anschauen. Sie selbst fanden es zu unerträglich, um es mit mir anzusehen. Ich erinnere mich, dass ich auf Archivbildern aus den Lagern immer schaute, ob ich meine Eltern erkennen konnte. Diese Bilder sehe ich bis heute vor mir.

Mein Vater sprach offen über seine Erlebnisse im Lager, aber nur bei jüdischen Festen, wenn er mit den anderen Männern um den Tisch saß und alle ihre Erfahrungen austauschten – sie waren alle fesselnd. Mum dagegen erzählte nichts Genaueres, nur einmal; da erzählte sie mir, als sie im Lager einmal sehr krank war, sei ihr ihre Mutter erschienen und hätte gesagt: »Es wird besser werden. Zieh in ein fernes Land und bekomm einen Sohn.«

Ich will versuchen zu erklären, wie diese Jahre die beiden geprägt haben. Als mein Vater sein Geschäft aufgeben musste, war ich sechzehn, ich kam von der Schule heim, als gerade unser Auto abgeschleppt und vor unserem Haus ein Schild für die Zwangsversteigerung aufgestellt wurde. Drinnen packte meine Mutter unsere Sachen. Dabei sang sie vor sich hin. *Wow*, dachte ich, *sie haben gerade alles verloren, und Mum singt?* Sie ließ mich Platz nehmen und sagte mir, was los war, und ich fragte: »Wie kannst du beim Packen noch singen?« Mit einem breiten Lächeln sagte sie, wenn man Jahre verbracht hat, ohne zu wissen, ob man in fünf Minuten vielleicht tot ist, gibt es nicht mehr viel, was man nicht wegstecken kann. Sie sagte: »Solange wir leben und gesund sind, steht alles zum Besten.«

Manche Eigenheiten sind ihnen geblieben. Wenn wir die Straße entlanggingen, konnte es passieren, dass Mum sich bückte und ein vier- oder fünfblättriges Kleeblatt pflückte, denn als sie im Lager war, konnte man ein solches den deutschen Wachen geben, für die es ein Glücksbringer war, und bekam dafür eine Zulage an

Suppe und Brot. Bei Dad war es die Emotionslosigkeit und der erhöhte Überlebenstrieb, der ihm geblieben ist; sogar als seine Schwester verstorben ist, vergoss er keine Träne. Als ich ihn danach fragte, meinte er, nachdem er über Jahre in solchen Ausmaßen den Tod gesehen hat, konnte er einfach nicht mehr weinen – das heißt, bis Mum gestorben ist. Das war das erste Mal, dass ich ihn habe weinen sehen.

Am meisten erinnere ich mich an die Wärme zu Hause, da gab es immer Liebe, Lächeln, Zuneigung, zu essen und den trockenen Witz meines Vaters. Es war wirklich wunderbar, in so einer Umgebung aufzuwachsen, und ich werde meinen Eltern immer dankbar sein, dass sie mir dieses Leben vorgelebt haben.

Gary Sokolov

DANKSAGUNG

Zwölf Jahre lang existierte Lales Geschichte als Drehbuch. Ich stellte sie mir immer als Film vor – egal, ob im Kino oder im Fernsehen. Jetzt ist sie zum Roman geworden, und ich möchte all denen danken, die diesen Weg mit mir gegangen sind oder mich aus der Ferne begleitet haben.

Gary Sokolov – Dankbarkeit und Liebe dafür, dass du mich in das Leben deines Vaters hast eintreten lassen und mich hundertprozentig darin unterstützt hast, die unglaubliche Geschichte deiner Eltern zu erzählen. Du hast nie im Geringsten daran gezweifelt, dass ich das schaffen würde.

Glenda Bawden – einundzwanzig Jahre lang meine Chefin, die immer ein Auge zudrückte, wenn ich mich wieder davonschlich zu einem Treffen mit Lale oder sonst jemandem, der mir bei der Ausarbeitung des Skripts half. Genauso meine früheren und aktuellen Kolleginnen im Bereich Sozialarbeit des Monash Medical Centre.

David Redman, Shana Levine, Dean Murphy, Ralph

Moser bei Instinct Entertainment, zu denen ich mich meistens »davonschlich«. Danke für eure Begeisterung und euer jahrelanges Engagement für dieses Projekt.

Lisa Savage und Fabian Delussu für ihre brillante Investigativ-Recherche, damit historische Fakten und Erinnerungen perfekt Hand in Hand gingen. Vielen Dank.

Danke an Film Victoria für die finanzielle Unterstützung der Recherchen, die für die ursprüngliche Filmversion von Lales Geschichte angestellt wurden.

Lotte Weiss – eine Überlebende – danke für Ihre Hilfe und dass Sie Ihre Erinnerungen an Lale und Gita mit mir geteilt haben.

Shaun Miller – mein Anwalt, der weiß, wie man einen Vertrag abschließt. Danke.

Meine Kickstarter-Sponsoren. Danke, dass Sie die Ersten waren, die diese Geschichte als Roman unterstützt haben. Ich bin sehr glücklich über Ihre Hilfe. Sie sind: Bella Zefira, Thomas Rice, Liz Attrill, Bruce Williamson, Evan Hammond, David Codron, Natalie Wester, Angela Meyer, Suzie Squire, George Vlamakis, Ahren Morris, Ilana Hornung, Michelle Tweedale, Lydia Regan, Daniel Vanderlinde, Azure-Dea Hammond, Stephanie Chen, Snowgum Films, Kathie Fong Yoneda, Rene Barten, Jared Morris, Gloria Winstone, Simon Altman, Greg Deacon, Steve Morris, Suzie Eisfelder, Tristan Nieto, Yvonne Durbridge, Aaron K., Lizzie Huxley-Jones, Kerry Hughes, Marcy Downes, Jen Sumner, Chany Klein, Chris Key.

Dieses Buch und alles, was damit zusammenhängt,

gäbe es nicht ohne die wunderbare, talentierte, großartige Angela Meyer, Echo-Lektorin bei Bonnier Publishing Australia. Ich stehe für immer in Ihrer Schuld, und wie ich Lale in mir trage, so trage ich in Zukunft auch Sie in mir. Sie sind dieser Geschichte mit derselben Begeisterung begegnet wie ich. Sie haben mit mir geweint und gelacht, als die Geschichte sich entwickelte. Mit Ihnen hatte ich jemanden, der selbst in Lales und Gitas Fußstapfen trat. Sie haben ihre Not mitgefühlt, ihre Liebe, und Sie brachten mich dazu, beim Schreiben mein Bestes zu geben. Danke ist mir gar nicht gut genug, aber trotzdem danke ich Ihnen.

Aber Angela hat das Buch bei Echo nicht allein gemacht. Danke allen, die daran beteiligt waren. Ein Team bei Bonnier Zaffre, London, unter der Leitung von Kate Parkin hat sich so für dieses Buch eingesetzt und es auf der ganzen Welt verkauft, sodass ich für immer in ihrer Schuld stehe. Danke, Kate. Danke, Mark Smith und Ruth Logan. Und Richard Johnson und Julian Shaw von Bonnier Publishing, die das Potenzial dieser Geschichte sofort erkannt haben.

Meinem Bruder Ian Williamson und meiner Schwägerin Peggi Shea, die mir mitten im Winter einen Monat lang ihr Haus in Big Bear, Kalifornien, geliehen haben, wo ich den ersten Entwurf niederschrieb. Danke an euch und eure schöne Unterkunft – Zitat Sir Edmund Hillary: »Dem Scheißkerl haben wir's gezeigt.«

Besonderer Dank geht an meinen Schwiegersohn Evan und meine Schwägerin Peggi für den kleinen, aber nicht unbedeutenden Beitrag, den ihr zu meiner

Entscheidung geleistet habt, mein Drehbuch zu einem Roman umzuschreiben. Ihr wisst, was ich meine!

Danke meinen Brüdern John, Bruce und Stuart, die mich rückhaltlos unterstützt haben und mich erinnern, wie stolz Mum und Dad auf mich wären.

Meinen lieben Freundinnen Kathie Fong-Yoneda und Pamela Wallace, deren Liebe und Hilfe beim Erzählen dieser Geschichte, egal in welcher Form, ich mehr schätze, als Worte es ausdrücken können.

Meinem Freund Harry Blutstein für sein jahrelanges Interesse und seine Schreibtipps – ich hoffe, ich habe sie beherzigt und dich stolz gemacht.

Dem Holocaust-Museum Melbourne, durch das mich Lale mehrmals als »wandelnder« Museumsführer begleitet hat. Sie haben mir die Augen für die Welt geöffnet, die Lale und Gita überlebt haben.

Meinen Söhnen Ahren und Jared, die Lale so offen begegnet sind und ihn mit Liebe und Respekt in unser Familienleben hereingelassen haben.

Meiner Tochter Azure-Dea. Lale lernte dich kennen, als du achtzehn warst, so alt wie Gita, als er sie kennenlernte. Er sagte mir, an diesem ersten Tag hätte er sich ein kleines bisschen in dich verliebt. Die nächsten drei Jahre lang begrüßte er mich bei jedem Treffen mit den Worten: »Wie geht es dir und deiner hübschen Tochter?« Danke, dass du ihn ein bisschen mit dir hast flirten lassen, und für das Lächeln, das du ihm ins Gesicht gezaubert hast.

Den Partnern meiner Kinder – danke, Bronwyn, Rebecca und Evan.

Steve, mein lieber Mann seit über vierzig Jahren. Ich erinnere mich, dass du mich einmal fragtest, ob du auf Lale eifersüchtig sein solltest, weil ich so viel Zeit mit ihm verbrachte. Ja und nein. Du warst für mich da, wenn ich bedrückt und deprimiert nach Hause kam von dem Horror, den Lale mit mir geteilt hatte. Du hast ihm dein Haus geöffnet und ihn respektvoll in unsere Familie eingelassen. Ich weiß, dass du diesen Weg an meiner Seite weitergehen wirst.

Weitere Quellen, Informationen, Bilder und Dokumente finden sich auf der Homepage von Heather Morris: heathermorris.com.au.

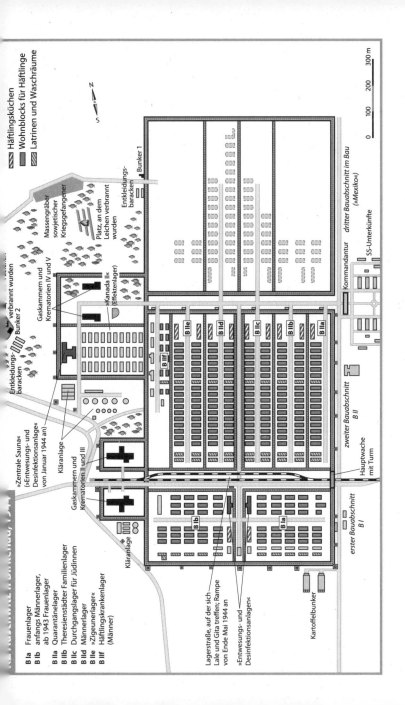